法藏知津

八　編

杜　潔　祥　主編

第 19 冊

河陽寶卷研究（上）

李　淑　如　著

花木蘭文化事業有限公司

國家圖書館出版品預行編目資料

河陽寶卷研究（上）／李淑如　著 -- 初版 -- 新北市：花木蘭
文化事業有限公司，2022〔民 111〕
目 4+170 面；19×26 公分
（法藏知津八編　第 19 冊）
ISBN 978-986-518-640-1（精裝）
1. 寶卷 2. 民間信仰 3. 研究考訂
011.08　　　　　　　　　　　　　　　　110012102

ISBN-978-986-518-640-1

9 789865 186401

法藏知津八編
第十九冊　　　　　　　　　　ISBN：978-986-518-640-1

河陽寶卷研究（上）

作　　者　李淑如
主　　編　杜潔祥
副總編輯　楊嘉樂
編輯主任　許郁翎
編　　輯　張雅淋、潘玟靜、劉子瑄　美術編輯　陳逸婷
出　　版　花木蘭文化事業有限公司
發 行 人　高小娟
聯絡地址　235 新北市中和區中安街七二號十三樓
　　　　　電話：02-2923-1455 ／傳真：02-2923-1452
網　　址　http://www.huamulan.tw 信箱 service@huamulans.com
印　　刷　普羅文化出版廣告事業
初　　版　2022 年 3 月
定　　價　八編 22 冊（精裝）新台幣 50,000 元

河陽寶卷研究（上）

李淑如 著

作者簡介

李淑如，國立成功大學中國文學系博士。現任國立成功大學中文系專案副教授。著有《河陽寶卷研究》、《臺灣文財神開基祖廟——嘉義文財殿志》、《閩南文化研究視野下的水神與財神信仰》，編有《雲林縣青少年台灣文學讀本‧民間文學卷》。

提　　要

　　河陽寶卷，是流傳於張家港市地區的寶卷。河陽寶卷藏量豐富，也有部分寶卷是珍本、孤本，如《三漢寶卷》、《劉神卷》、《高神卷》、《王儀寶卷》、《蝴蝶仙卷》、《螳螂卷》等，《河陽寶卷集》則是語言文字具有鮮明地方特色的寶卷集結出版品，也是保存珍貴非物質文化遺產的民間文學作品。《河陽寶卷研究》一書即是針對流傳在河陽地區的寶卷，進行一系列研究，包含內容、形式與儀式的專書。

誌　謝

迷途羔羊

　　2006年夏天，我來到台南。在系館前拍了張只有藍天白雲與椰子樹的照片，在心底告訴自己這條路接下來要走很久很久。那時只是個幸運的博一生，搭上大時代的巨輪，享受每個禮拜偶爾變身為老師的快樂與緊張刺激。上學以外的閒暇日子除了備課就只剩迷路，府城山的小徑與層出不窮的圓環再再讓跌入迷人的迴圈裡，悠閒的午後時光常佐著微風，我就這麼逡巡著。

如沐春風

　　從碩班開始一路追隨益源師，幾年後，指導教授成了系主任。一如那張白蛇籤，為了不讓水漫金山寺壓垮白娘娘也沖倒許仙，小翠們心手相連，我也成了王偉勇老師口中的「台南人」。還記得益源師會問過我數次「妳怎麼知道這條路？」在不同的巷弄裡穿梭有相同的答案：「我上次迷路時來過。」益源師因此知道我善於迷路也善於記憶。老師會說：「不知道做學問可不可以也從迷路中學得答案？讓我想想……。」五年多的時光晃眼即過，在不斷地迷路與尋找的過程中，拿到了這張薄如蟬翼的紙，我想是可行的。自知資質駑鈍，在寫作博士論文的過程中，不斷發問尋求援兵。指導教授也深知迷海中的漂流木需要明燈，因此百般忍耐、諄諄教誨，為我量身打造屬於我的學習之路。系主任則發揮工作上的細心盡責，深怕我一個不注意又錯過了畢業前該完成的每個步驟，緊盯在後。「一日為師，終身為父。」益源師就是一個這樣的人。在我受挫折的低潮期，給予安慰，好似回到孩童時期，上學還有父親陪著。

衷心感謝

我向來不是個細心謹慎之材，但總得貴人相助。連慈愛如仙翁的三慶師都時常提醒我，與我談論論文的進度與寫作的角度。系辦的系花史小姐與台柱邱先生，也時時照顧我，提醒學業上的這這那那，以免脫線釀成大禍。從學業到生活，一路走來有好多人伸出援手，但我相信你們都是了解我的，因為很多時候真的都是再不動作就要火燒茅寮了。「要感謝的人太多，那就謝天吧！」我不敢這麼說，我怕論文被丟去回收。所以，謝謝榮祿大人，總是不藏私（還是其實有？）提供學術資源幫助我完成學業並以冷笑話陪伴我度過每個不安難受的日子。謝謝 9527 一路緊追在後，讓我有學姐的自覺。謝謝越南妹與小博士，幫我收集資料也提供寶貴的意見，我才能寫成論文。謝謝茉吏，提供溫暖的研究室與爽朗的笑聲。謝明良，認識你是博士班生活最美麗的錯誤與邂逅，你的緊張兮兮總讓我不忘自己還是個要寫論文的人。謝謝向飛天，大力跨刀，借書、借車、借人，飽養我的靈魂與胃腑（還有荷包）。謝謝南瓜，帶我拜拜提供我學術（迷信）資訊，也照顧生病的我。感謝機機陳，人生的巧妙在她身上得到了印證，上海的生活也因為妳充滿歡笑（與零用錢）。謝謝吟臻與怡君，研究室有你們就有「媽媽的味道」。感謝緊張大師負敏兒，照顧我的生活，提醒我吃飯、睡覺、起床。不論是無臉人或是時差兄，都願意真心與我為友。真心感謝我的森林寶貝們，有你們才有一次次的旅行、一次次的相助，如小精靈般掩護我每個漏洞百出的工作，忍受我的慢吞吞與迷糊，你們是我在這裡最大的理由。最後，感謝我的父母與家人包容我的百般任性，我才能走到今天。

迷途知返

完成學業之時，亦是離別之時。在心裡頭默默與你道別。願我們都是被神眷顧的孩子，人生迷途時，有人牽引回歸，不至流離。

2011 年桂月府城東寧蝸居

目次

第一章　緒　論

第一節　研究緣起與目的

一、研究緣起

　　近幾年來非物質文化研究相當熱門，可說是全球文化發展的大事，事關對文化多樣性和文化獨特創造力的尊重，全球化背景下文化和文明的多元共生、和諧共存。世界各國皆傾力申報與保護，適逢這種文化研究的熱潮，中國寶卷的研究得以有被重視的機會。何謂「非物質文化遺產」？非物質文化遺產（Intangible Cultural Heritage，又譯為無形文化遺產），也可簡稱為非物質遺產（Intangible Heritage，又譯為無形遺產），根據聯合國教科文組織《保護非物質文化遺產公約》（Convention for the Safeguarding of the Intangible Cultural Heritage）的定義，指的是「被各群體、團體、有時為個人視為其文化遺產的各種實踐、表演、表現形式、知識和技能及其有關的工具、實物、工藝品和文化場所。」〔註1〕非物質文化遺產的最大的特點是不脫離一個民族特殊的生活生產方式，是一個民族性、審美觀的顯現。它依託於人本身而存在，以聲音、形象和傳統技藝為表現手段，並以口耳相傳作為文化鏈而得以延續，是文化及其傳統中最脆弱的部分。因此對於生命力活躍的非物質文化遺產傳承的過程來說，人的傳承最為重要。以寶卷研究為例，現代各地留

〔註1〕http://twh.hach.gov.tw/ArticleDetailContent.action?cate=2&id=28 行政院文建會文化資產總管理處。

存的民間寶卷演唱活動，是十分寶貴的民間文化遺產，部份地區的民間寶卷已經列入「非物質民間文化遺產」，因此引發各地發掘、整理民間寶卷的開發熱潮。認真的對各地現存民間寶卷及其演唱活動現狀的調查，對現存寶卷的發掘和整理，對瞭解寶卷的歷史發展和當地民眾精神生活的歷程都有重要的意義。

　　非物質文化遺產的研究現今蔚為風潮，世界各地的相關發掘工作族繁不及備載。以張家港為例，非物質文化遺產的研究包括以下數類：民族語言、民間文學、傳統美術、傳統音樂、傳統舞蹈，傳統手工技藝、戲曲、曲藝、生產商貿習俗、消費習俗、人生禮俗、歲時節合、民間信仰，傳統醫藥、遊藝、傳統體育與競技。僅是江蘇省的張家港地區就有如此多項目的研究正在進行，各類別的研究調查表也紛紛上傳統整，由此可見中國官方對非物質文化研究的重視，而寶卷研究也只是其中一個小環節，卻獲得了正式由官方資助出版的機會。民間寶卷作為非物質文化遺產的一部份，在民間講唱具有其特殊性，在這種背景下，2007 年首度由中國官方支持出版的《中國‧河陽寶卷》是相當特別且具有代表性的寶卷文本集。虞永良說道：「兩次首發式上，很多民間文化界的專家、學者齊聚一堂探討河陽山歌和河陽寶卷，給予了它們很高的評價。通過首發式和推介會，更多的人知道和瞭解了河陽山歌和河陽寶卷，這對我市特色文化資源的發掘和保護是有著重大意義的。而且，也讓我看到了我市在對民族民間文化保護方面所做的努力和取得的成果，這將對今後的文化保護與傳承工作起到積極的啟示作用。」〔註 2〕由這段關於首發會的感想對話，可明顯獲知非物質文化遺產的申報和保護，對中國而言是中國文化繁榮、發展事業建設的一件大事。胡錦濤在十七大報告中指出：「加強中華優秀文化傳統教育，運用現代科技手段開發利用民族文化豐富資源。加強對各民族文化的挖掘和保護，重視文物和非物質文化遺產保護，做好文化典籍整理工作。」〔註 3〕從這段話可再次證明，中國官方對非物質文化遺產的重視與開發的野心，因此《河陽寶卷》得以成為由中國政府首次官方主導出版的寶卷集，也證明它是非物質文化遺產之一。因事關綜合國力和國際競爭力的提升與實力的提高、民族力的凝聚等，可見大批人力物力的投入與民俗學研

〔註 2〕黃蓉編輯：〈專家、市民共敘長江情〉，《張家港日報》，2009 年 10 月 27 日。
〔註 3〕在《山西介休寶卷說唱文學調查報告》一書中，劉娟的序言也不約而同的以
　　　這段話，表明介休地區寶卷文化被探尋的價值所在。詳見該書序言頁 1。

究者的重視。《河陽寶卷》的〈編後記〉寫道：

> 河陽寶卷，是張家港市特有的文化遺產，是一份非常珍貴的非物質
> 文化寶藏。河陽寶卷同其他地方的寶卷相比較，除了具備相同相通
> 的共性之外，還具有鮮明的個性。我們認為，河陽寶卷的特點主要
> 表現在四個方面：一是藏量豐富；二是有珍本、孤本，如《三漢寶
> 卷》、《劉神卷》、《高神卷》、《王儀寶卷》、《蝴蝶仙卷》、《螳螂卷》
> 等等；三是擁有一個人數可觀的寶卷詩唱者傳抄者群體；四是許多
> 寶卷抄本帶有明顯的「二度創作」痕跡，其語言文字具有鮮明的地
> 方特色。〔註4〕

以寶卷講唱者、傳抄者的角度而言，河陽地區的確擁有為數眾多的寶卷藝人
在維繫寶卷的傳承，年老的寶卷藝人退隱後私藏的寶卷抄本仍被安善收藏，
現今仍活躍於寶卷講唱的寶卷藝人依陸建忠的粗估約有五十人。以寶卷的數
量而言，據「張家港非物質文化遺產」官網所記載：

> 長期流傳於我市河陽地區的寶卷統稱「河陽寶卷」。目前流傳於我
> 市的寶卷仍有 500 餘卷，100 餘種。河陽寶卷對於研究風俗民情、
> 曲藝流變以及宗教禮儀均具重要的價值。「宣卷」已列入蘇州市第二
> 批非物質文化遺產代表作名錄。〔註5〕

這些數字顯示了河陽寶卷種類的豐富，而其中又有多數的佛道教寶卷。佛教
與道教是中國傳統文化，佛教、道教在中國的發展，形成了獨具特色的中國
佛教文化藝術形式，包括佛教造像、石窟、寺廟、建築、書畫、音樂、舞蹈、
節俗、刻經事業、善書流傳、崇拜儀式等。這其中的文化現象是佛道教在中
國發展的見證，也是佛道教貢獻於中國文化的見證。同樣地，現今世界中佛
教與道教對中國文化的貢獻也是全球文明中的一環，更是佛道教影響中國人
的精神生活、價值觀念、思維方式、生活方式的見證。佛教與道教文化的現
存物質，在很大程度上貢獻於中國文化的物質文化遺產的申報和保護。世界
和中國物質文化遺產的多個項目，包涵了佛教與道教的文化形態。但就非物
質文化遺產而言，佛教與道教的文化尚有貢獻於世界文化遺產中的空間，因
此，佛、道教體現在寶卷的內容也納入《河陽寶卷》的出版中。寶卷的研究正

〔註 4〕張家港市文學藝術界聯合會編：《中國・河陽寶卷集》（下），上海：上海文化
　　　　出版社，2007 年 10 月，頁 1508。

〔註 5〕官網網址：http://www.zjgtsg.com。

屬於對非物質文化遺產的聚焦，透過這樣的了解佛教與道教文化是另一種視野的觀照。

二、研究目的

過去寶卷多與民間宗教相關連而被視為迷信的宗教宣傳品，因此，官方支持的態度不僅代表著過去的禁錮紓緩了，也表示寶卷的研究得以有比較自由的開展。在《河陽寶卷》一書中經過整理匯集出版的寶卷文本不過是一部份的抄本，還有為數眾多的寶卷等待發掘與研究，故筆者希望藉由《河陽寶卷》的面世，進行深入的研究。

2009 年春筆者有幸前往上海復旦大學交流，在上海市的求學生活，利用空檔前往張家港觀察寶卷宣演的實況。雖然中間的過程多半是仰賴當地文史工作者的幫忙，方能實際體驗，但田野調查的結果發現寶卷的研究確實有很多值得更深入的地方。隨著時代的進步，固然江蘇等地的農村至今還有密集的寶卷演出活動，但不可否認的是，這樣的流行其實在逐步萎縮。故深知箇中緣由的研究者莫不傾力保存現有的寶卷資源，一旦這類型非物質文化的表演消失，那麼寶卷研究將成為只存文本的案頭寶卷。感受到這樣的現象真實存有，筆者希望盡自身綿薄之力，為寶卷研究貢獻一己之力。

論文的寫作方向由寶卷的分類與研究現況開始，透過河陽寶卷之內容分類與結構建構出當地寶卷流傳的藍圖。河陽寶卷中存在大量的佛道類寶卷以及民間故事寶卷，這些寶卷都與民間宗教的流傳與信仰有關，筆者試圖以部份田野調查為路徑，配合前人研究成果，解析寶卷與民間宗教的牽連。寶卷的宣演存有強烈的口頭文學特徵，也召顯寶卷特殊的藝術內涵。

第二節　研究範疇與方法

一、研究範疇

在聯合國教科文組織的檔案，源自於文化人類學的概要，要成立所謂「文化空間」至少有三個要素：

（一）它是傳統的有悠久歷史的進行民俗文化活動的場所。

（二）它舉行民俗事項活動的時間有歲時性、週期性、迴圈性。

（三）它是神聖性和娛樂性的統一。

　　這樣的場所在寶卷的發展過程中，可以是寺廟，也可以是家堂宗祠，這些空間都具有一定的封閉性。在寶卷宣演的活動，節慶、收成、生老病死都有固定的表演方式，從事這項民俗活動的人也遵守著一定的禮儀規範。就寶卷的聽眾而言，聆聽寶卷的宣演是宗教信仰虔誠的表現，也是娛樂自己放鬆身心的聯誼活動。在這些條件的成立，寶卷的宗教信仰有了明確的模式。

　　各地寶卷研究方興未艾，官方出資支援與地方文史工作者的努力，使得大量的寶卷得以集結出版。以吳語區而言，靖江寶卷、河陽寶卷、同里寶卷紛紛自成脈絡，隨著寶卷系統的不同以及方言的影響，演出形式也大不相同。《河陽寶卷》在有眾多人合作努力之下針對張家港市、常熟市、蘇州市、無錫市等地的寶卷做收集整理的工夫，才能順利集結出版，所收的寶卷藏量豐富。因此，本書研究範圍以河陽寶卷為主，研究河陽寶卷的發展派系也比較和其他地區寶卷的異同，透過寶卷學的歷史研究、寶卷與民間宗教、信仰，及目前張家港各地宣卷的情況，結合文本與田野調查，全面地研究此一兼俱文學與藝術的民間文學類型。

　　在文本材料的收集上，因河陽地區〔註6〕流傳的寶卷數量眾多，故研究範疇收束在已出版的《河陽寶卷》文本與少部份筆者田野調查所得現今仍存有抄本但未收錄的河陽寶卷抄本。《河陽寶卷》一書內含以下四個分類：

　　（一）道佛敘事本

　　（二）民間傳說故事本

　　（三）道佛經義儀式本

　　（四）河陽寶卷曲譜選

　　筆者所討論但未被收錄的寶卷抄本有《白蛇卷》與《叔嫂風波》，《白蛇卷》為中國四大民間傳說寶卷之一，若不研究實為可惜。而《叔嫂風波》為存在於河陽地區的長篇宣卷，可能礙於篇幅或其他關係，已出版的《河陽寶卷》並未收錄任何一篇長篇宣卷，但以寶卷研究的角度而言，並不該忽視長篇宣卷的存在。故《白蛇卷》與《叔嫂風波》兩個手抄本均以附錄的形式，呈現於論文之後方便行文討論也全文公開未被收錄的寶卷內容。

〔註 6〕清代《百城煙水》卷五有「河陽山，一名鳳凰山，又名小山，在（常熟）縣西北四十五里。見（清）徐崧、張大純纂輯；薛正興校點：《百城煙水》，南京：江蘇古籍出版社，1999 年 8 月，頁 368。《河陽寶卷》即以此命名，故河陽地區指的是以河陽山為中心的地區，位於張家港市與常熟市的交界。

二、研究方法

本論文研究先從寶卷發展的歷史開始回顧，採用文本分析法，主要先討論《河陽寶卷》的內容與架構，找出值得深入探討的寶卷文本，做好文獻整理的工作再搭配田野調查所得的手抄本加以討論。主要是由上述三方面展開研究工作，各章節分別討論寶卷與佛道教與民間傳說的關係，再由這些寶卷的內容探討其藝術價值與特色，如此一來方能釐清河陽寶卷的流傳意義與其學術地位。

第二章 河陽寶卷的發展

第一節 寶卷的源流與發展

一、寶卷的源流

    對於「寶卷」這一名詞的出現,歷來眾說紛紜,馬西沙、韓秉等人以為是宋金元時代,鄭振鐸先生以為是元明初金碧抄本的《目連救出離地獄生天寶卷》。車錫倫則以為是「題為北元宣光三年(即洪武五年,1372)脫脫氏施捨的彩繪抄本《目連救母出離地獄生天寶卷》〔註1〕,李世瑜則認為是「明正德年間刻本的《苦功悟道卷》、《救世無為卷》」〔註2〕。寶卷有時簡稱「卷」,如《二郎卷》,故現今所見的寶卷名稱皆常見「某某寶卷」或「某某卷」之稱。

    關於寶卷的起源,綜合各家說法,多半以為寶卷和唐代的「俗講」與變文有很大的關係。約有以下數種說法:

(一)寶卷是變文的嫡派子孫

    鄭振鐸首先對寶卷的淵源提出看法:

      當「變文」在宋初被禁令所消滅時,供佛的廟宇再不能夠講唱故事了。但民間是喜愛這種講唱的故事的。於是在瓦子裡便有人模擬著

〔註1〕 車錫倫:《信仰‧教化‧娛樂——中國寶卷研究及其他》,臺北:臺灣學生書局,2002年12月,頁1。

〔註2〕 李世瑜:《寶卷論集》,臺北:蘭臺出版社,2007年12月,頁10。

和尚們的講唱文學，而有所謂「諸宮調」、「小說」、「講史」等等
的講唱的東西出現。但和尚們也不甘示弱。大約在過了一些時候，
和尚們講唱故事禁令較寬了吧（但在廟宇裡還是不能開講），於是
和尚們也便出現於瓦子的講唱場中了。這時有所謂「說經」的，
有所謂「說諢經」的，有所謂「說參請」的，均是佛門子弟們為
之。……這裡所謂「談經」等等，當然便是講唱「變文」的變相。
可惜宋代的這些作品，今均未見隻字，無從引證，然後來的「寶
卷」，實即「變文」的嫡派子孫，也當即「談經」等的別名。「寶卷」
的結構，和「變文」無殊；且所講唱的，也以因果報應及佛道故事
為主。〔註3〕

關於鄭振鐸的說法，學界引以為用，但李世瑜的〈寶卷新研——兼與鄭振鐸
先生商榷〉則明白推翻鄭振鐸的說法，李世瑜以為「明正德年間出現了寶卷。
寶卷是一種獨立的民間作品，是變文、說經的子孫，不是他們的『別稱』。」
並指明此說得到前蘇聯科學院院士李福清的引用。

（二）彈詞、寶卷為俗講文學之直系子孫

向達在〈唐代俗講考〉中認為：

俗講始興，只有講經文一類之話本，浸假而採取民間流行之說唱體
如變文之類，以增強其俗化之作用。……彈詞寶卷，則俗講文學之
直系子孫也。〔註4〕

向達認為變文、彈詞、寶卷均屬於俗講文學一系，三者之間一脈相承。

因為鄭振鐸是最早對寶卷進行學術性歸納與研究的學者，故他的說法影
響了後起的研究者，如高國藩便延續鄭氏的觀點，認為無法在廟宇中講唱的
和尚後來去了瓦子。

在《中國民間文學史》一書中寫道：

他們唱「彈唱因緣」，這些「因緣」自然是唐代敦煌的伯 2187《四
獸因緣》、斯 3491《頻婆婆羅王后宮綵女功德意供養塔生天因緣變》
等等，這種民間因緣文體而來，寶卷和變文中的「因緣」文體也是
同樣的，正是這些「因緣」、「說經」的別名，實際便是敦煌民間變

〔註3〕鄭振鐸：《中國俗文學史》，上海：上海人民出版社，2006 年 5 月，頁 446～
447。

〔註4〕向達：《唐代長安與西域文明》，北京：三聯書店，1987 年 4 月，頁 310～313。

文的派生文體，也就是唐代民間「轉變」的嫡系子孫。〔註5〕

（三）中國寶卷淵源於唐代佛教的俗講，是佛教俗話的產物

車錫倫則針對「寶卷是變文的嫡系子孫」的說法提出修正，認為：寶卷產生於宋元時期，現存這一時期的寶卷，可以確認者有：一、南宋理宗趙淳祐二年（1242）宗鏡編述的《銷釋金剛科儀》；二、元末明初抄本《目連救母出離地獄生天寶卷》，濮文起以為「寶卷是長期歷史發展的產物，其源頭可以上溯至唐代佛教的俗講（紀錄這種俗講的文字名叫『變文』）。」〔註6〕，曾永義也說「若論寶卷的淵源可以追溯至唐代佛教的俗講。」〔註7〕。因此，寶卷的起源與變文的關係大致如此無誤。由唐代俗講往上推移，秦漢時期的民間說唱藝術其實已可窺端倪，出現「俳優侏儒」的職業說故事人，服務對象是君王及王公貴族，重點在取悅帝王，娛樂對象非平民百姓。藝人連說帶唱加入戲劇表演，漸漸發展了韻散結合的文體而為「賦」，而這樣的體式也影響了後世的講唱文學，在民間慢慢獲得認同。從宣演體式來看，這樣形體的講唱文學由原先的寺廟公開講唱，逐漸走向民間。改變為分散在民間的家庭，變成廳堂說唱的娛樂文化與民間教化活動。

寶卷的源流向來是寶卷研究者所關注的，從發源、演變到現存的文本與形式都是寶卷研究的重點。現代學者中最早注意到寶卷的文學價值，並將其推薦給學術界的是顧頡剛先生。1924～1925 年在《歌謠週刊》，全文刊載了民國乙卯（1915）嶺南永裕謙刊本《孟姜仙女寶卷》〔註8〕，並指出：「寶卷的起源甚古」，羅振玉《敦煌零拾》（上虞羅氏鉛印本，1924）所收《佛曲》三種是「唐代的寶卷」；《金瓶梅》中「吳月娘是最喜聽宣卷的，宣卷的人是尼姑」〔註9〕。後來顧頡剛在《蘇州近代樂歌》〔註10〕一文中對蘇州宣卷作了介紹，指出「宣卷是宣揚佛法的歌曲，裡邊的故事總是勸人積德修壽」，宣卷的聽眾主要是婦女，請到家中來唱，做壽時更是少不了的；灘簧盛行之後，宣卷人

〔註 5〕祁連休、程薔、呂微主編：《中國民間文學史》，河北教育出版社，2008 年 2月，頁 231。

〔註 6〕濮文起：〈寶卷學發凡〉，《天津社會科學》第 2 期（1999），頁 81。

〔註 7〕曾永義：《俗文學概論》，臺北：三民書局，2003 年 6 月，頁 168。

〔註 8〕《歌謠週刊：孟姜女故事研究專號》，1924 年 11 月 23 日第 69 期，至 1925年 6 月 21 日第 96 期，分六次刊載。

〔註 9〕（清）蘭陵笑笑生：《金瓶梅》，臺北：臺灣古籍出版社，2006 年，頁 78。

〔註 10〕刊載於《歌謠週刊》，1937 年第一期。

「改革舊章」，曹少堂始倡為「文明宣卷」。這是對近現代蘇州民間宣卷最早的綜合介紹。

與此同時，鄭振鐸先生也開始搜集和研究寶卷，在他主編的《小說月報》號外《中國文學研究》〔註11〕專號上發表論文《研究中國文學的新途徑》，該文第七節〈巨著的發現〉所論為開拓中國文學史研究的新領域，所指即變文、寶卷、彈詞、鼓詞、民間戲曲等從未被納入中國文學史研究體系的俗文學作品。這時他尚把敦煌發現的說唱文學作品同寶卷一道稱之為「佛曲」，認為佛曲是一種並非不流行的文藝著作，自唐五代以來，一直有作品面世，其中頗有不少好的東西，如《梁山伯祝英台》、《香山寶卷》，具有文學價值，於民間更具有影響力。

二、寶卷的發展

從以上各家的觀點可以歸納出寶卷的淵源可以上溯至唐代的俗講，因為寶卷的產生在歷代文獻中並沒有明文記載，因此我們只能找尋目前現今所見最早的寶卷。什麼時候、怎麼有寶卷的呢？寶卷的研究者分別有以下各說：

（一）李世瑜《寶卷論集》認為

> 這應該從秘密宗教談起。……到了明正德年間，大約是受過去講唱經文、說經以及詞曲與起和民間說唱形式的技藝的影響吧，秘密宗教的傳教祖師們看到這些方式是群眾喜聞樂見的，宣傳效果十分良好，竟也仿照這些寫起經文來；又因明正德以後的秘密宗教曾經打進了朝廷，一些太監（如紅陽教就曾以魏忠賢、陳矩、張忠、石亨為「護法神」）、妃子甚至太后（神宗的母親就號稱「九蓮聖母」）也都信奉起來，因此這些經卷又得到資助而刊印的機會，這就是第一次的秘密宗教自己的經卷——寶卷。〔註12〕

李氏認為明正德以後直迄民初是寶卷活著的年代，但清末民初的寶卷已非明清間寶卷的正規形式。

（二）車錫倫認為

中國寶卷淵源於唐代佛教的俗講。宋代原本集中於寺院、廟會中的說唱

〔註11〕由上海商務印書館在 1927 年出版。
〔註12〕李世瑜：《寶卷論集》，臺北：蘭臺出版社，2007 年 12 月，頁 8。

轉移到瓦子勾欄中演唱，但佛教寺院和僧侶仍保留向俗眾講經說法的活動。
寶卷之名則出現於元末明初，車氏認為現存最早的寶卷是北元宣光三年（即
洪武五年，1372）蒙古脫脫氏抄寫施捨的《目蓮救母出離地獄生天寶卷》。有
關於寶卷的分期，車氏認為：

1. 明代前期是佛教世俗化寶卷發展時期，流傳寶卷沿襲佛教俗講傳統，
   分為講經和說因緣故事兩大類，前者如《金剛科儀》、《金剛寶卷》、
   《心經卷》、《法華卷》等，後者如《目蓮卷》、《香山寶卷》等。
2. 明代中葉以後，直到清康熙年間是民間宗教寶卷發展時期。演唱寶卷
   被稱作「宣卷」。
3. 明成化、正德年間羅清創無為教編「五部六冊」後，民間宗教紛紛以
   寶卷為佈道書。〔註13〕
4. 清康熙後寶卷因清政府的嚴厲查禁，進入新的發展時期，主要是改編
   和襲用前期民間宗教經卷。
5. 清末各地民間教團又盛行「鸞書寶卷」，內容為乩語作讀物流通，已脫
   離寶卷發展的傳統。

車錫倫以清康熙為寶卷發展的界線，康熙前為宗教寶卷，分明中葉正德
前佛教寶卷與明中葉正德後民間宗教寶卷兩類。康熙年間，因民間新興宗派
四立，均以寶卷為佈道書，寶卷發展因此自成格局。咸豐後到民國初年是民
間寶卷的鼎盛期，文學故事寶卷成為主流。

根據李世瑜的考察，現今所見最早的寶卷是明正德年間刻本，如《苦功
悟道卷》、《破邪顯證鑰匙卷》（分上、下兩冊）、《正信除疑自在卷》等，皆為
羅清所著。羅清的「五部六冊」大量引用《金剛經》、《華嚴經》、《般若經》，
可知「五部六冊，受禪宗和淨土宗的影響，也開創了民間秘密宗教寶卷的新
時代。此後明代出現許多民間宗教都以它為楷模仿造了自身教派的宣教經卷，
最明顯的為弘陽教。〔註14〕

（三）近世寶卷的發展

近世寶卷實際發展情況，依車錫倫的說法，可大致分為北方與南方的
異同：

〔註13〕羅教，又名羅祖教，或稱無為教、大乘教、悟空教。由羅清創立，是明清時
　　　　期有名的民間宗教和秘密結社，是由佛教禪宗臨濟宗分化演變而來。
〔註14〕弘陽教的經卷，從內容形式到結構都明顯受到「五部六冊」的影響。

1. 北方的民間念卷和寶卷

北方的民間宣卷一般稱作「念卷」。大約在明末某些民間教團中的民間藝人，便改編其他演唱文藝的故事，在為民眾「做會」（齋會）中演唱，如《佛說王忠慶大失散手巾寶卷》。清代前期，改編俗文學傳統故事的民間寶卷大量出現，它們沒有教派教義的宣傳，但寶卷文本和演唱形態與教派寶卷相同，有開經（唱香贊、請佛）、唱結經發願文等的儀式，演唱結構分品，每品插唱小曲。卷名也仿照教派寶卷加「佛說」，如《佛說開宗寶卷》、《佛說王有道休妻寶卷》、《佛說紹興城教父還國慈雲登基寶卷》、《佛說高唱遊龜山蝴蝶盃寶卷》等。上述這些寶卷的故事，既有世情故事，也有歷史故事。它們分品的「品目」，是寶卷內容的摘要。詳細的分目標題概括了寶卷故事的全部情節。這種標目的形式，是繼承了宋元以來長篇話本分段標題的傳統（如元刊本《大唐三藏取經詩話》等）。又如《慈雲寶卷》，所述為虛構的北宋宮廷忠奸鬥爭的歷史故事，分為三部：《佛說永壽庵認母回宮慈雲寶卷》、《佛說劉吉祥放主逃生走國慈雲寶卷》、《佛說紹興城救父還國登基慈雲寶卷》，共 64 品，所唱小曲三十餘種。這種「連台本」式的長篇歷史故事寶卷，僅此一見。故事可能來源於明代說唱詞話或平話，在廣東地區的木魚書中也是流行的曲目。

清康熙以後，由於政府嚴厲鎮壓，各民間教派大都轉入秘密活動，北方民間寶卷的傳播，主要靠一些識字人編寫、抄傳和為民眾念卷，並以此為功德。寶卷的形式也發生變異，清道光以後的民間寶卷文本大都不再分品，每個演唱段落只保留了教派寶卷形式中的散說和兩句詩贊過渡，以及「七字佛」或「十字佛，唱詞，其他唱段都刪略了，或抄落而殘缺不全。只有河西走廊地區的個別民間寶卷中，尚保有四句詩贊，如《牧羊寶卷》，寫唐末黃龍造反，朱春登代叔父從軍。婦母宋氏和內侄宋成為霸佔財產，迫害朱母和朱妻錦堂。朱立功還鄉報仇，母子、夫妻團圓。〔註 15〕

2. 江浙吳方言區的民間宣卷和寶卷

江浙吳方言區的民間宣卷的形成，雖受到明清民間教派的影響，但同明代這一地區的民間佛教宣卷有密切的關係，形成的時間大致在明末清初。民間的宣卷人一般稱作「佛頭」，或「宣卷先生」、「講經先生」。他們代替佛教的

〔註 15〕近世寶卷的南北發展主要依據車錫倫的《中國寶卷新論》，收於《民間信仰與民間文學》一書，臺北：博揚文化事業出版，2009 年 7 月，頁 29～37。

僧尼，帶領民眾念佛唱卷，主持民間法會，收取報酬，是職業性或半職業性的民間宣卷藝人。民家在日常生活和生產活動中逢到喜慶或厄難，如拜講求子、結婚喪、節日喜慶，遭災生病，新房落成、家宅不安，也要請有關的菩薩、老爺來降福祛災，請宣卷藝人來做會宣卷，演唱相應的神道故事寶卷。這類做會宣卷在「齋主」家的「經堂（或稱「佛堂」，即民居正房的客廳）中進行。一般的儀軌是：開始焚香點燭唱《香贊》，「請佛，唱《請佛偈》，許多寶卷文本開頭有「先排香案，後舉香贊，即指這些儀式，但在寶卷實際宣演之時，其實這些流程皆早已備妥。結束時要進行「散花解結「念疏表」（或稱「疏頭」）、送佛等。這些儀式都唱相應的定式卷。中間也根據齋主的要求做各種祈福禳災儀式並演唱相應寶卷，如拜壽（唱《八仙慶壽寶卷》《延壽寶卷》等）破血湖（唱《血湖卷》，即《目連寶卷》）等。除了唱各種神道故事寶卷——「聖卷」外，還穿插講唱「凡卷」（一般文學故事寶卷）。做會一般從上午開始，直到第二天早上結束，所以前人記載民間做會宣卷，必俟深更，天明方散。〔註16〕車錫倫對寶卷的分類分「聖卷」與「凡卷」，《靖江卷》即採取車氏的分類標準。

三、寶卷的體制

　　寶卷的體制目前可見的約略分為以下五種：

　　（一）寶卷一般分品，最常見的為二十四品，也有分得較少或較少的。

　　（二）開經偈、焚香贊、收經偈——在全卷開頭和結尾。不一定每種寶卷都會有。

　　（三）白文——即說白。體例同於一般說唱形式作品的說白部分。

　　（四）七言韻文——吟誦部分。四句或八句一組，散見於寶卷之中。還有十言韻文，句法為三、三、四。一般寶卷都具有這種體制。十言句也是判別寶卷與變文差別之所在，寶卷中一定會存在十言句。〔註17〕

　　（五）詞牌——歌唱部分。如賞金花、造橋歌等。多在每品之末。

　　從上述體制可窺見寶卷與變文的關係，開經偈、收經的「偈」都借源於

〔註16〕詳情見清同治九年（1870）序刊毛祥麟《墨餘錄》卷二「巫覡」。
〔註17〕李世瑜認為若寶卷中沒有十句，便不能稱為寶卷。段平在《河西寶卷》的前言裡也說，這種十言句，成了後來「寶卷」區別於「變文」的一大標誌。

佛教。以體式上開相當於變文中的押座文、表白,詞調則是唱經的變體,韻文和詞調等是雜糅詞、曲、戲文而合成的形式。寶卷含祝禱儀式中的歌曲,或源於民歌中的「小卷」,前者如「八仙上壽偈」、「請佛偈」,後者如「散花偈文」,唱詞多為七言體,不限句數。以上可判斷寶卷與變文關係密切,但內容不盡相同。

第二節　寶卷研究概況回顧

一、前人研究概況

寶卷的歷史研究,其實是龐雜但有趣的,因為缺乏認識,時常只有寥寥數語以點撥。但也因為這些片段,使人有一探究竟的慾望,要架構對寶卷的認識,便得回過頭去看寶卷的發展淵源,方能不被眾多的寶卷名稱或定義爭論所混淆。

(一)變文與寶卷的關係

根據前人研究顯示約莫明朝正德年間出現了寶卷,他們是變史、說經的變體而不是別稱。「『寶卷』,是『變文』的嫡系後代,它繼承著先祖的基本形式和內容。」〔註18〕變文的宣揚以佛經為主,而寶卷則流傳於民間各宗教、或雜取民間故事,河陽寶卷的類型與以往傳統寶卷不同,鄭振鐸曾這麼說過:「這一類的故事,有的還帶些「勸化」的色彩,有的簡直是完全在說故事,離開了寶卷的勸善的本旨很遠」〔註19〕,現存的地方性寶卷都難掩這種特質。

(二)寶卷的定名與出現

寶卷定名的年代,眾說紛紜,此處不談早年以所謂「寶貴的經卷」而稱「寶卷」者〔註20〕,而以明王源靜補注的《巍巍不動泰山深根結果寶卷》上卷釋名為「寶卷者,寶者法寶,卷乃經卷。」下面就關於前輩研究者的見解做回顧與統整,發現有指出現於宋、宋或元、元末明初、明永樂十年、明宣德五年、明正德四年等幾種說法。

〔註18〕段平:《河西寶卷選》,臺北:新文豐出版公司,1992年3月,前言頁2。
〔註19〕鄭振鐸:《中國俗文學史》,上海:上海人民出版社,2006年5月,頁476。
〔註20〕例如稱《金剛經》為《金剛寶卷》,稱《阿彌陀經》為《彌陀寶卷》等。

　　鄭振鐸先生在《中國俗文學史》中依據《香山寶卷》、《銷釋真空寶卷》、《目蓮救母出離地獄升天寶卷》的版本推斷出出現於宋、宋或元、元末明初三種說法，〔註21〕後代研究者認同並引用者甚多，但存疑者也不少。李世瑜和車錫倫皆對此發表各自的看法。謝忠岳以在天津圖書館發現的《佛說皇極結果寶卷》刊本提出明永樂十年代說（因該卷底頁殘，末行只留「永樂十」的字樣，下缺）。

　　李世瑜以為寶卷是起於明正德年間。理由是：

> 無生老母的崇拜是起於明末的，無生老母是秘密的中心崇拜，寶卷
> 是秘密宗教的經典，所以寶卷也是起於明末的。〔註22〕

李氏對鄭氏的寶卷起源說不以為然，但並未提出理由，故未明原因何在，只說：

> 至於鄭著中根據一段關於《香山寶卷》的傳說和《銷釋真空寶卷》、
> 《目連寶卷》兩種抄本的寫繪形式就斷定了寶卷可能起於「宋崇寧
> 二年」，不然就是「宋或元」，再不然就是「元末明初」，這樣的說法
> 是不可信的。篇幅所限，這裡不去一一辯證了。〔註23〕

若採李世瑜之說，現今的寶卷研究將推翻大半，且《香山寶卷》與《目連寶卷》的存在便完全無法解釋，但詳觀觀音信仰的流變，《香山寶卷》在宋代就已出現的可能性極高，故筆者以為李氏之說因無有力論證，有太過武斷之嫌。

　　車錫倫認為鄭振鐸所說的《香山寶卷》產生於宋代是沒有依據的，但同樣認為最早的寶卷形成於宋或元。差別在於車氏認為寶卷的淵源可追溯到唐代佛教的俗講，影響後世寶卷極大的《銷釋金剛科儀》，而現存最早的卷是元明初彩繪抄本《目連救母離地生天寶卷》。

（三）寶卷整理與編目

　　在寶卷的發展史上寶卷一度遭禁燬，所以在清政府查辦「邪教」之時，多將這些寶卷銷毀。最著名的是清道光年間的黃育楩編《破邪詳辯》六卷，內含六十八種邪教經卷和嘉、道時北方邪教鼓吹的各種「妖言」摘出，詳加辯駁，陸續寫成《破邪詳辯》三卷、《續刻破邪詳辯》一卷、《又續破邪詳辯》一卷、《三續破邪詳辯》一卷，卷首錄康熙、道光聖諭、《大清律例》禁止邪教

〔註21〕鄭振鐸：《中國俗文學史》，上海：上海人民出版社，2006年5月，頁47。

〔註22〕李世瑜：《寶卷論集》，臺北：蘭臺出版社，2007年12月，頁10。

〔註23〕李世瑜：《寶卷論集》，臺北：蘭臺出版社，2007年12月，頁11。

條文，並在有關部分提出了查禁邪教的某些對策。他認為，「今欲禁邪教，必
將邪經所說及近世邪教所說，一一辯明，俾愚民不被所惑，則邪教不能傳徒，
此拔本塞源，實禁邪之要務也」。〔註24〕黃育鞭作為效忠朝廷的州縣父母官，
在查禁邪教方面尤為積極。他在任巨鹿知縣到滄州知州期間，每年從自己的
俸祿和養廉銀中拿出數百兩刊印《破邪詳辯》，廣泛散發給所管轄的各州縣城
鎮鄉村，前後共刊印了三四萬冊之多。這一系列的禁燬活動也影響了寶卷的
存佚問題。〔註25〕近代最早從學術研究的角度有系統目標的整理寶卷目錄是
自鄭振鐸的《佛曲敘錄》，後有惲楚材的《寶卷續錄》與傅惜華的《寶卷總錄》，
另外，李光璧生前所藏的《缺名戲曲小說目錄》〔註26〕也收有寶卷十二種，
此書現為天津師範大學圖書館館藏。再有胡士瑩的《彈詞寶卷目》和李世瑜
的《寶卷綜錄》，一直到車錫倫的《中國寶卷總目》。寶卷是中國民間宗教的
專用經典，是認知和研究中國民間宗教必不可少的基本資料同時也是流傳在
中國下層社會的一種通俗文學，是瞭解和研究中國俗文學不可或缺的珍貴史
料。以下就現存的寶卷書目做一整理：

1. 中國宗教歷史文獻集成

《明清民間宗教經卷文獻》（臺灣新文學出版公司 1999 年出版），精裝影
印十二冊，收明清民間教派及有關各類民間信仰經卷一百六十餘種。這是民
間宗教文獻首次大規模的整理、結集。2006 年又出版《明清民間宗教經卷文
獻續編》，所收入的文獻包含教門寶卷、民間信仰神明經典、預言書、救劫
書、善書等，其中有很多是明代成化年間官方列為查禁名單的經卷，或是民
間罕見的教門經卷，廣泛地反映明清的社會現況。

2. 《民間寶卷》共收錄明初至民國的民間寶卷三百五十七種，是目前
國內外收錄最多的民間宗教與民間俗文學歷史文獻集編。

3. 河西寶卷正續篇

《河西寶卷》為段平整理，台灣新文豐出版社，1992 年出版，收寶卷十
一種。

〔註24〕黃育梗：《破邪詳辯》，《清史資料》第 3 輯，臺北：中華書局，1982 年，頁
　　　　94。
〔註25〕詳見車錫倫：〈《破邪詳辯》明清民間宗教寶卷的存佚〉，《世界宗教研究》，
　　　　1996 年第 3 期。
〔註26〕此書一度為馬廉的藏書，詳情見張守謙：〈《缺名戲曲小說書目》及其著錄的
　　　　小說罕見本〉，《天津師院學報》，1982 年第一期。

《河西寶卷》續編亦由段平整理，台灣新文豐出版社，1996 年出版，收寶卷二十二種。

《河西寶卷》所收錄的寶卷底本，編者多未說明，只能知其中的部份寶卷如《劉香寶卷》、《白蛇寶卷》等底本為清末民初時的浙江地區刊本，經過編者整理，已非其原始樣貌，如何整理？整理過程不得而知。但這是早期的寶卷匯整出版方法，難免較為粗糙。隨後段平由蘭州大學出版社出版《河西寶卷的調查研究》一書，該書針對河西寶卷作深入的討論，範圍包括《孟姜女寶卷》、寶卷的藝術特徵還有河西寶卷的發展等，全書可分十一個題目，類似單篇研究論文的集結，主題性並不明顯。

4. 酒泉寶卷

由西北師範大學古籍整理研究所、酒泉市文化館合編，郭儀等人選編整理，蘭州甘肅人民出版社，1991 年出版，收錄寶卷八種。

5. 靖江寶卷

同樣是非物質文化遺產，2006 年靖江市建立了「靖江市寶卷文化研究會」和「靖江市民間文藝家協會」，2007 年江蘇文藝出版社出版。收錄寶卷五十四種，其中含聖卷二十五種（如《三等寶卷》，《大聖寶卷》）、草卷十八種（如《劉公案》）、科儀卷十一種（如《上茶偈》）。因吳語區寶卷用方言紀錄與宣講，故上冊卷首還附有《靖江方言詞匯釋義表》以供參考。

6. 同里寶卷

隨著河陽寶卷出版的刺激，大陸地區各地寶卷的出版正熱烈展開，2008 年春同里寶卷也以類似河陽寶卷的收集模式，籌備正式出版中。

（四）田野調查

車錫倫先生做過大量的有關於寶卷宣演的田野調查，特別集中在江蘇等地的吳語區。據他所言，吳語區民間宣卷的大發展是在太平天國被清政府鎮壓之後（約 1862 年後）。清末民初是吳語區宣卷和寶卷發展的極盛時期。光緒年間已有職業宣卷人組織的班社（一般四人左右），他們在各鄉鎮的茶館中掛牌招攬生意。各地宣卷藝人和宣卷班也進入蘇州、上海、杭州、寧波等大城市活動，並形成具有地方特色的「蘇州宣卷」、「四明宣卷」。江蘇長江以北靖江地區「做會講經」，是吳語宣卷的一個分支，它另有獨立的聖卷系統，至今仍是該地區唯一的地方性說唱藝術。在蘇州市，光緒末年出現了宣卷藝人

的行業組織「宣揚公所」，並定斗姆為行業祖師。清末民初吳語區宣卷活動的普及和流行寶卷的數量，都可同吳語彈詞並列。上世紀四十年代，民間宣卷開始衰微，五十代初城市中的宣卷迅速消失。八十年代後，在某些地區農村宣卷又有新的發展。

　　吳語區民間寶卷由於較早就進入了商業性的演出，宣卷藝人演唱用的寶卷臺本均為師徒傳授的手抄秘本；也有少量是喜愛寶卷的奉佛弟子整理抄錄，送給宣卷人宣揚，或自己閱讀。這類民間抄本寶卷留存至今的約有七八百種（包括做會的儀式卷，不同版本難以數計）。這類寶卷在鄭振鐸的《佛曲敘錄》裡曾提及，鄭氏在上海會至善書鋪購買寶卷，這些寶卷當時在上海、蘇州、杭州、鎮江、常州等地的善書鋪公開販售。清同治、光緒年間，江浙各地有民間教團背景的「經房」、「善書局」（如杭州和蘇州的瑪瑙經房）整理改編了百餘種寶卷，刻印流通，其中多加入宗教教義的宣傳。清末民國間，上海、杭州、寧波等城市的印書局大量印行（多為石印本）經過整理改編或新創作的寶卷，作為通俗文學讀物，發行到全國各地。

　　吳語區民間宣卷藝人演唱的寶卷文本，一般只有散說和歌唱，如說唱梁祝故事的《山伯寶卷》。清及近現代各地留存的民間寶卷約七八百種。除了少數勸化說教的「勸世文」寶卷和一些儀式歌外，絕大部分是文學故事寶卷，其中有一些是繼承前期的佛教寶卷。了解了吳語區各類型寶卷的發展歷程之後，可以想見田野調查對寶卷研究的重要性，2011 年 1 月 24 日在文哲所的學術座談會上，白若思博士講題為：「江蘇省張家港市廟會講經的特點：寶卷宣唱在中國民間宗教領域的地位」。白若思博士為俄羅斯人，2008 年期間在北京大學進修，專門研究中國寶卷和講唱文學。白博士與筆者在前往張家港田野調查時緣慳一面，但聽聞他也曾多次到張家港聽宣卷演出進行田野調查，其外國人的身份也在張家港鄉間引起騷動。該場座談會即是他田野調查的成果，因此可證明田野調查對寶卷研究者的重要性。

　　寶卷的宣演是現存的活態文化遺產，大量保留在鄉下農村的生活裡，因此對研究寶卷的人而言，實際的田野調查是不可或缺的基本工作。在張家港地區的當地人認為「什麼廟就供什麼神，供什麼神就唱什麼神的寶卷」，因此，寶卷的種類繽紛、宣演頻繁，也造就大量值得調查與研究的空間。寶卷與民眾的社會生活有密切的關連，民眾也從念跟聽之間獲得養份並建立善惡的道德觀念，長期為社會下層的民眾所信仰，方能留傳至今。

二、張家港歷史背景與寶卷的發展

現今的張家港市位於長江下游南岸，地處長江和沿海兩大經濟帶交匯處，屬江蘇省蘇州市下轄的一個新興縣級市。年輕的建制——1962 年由常熟、江陰兩縣各劃出部分地區合併成立沙洲縣，1986 年撤縣建市，並以境內天然良港——張家港命名。〔註 27〕總面積 998.48 平方公里，人口 89.30 萬。張家港市位於江蘇省南部〔註 28〕，所在區域的北部原是長江的一部分，成陸較晚；南部地區的發展則與附近地區類似，最早發現的人類活動在新石器時代馬家濱文化以前，自商末起屬吳國；秦代屬會稽郡，晉代置暨陽縣。梁代設梁豐縣。隋唐之後分屬常熟、江陰兩縣。清代至民國，常通港以北屬南通縣。張家港市共轄楊舍、金港、塘橋、大新、樂餘、錦豐、南豐、鳳凰和由江蘇省農墾劃歸的原江蘇國營常陰沙農場（現代農業開發區）九個鄉鎮。河陽寶卷的傳播區域是在河陽山周圍地區，包括鳳凰鎮的港口、恬莊、西徐市、塘橋鎮的鹿苑，金港鎮的南沙等地區，現今的流傳區域外擴至三興、南豐、兆豐、合興等地。2009 年筆者前往張家港田野調查時發現，多數是新建的二層樓或三層樓的樓房，是裝潢著鐵門窗的新建築，舊農舍已經變少。但張家港境內目前仍留有許多古蹟，如恬莊老街、秦代直道。恬莊又名恬養莊，在河陽山東北面。恬莊老街內有許多明清建築，如狀元府、榜眼府、楊氏孝坊等。〔註 29〕秦始皇築直道（驛道），為秦代修建的軍事交通工程，起點在咸陽，途經彭城（徐州）——揚州世江——常州——河陽山南——金山——嘉興——錢塘——會稽（禹陵）等地。全部用黃土夯實，全長七百三十六公里。秦始皇為了抗擊匈奴命蒙恬率領十萬工人修建。秦直道最早記載於《史記‧秦始皇本紀》載有「三十五年，除道，道九原，抵雲陽，塹山堙谷，直通之。」〔註 30〕東南庄，明代稱通道里，建制為常熟縣感化通道里。舊通秦始皇的直道，東南莊到直道距離約為三百公尺左右，所以名之。秦始皇二十五年置壽春縣，東漢建安二年改為海旗縣堂河陽，唐代改為常熟，唐代大中搬至琴川（今常熟度山鎮）。《河陽志》雲：「始皇南巡，築大道，京都至泰安，過彭

〔註 27〕 張家港的發展目標目前多數皆有書面資料出版，尚有《張家港舊影》的地方刊物，顯現擠身一線城市的企圖心。

〔註 28〕 因地處偏遠前往張家港最便捷的方式之一，是從上海搭乘長途大巴，在公交總站花 52RMB 即可搭乘，車程約莫兩小時。

〔註 29〕 狀元府與榜眼府分別為孫承恩故居、楊孫故居。

〔註 30〕 司馬遷：《史記》，臺北：臺灣東方出版社，2007 年，頁 237。

城，穿大江入河陽，從河陽至琴川，達會稽。」古驛道在今河陽山西側，折向東南，經古河陽鎮南端讓塘橋再向南延伸，民間俗稱古驛道為「馬路」。而現今的東南則為張家港境內一鄉村，許多的宣卷演出即在此處。張家港市境內還有傳統植栽和手工藝，市境內北部約占全市陸地面積五分之三的沙上〔註31〕，從西到東又因成陸時間早晚，分成老沙和新沙。沙上人家多種竹，有「家家栽竹、戶戶筍香」之語。故後陸、德積、樂餘、錦豐和南豐等地的竹編、竹器、竹筏編制技藝相當普遍且發達。江灘蘆葦，生生不息，也是沙洲一大特色，農民世代採割，用以製作多種價廉而實用的物件，其技藝代代相承，延續至今，其中尤以編制蘆花鞋（又稱蘆花靴）最為人稱道。現在的張家港地區婦女時常在家編制鞋靴以貼補家用。此外德積草編、南豐柳條箱編織，也都是以當地土產為材料，形成自己的特點。

張家港市境內有座河陽山，故境內流傳的寶卷匯集整理後以《河陽寶卷》為名出版。張家港是農耕文化普及的江南水鄉，因此不太受外來文化的衝擊，人民還是多數過著樸實無華的生活，農人除了耕田以外，年輕人多半在工廠工作，或是在家幫忙代工。張家港境內有許多文物古蹟，東高神堂（泗安村）與西高神堂（港口鎮），兩個遙相對應的神堂是早期張家港人民的信仰中心。恬莊有紅臉城隍，據傳是因臉被血噴到〔註32〕所致，但舊城隍廟已遭毀，故址在恬莊街西，奚浦和玉帶河之間。張家港所出版的《張家港歷史文化叢書》是對文化遺產的活用，《叢書》編得豐富，把張家港所有的文化資源融合在一套書中，通過集結，使得這個港口城市的文化越來越豐厚。在這個階段，張家港把已成歷史的文化資源進行總結，這不僅僅是對前面已經生成文化的歷史小結，更是對後代文化發展的啟迪。除了《叢書》的出版以外，規劃中的河陽山歌館等，都足見張家港保護歷史文化傳統的種種措施。《河陽寶卷》的出版也是地方政府把當地豐厚的文化歷史不斷展現的集結物，在現在的人面前活用文化遺產的同時，更啟示後人對文化遺產進行很好的保護。把現有的但仍分散的歷史文化資源進行有效整合，盡可能在現在保留下來已經是所有文化遺產工作研究者間的共識，而這項共識在張家港當地文聯工作者的眼中則是刻不容緩的工作，隨著《河陽寶卷》的持續被研究，寶卷研究也在不斷地被突破。

〔註31〕長江南岸由沙嶼、沙灘積漲而成沙洲，土人俗稱沙上。
〔註32〕也因此奇特的民間傳說而在當地有城隍廟與《城隍寶卷》。

　　目前關於河陽寶卷的研究，虞永良〈河陽寶卷調查報告〉曾就河陽寶卷分佈範圍及地域特色、河陽寶卷的分類、河陽寶卷與古代香火、河陽寶卷的版本、唐代的變文與河陽寶卷及文人對陽寶卷的影響等六大類，對河陽寶卷作了整體概述，〔註33〕此外他還寫過一篇短文〈歷史文化的瑰寶──河陽寶卷〉，並簡介、公開了他所藏的七種河陽寶卷〔註34〕。隨著《河陽寶卷》的正式出版，虞永良發表〈道教化的河陽寶卷與民間戲曲〉等多篇研究文章。高國藩也就《河陽寶卷》撰述了兩篇文章〔註35〕，並開始率領學生在當地從事後續的田野調查工作。高國藩率領了數十名南京大學學生前往張家港地區針對河陽地區寶卷做田野調查，這些大學生分別挑定一部寶卷為對象，以田野調查的收獲並整文獻記載，寫成有關河陽寶卷的單篇論文，集結成《河陽文化研究》第一集準備出版。其中如《關帝寶卷》、《玉帶寶卷》、《目連卷》、《太陽卷》等，都有學生配合訪談寶卷藝人的田野調查記錄數衍成篇。

第三節　江蘇地區寶卷宣講的田野調查

　　寶卷研究長期以來研究者較少、研究現況也有許多未明，未公開之處。寶卷演出的過程透過江蘇地區寶卷流傳現況調查與實例，可以解開宣卷表演的神秘面紗，這是在台灣地區無法見識的表演。寶卷融合了大量的民間文學與藝術，寶卷的源流與變化可以透過書面資料呈現，可是表演的形式與內容在台灣卻未曾曝光，現代寶卷尤其如此。寶卷是活著的文化遺產，透過江蘇地區兩種不同的寶卷表演類型可以如實地感受到寶卷的活力與永續性，它不僅是宗教信仰的一種模式，同樣也是人民生活中不可或缺的一部份。江蘇地區一帶的南方百姓靠著寶卷的演出得到了心靈上的寄託，也是娛樂，這同時也是人們聯繫感情的方法，藉由一場寶卷的宣演，民間文學的魅力盡覽無遺。在江蘇一帶，寶卷的宣演方式大概分為兩種系統，一為木魚宣卷（如河陽寶

〔註33〕虞永良：〈河陽寶卷調查報告〉，《民俗曲藝》第 110 期，1997 年 11 月，頁 67～87。

〔註34〕該篇短文，與七種河陽寶卷（《蝴蝶仙卷》、《小豬卷》、《螳螂卷》、《妙英寶卷》、《洛陽橋神》、《河神卷》、《拜月華會》）的原文、簡介，載於高國藩、徐大錫主編：《中韓文化研究》第三輯，2000 年 12 月，頁 252～311。

〔註35〕高國藩：〈《中國‧河陽寶卷集》序〉，《東亞文化研究》第九輯，香港：東亞文化出版社，2007 年 8 月，頁 368～375；高國藩：〈從《寶卷論》談到《中國‧河陽寶卷集》的歷史軌跡〉，同上，頁 376～382。

卷即是），一為絲絃宣卷（如同里、蘆墟一帶的寶卷）。因此，筆者藉由張家港與同里兩地的宣卷田野調查，來分析這兩個系統間表演模式的異同。

一、張家港河陽寶卷的宣演

河陽寶卷的宣演與其他地區的寶卷宣演活動相比，自成系統，具有明顯的地域特徵。它與當地做社活動結合在一起，由寶卷藝人（或稱講經先生）宣講，表現出與宗教相結合的一面。河陽寶卷有一套系統化的宣演方式，程式與儀式基本上固定，寶卷藝人們也遵守這樣的規範，每場寶卷演出不同的地方只在於寶卷故事的差異，而這其中的變化也隨著寶卷藝人所持有的寶卷抄本不同而有所變異。以下就寶卷藝人與寶卷宣演的模式論述：

（一）寶卷藝人

由變文開始，主要講唱的是僧侶，盡管僧侶大膽地把說唱內容由佛經故事拓展到民間故事，但其說唱內容仍不能滿足民間俗眾的需要，因此民間藝人便倣效變文形式，在固有的基本故事上發揮或創新，採用民間喜聞樂道的故事進行說唱。故在現今卷演出的過程中最重要的角色莫過於寶卷藝人，他們是整個宣演過程中的主導者，也有一種叫他們「佛頭」〔註36〕，因為他們必須帶大家拜佛故有此說，但一般張家港地區的民眾還是稱他們「寶卷藝人」或「講經先生」。〔註37〕「從筆者的田野調查得知，張家港地域一帶寶卷藝人的數量少說有四十人，〔註38〕人數不但因為他們之間並沒有公會或組織規範，數量難以精準呈現。而且彼此之間無法互相規範或連繫，不會有固定的活動使所有的寶卷藝人到場與會，因此彼此間的認識來自於做社〔註39〕或演出時的偶遇。早期寶卷說唱時沒有講稿，靠的僅是口耳相傳，具有隨時刪改的可能，後來被寫下變成定型的文本。但也因此，根據民間流傳許久的故事改寫成的寶卷故事，有了文本後在不同的文本間仍有修改增刪的現象，如現今所見的寶卷有多個版本，版本內容也不完全相同。

〔註36〕（明）陸人龍：《型世言》第二十八回，江蘇：江蘇古籍出版社，1993年，頁471。此名稱在明代小說中已見，也可證寶卷演出歷史的優久。

〔註37〕他們也自稱「寶卷藝人」，名片上的頭銜多數引用此稱謂。

〔註38〕根據寶卷藝人陸建忠先生表示「在這一帶，最遠只算到無錫，寶卷藝人們我多半認識，已經出師在外表的推估是五十人上下。」

〔註39〕做社是寶卷宣演的重要場合。春天，農村人民在播種插秧時希望作物豐收而請寶卷藝人前來宣講寶卷，此活動即為「春社」；秋天，感謝作物豐收的活動便稱「秋社」。

　　寶卷藝人多是師徒傳授，當然也有父子相承，且為數不少。以下就 2009年 3 月間前往張家港田野調查的資料論述。寶卷藝人陸建忠 1954 年 12 月 15日生，家住鳳凰鎮鳳凰村 13 組。從事寶卷藝人的工作至今已十四年，年輕時跟隨父親陸仁保學習寶卷宣講的演出，父親也曾另外收有一徒，現在也成為寶卷藝人。但現今陸建忠的兒子並未跟隨他學藝。以收入而言，寶卷藝人的年收入算是相當豐厚，因此早期很多老藝人的徒弟都是自己的孩子，但現今受到較多外來文化的衝擊，年輕人多半離開鄉下，未必肯繼承父業。從拜師學藝到出師最少需要一年時間，需要三年甚至更久的也大有人在。因為儀式有很多繁複的細節要注意，講唱時的寶卷又多數全憑記憶，還得培養表演的能力與唱功，因此多久能出師全憑個人修為。平均工作天數約為十五天中只休息三天，一年工作時間約為兩百五十天左右，鳳凰鎮目前至少有四十個寶卷藝人，工作範圍並不限於只在鳳凰鎮，偶爾也會去至無錫等地。對寶卷藝人而言到無錫的工作已經算遠，無錫也有當地的藝人演出。工資收入每次做社每個藝人可得八十到一百人民幣的薪資不等，但套句陸先生的話「基本固定但利市沒底」〔註40〕，多數演出的寶卷為寶卷（結婚、作壽）、老人或病人專用的延壽寶卷。目前在張家港較常演出的寶卷有《灶王寶卷》、《財神寶卷》、《彌陀寶卷》、《地獄寶卷》、《香山寶卷》、《玉皇寶卷》、《壽生卷》、《劉王卷》、《桃花延壽寶卷》等。通常拜師學藝的過程中需不斷地跟隨師傅到現場演出觀摩當助手給予協助，師傅教學以口授為主，多數也得學習傳抄寶卷，直到出師當日會由師傅親臨現場檢視其演出成果，獲得認同後學習才算完成。

　　以做社時的寶卷演出而言，一天下來的總花費在兩千人民幣上下，這對鄉下百姓而言是筆大數目，因此多為村民集資舉辦，寶卷藝人在會場也會幫忙在黃紙上寫下姓名與捐款數目〔註41〕，或幫村民寫祈願疏文並將紙折如船形，在會後焚燒祈求上達天聽。寶卷藝人與當地民家的關係是相當緊密的，多數藝人會在開演前一小時便已抵達會場，幫忙疏文的書寫指導民眾相關儀式的處理，從早到晚皆如一家人般一起飲食〔註42〕，若同場演出有多位藝人

〔註40〕利市即紅包，隨齋主心意奉送。但在吳語區古語的利市是指男根。
〔註41〕有時也會用紅紙，寫明民眾的姓名、生辰、生肖，供在台前。
〔註42〕寶卷宣演期間茹素，但可飲酒，多為私釀的菊花酒，據縣志所載，自宋代開
　　　始，河陽地區就有在十二月份釀菊花酒的習俗，有專門的司庫與司庫港碼頭，
　　　直送京城，成為貢酒。

則互相幫忙頂替抄寫工作。因為地方政府的解禁開始大量收集寶卷並出版，相對著也鼓舞了寶卷演出的風氣，民間原本的風俗信仰再再的透過寶卷得以綿延發展。

（二）寶卷宣演的模式

寶卷的宣演源自於戲曲，說唱的藝術形式歷來也多有說法，回顧寶卷的發展史會發現田野調查是很重要的一環。研究者不論是否採信鄭振鐸在《中國俗文學史》中「寶卷是變文的嫡系兒孫」〔註43〕的說法，關係到近期寶卷研究的研究者都無法避免田野調查的實例經驗。據車錫倫〈中國寶卷研究的世紀回顧〉〔註44〕一文表示50年代初，蘇南文聯組織文藝工作者對江蘇南部地區（包括今屬上海市的部分縣區）的民間歌謠和民間音樂進行了普遍的調查，其中民間戲曲、說唱音樂部分的成果，後以「江蘇省音樂工作組」的名義編出版《江蘇南部民間戲曲說唱音樂集》〔註45〕。這本書中《宣卷曲調》部分，收行採集自蘇州吳江、昆山、常熟、無錫、江陰、宜興、常州、金壇、丹陽、青浦（今屬上海市）等地的各類宣卷曲調四十五種：戈唐《宣卷曲調介紹》一文，就蘇州宣卷的基本曲調及其特點，同戲曲音樂和民歌小調的關係做了介紹。80年代後的寶卷研究，80年代的「文化熱」中，寶卷的研究一時成為熱門的話題，大陸的研究者對各地現存寶卷演唱活動也做了較多的調查。進入90年代，研究者開始對寶卷發展中的諸問題進行冷靜而深刻的思考，出現一批有價值的研究成果。因為對寶卷演出進行田野調查發現現存寶卷的生命力相當活躍，甚至受中國官方重視，一系列文物在國家的認同下公開出版，使得寶卷破除了時代性的迷思。過去長久以來寶卷都因為與民間宗教脫離不了關係，因此被冠上邪教迷信的宣傳品的帽子，而首度由中國官方出版的《中國‧河陽寶卷》則是迷思被破除的證明，這在以往的中國學術界是不可能之事，但現今隨著「非物質文化遺產」的被重視，寶卷的價值重新獲得審視。

河陽寶卷的宣演方式多與做社或宗教性信仰活動、節日、婚喪喜慶等相

〔註43〕鄭振鐸：《中國俗文學史》，上海：上海人民出版社，2006年5月，頁47。
〔註44〕車錫倫：《信仰教化‧娛樂——中國寶卷研究及其他》，臺北：學生書局，2002年，頁293。
〔註45〕江蘇省音樂工作組：《江蘇南部民間戲曲說唱音樂集》，北京：音樂出版社，1955年。

結合，甚少獨立演出。做社的目的主要是祈求神明降福祈求豐收，也為娛樂。除了菩薩聖誕以外，若想為父母延壽、祭祖求子、新居落成、買新車求出入平安、去病消災、家宅平安、求夫妻和合、婚喪喜慶等，均可請來藝人宣演寶卷。在張家港現今的寶卷活動仍相當頻繁，做社多選在農閒時，但一般的個人性小眾私會則挑選黃道吉日便可以舉行，除了大型的神明聖誕或廟會以外，不論是做社或私會都選在「家宅」〔註46〕舉行。宣講的地方稱為「佛堂」或「經堂」，做社當天皆茹素，飲食由村民烹調，參與的民眾與藝人皆同案共食，酒水也多半由民家私釀提供。

做社的場所多半在民家中的庭院或供有神明的廳堂，在廳堂中供有長桌稱「菩薩台」，擺上對燭、香爐、大量祭品與紙馬〔註47〕，紙馬為長方形的紙條。紙馬有非常多種，常用的為十四種，宣卷人可由紙馬上的畫像判定菩薩名稱，上頭並無文字載明。寶卷演出時會需要「紙馬」，紙馬又分為「素馬」與「葷馬」，「素馬」用途較為廣泛，春社與秋社、平安宴、延壽等場合都需要，而「葷馬」的使用則只用於《地獄寶卷》祭祀往生者，另外也有專用於造房子，動土後求平安專用的紙馬。菩薩台前設有經台與「拜墊」，經台是講經先生所坐的方桌，「拜墊」則是跪拜時使用，在寶卷藝人開始前所有的家屬或相關人士皆需跪拜。通常寶卷藝人會面向神壇而坐，其他兩面則坐有和佛的人，講經過程中堂內香火不斷。

開始時，寶卷藝人入座，搖鈴召集和佛者與群眾入座。先唱《請佛偈》，報念出紙馬上的菩薩，請做社齋主（多半是家宅的主人）在桌前一一叩請。若是祭祖的場合，請佛後還要「報祖」，告訴祖先們後代再此舉行法會，齋主也要在菩薩前請迎。請佛結束後即開始講經，這是寶卷藝人主要的工作，因應不同的祈求與活動目的拜不同的菩薩、講相應合的寶卷。如春社或秋社講《香山卷》、求出入平安買新車時講《馬路卷》、求夫妻和合時講《大仙卷》、為父母延壽則講《延壽寶卷》。

講經結束即「念表」、「送佛」。寶卷藝人念疏表後送佛，送佛有《送佛偈》與《請佛偈》雷同，把「請」改成「送」。送完佛齋主將紙馬、疏表等拿到院子裡焚化，儀式便完整結束。

〔註46〕至於挑選何人的家宅為該次作社或私會的地點，則由當地自然村的村民協商決定。

〔註47〕紙馬是在寶卷講唱時用紙做成的神仙牌位的統稱。

做社與祭祖等活動皆是一早進行，午飯或下午時分會略事休息，齋主人家會備有湯圓或麵條等點心以接待眾人，講經時間的長短當然也與寶卷本身的長短有所關連，寶卷藝人可視情況與時間刪減內容，或若過長則白天唱完上卷、晚上加演下卷，這個部份藝人有自行控制的自由，有時也會視齋主人家的要求講唱不同的寶卷。寶卷演出的時間若由早上進行到晚間，則必須有兩個或兩個以上的藝人輪流講唱，講經有固定的模式，伴奏的樂器也十分精簡，只有佛尺、木魚、鈴魚。佛尺便如同說書人的醒木般，在開講時敲一下以吸引群眾，情節緊湊能敲一下，以增添氣氛。木魚為講經先使用在誦經時敲擊。鈴於是有手柄的銅鈴，握於手上時而與木魚伴奏。部份表演藝人會帶有樂師，樂師多半使用揚琴。寶卷藝人多用豐富的聲音表情令人發噱，甚少用動作，也因此會多種聲口的藝人名氣也較為響亮。和佛的方式因為寶卷的演出是密集且大量的民眾生活盛事，因此和佛者多半不是藝人，而是村坊間的婦人，因為長久以來的參與使得她們與藝人有相當的默契與和佛的本事。和佛多半是在開場與結束時，或是在宣演的段落間，手折蓮花或紙船的婦人一邊祈福一邊和佛是常有之事。

對舊時張家港民間生活風俗的描繪是河陽寶卷的重要內容，這也標示其為民間文學的身份，因為論及生活點滴與風俗禮儀，層面相當廣泛，故以下就屢被提及、較為重要的習俗來加以論述。河陽寶卷中言及節慶、喜喪與飲食等方面，下面分別列舉數種。

《白衣卷》，又稱《小香山卷》。今日的寶卷藝人是現年五十四歲張詠吟，她與蔣祖恩是夫妻，兩人住在鳳凰鎮，蔣先生抄寫寶卷多年，故手頭上擁有大量的手抄本寶卷，配合上演出經驗二十年的張詠吟，兩人在地方小有名氣。張詠吟會唱的有《香山卷》、《太姥卷》、《地獄卷》、《劉神卷》、《高神卷》、《總管卷》等。當天同場演出的還有錢建國（55）、馬祥保（50）、周永才（59）、蔣筱梅（42）。錢建國先生的父親錢筱彥（79）也是寶卷藝人，但年事已高最近幾年演出甚少。《高神卷》是高神生日當天（六月十八日）所講的寶卷，高神是武烈王（趙匡胤）的妹夫，後來演變成張家港一帶地方的守護神。高神生日當天除了《高神卷》外還會講《白衣觀音卷》、《大蓮船》、《上壽卷》、《灶皇卷》、《西天佛國卷》。在張家港地區的寶卷藝人除了會講經宣卷以外，還會唱山歌，如虞關保、馬祥保、狄新等人，在張家港地區寶卷藝人又身兼山歌歌手不能說是一種罕見的情況，但綜觀整個中國寶卷的發展，卻未在

其他地區聽聞這種狀況，寶卷與山歌的相得益彰在張家港地區發揮了互相影響的獨特作用。虞關保（1930～）港口小山村人，拜涇村徐士興為師，學習講經宣卷，六年出師，曾收藏三十多本寶卷抄本與山歌抄本，可惜全數在文革被毀。

2009 年 4 月 10 日〔註48〕，在港口鎮杏市村 3 組 39 號顧石明先生家中所舉行的春社祈福活動，做社的時間從上午八點持續到晚間八點，幾乎全村的人都動員了。張家港的人民習慣春天時做社，求在秋天時可以豐收。此次所宣唱的主要是寶卷，類似北方的唸卷但多半是一人主唱，藝人平均一天的酬勞約為八十至一百二十人民幣，而所有做社的祭祀費用則由村民一起分攤。演出時沒有樂琴的伴奏，但有兩種情況例外，一是宣唱《地獄寶卷》時，另一則是涉及道教儀式時，此種情況同時藝人會著道教服飾演出。春社時另外會使用《灶王寶卷》、《財神寶卷》、《彌陀寶卷》。端午節時本會講唱《伍子胥寶卷》，但現今已失傳所以改唱《驅瘟卷》、《香山卷》、《觀音卷》等。中元節時唱《城隍卷》、到廟裡唱，祭祀孤魂野鬼也超渡太平天國與湘軍相戰死的亡魂。中秋節時則會講唱與月亮有關的寶卷。

透過訪問寶卷藝人，筆者歸納出張家港地區寶卷宣演的體制，通常寶卷的講唱以進行一天者為常態。一般在場合中有十三個人參加講唱，一人主唱，其他十二人為陪唱。多半以《大香山寶卷》開唱，隨後依次是《退星寶卷》、《上壽寶卷》、《灶皇寶卷》、《財神寶卷》、《狀元寶卷》、《路神寶卷》、《老爺卷》（此卷會隨地區不同而有所不同，例如在高莊村是用《猛將寶卷》）、《獻荷花元寶卷》、《道疏卷》，最後是《送佛卷》。寶卷的念唱形式多半是「一人主念，另外有兩人至十人不等從旁相和，稱「和卷」，旁有木魚與醒木，擊之以和節拍。宣唱時主唱的寶卷藝人會維持現場秩序，出入太過吵雜或現場有不專心者，寶卷藝人會適時提醒民眾，以免對神佛不敬。

秋天時作社感謝豐收，疏文有分疏頭與疏底，寶卷演出是一種文化儀式。有分為唱佛與和佛，唱佛主唱為唸卷，和佛則由各個村中固定班底的人們會合唱，和佛者是自願幫助無薪制。主人翁顧石明先生表示「這樣的相助也是村民間連繫感情的一種方式。」由於這樣的盛會村民多全力參與，因此是村中的大事。另外較為特殊但未收錄進《河陽寶卷》的卷子有《桃花延壽

〔註48〕此次往張家港田野調查的過程中，尚還訪問了鳳恬新村的寶卷藝人夏根元先生、還有五十五歲住在恬莊杏市村的金惠敏先生。

寶卷》、《馬路卷》、《大仙卷》、《度關卷》等,寶卷功用見下表:

寶 卷	用 途
《桃花延壽寶卷》	多半請寶卷藝人來講唱者為女兒,講唱對象是父親,因為女兒嫌自己出嫁對象不好,想破法,故請藝人演出。
《馬路卷》	用於汽機車、腳踏車等。有人買新車時也會請寶卷藝人前來祈求行車平安。
《度關卷》	用於保平安。人歲逢 3、6、9 即可使用,例如 23 歲、39 歲等。

《庚申卷》多用於庚申會,又稱「轉庚申」。「庚申會」最早的起源來自道教修養的方術「守庚申」。一年中有六個庚申日,庚申日前一天「迎庚申」,庚申日當天「坐庚申」,後一日是「送庚申」。庚申會夜間活動,宋代贊寧《僧史略‧卷下‧結社法集》記錄中云:

> 近聞周鄭之地,邑社多結守庚申會,初集鳴鐃鈸,唱佛歌讚,眾人念佛行道,或動絲竹,一夕不睡,以避三彭奏上帝,免註罪奪算也。
>
> 然此實道家之法,往往有無知釋子入會圖謀小利,會不尋其根本,誤行邪法,深可痛哉!〔註49〕

由這段記載可知唐、宋時代,不僅民眾普遍流行庚申守夜,更有人因守庚申而結社。同時也知道道教守庚俗之習俗更已影響了佛教,使佛教也有庚申會。在江南一帶這是婦女吃齋唸佛做的會,又稱「素老佛」。因為講唱時寶卷藝人會拿香繞經台邊走邊唱所以又稱「轉庚申」。這樣的習俗演變至後期清咸豐十年(1860 年)農曆三月廿九日,陽城被太平軍攻克,清軍潰敗,死者近萬人,清同治三年(1864 年)邑人拾遺骨葬馬山下,稱「萬人墓」,後人為追悼死者,便組織起「庚申會」。每逢農曆三月廿九日,許多地方的群眾在廟堂或公堂擺設香案,供品,點燭焚香,由和尚、道士做齋誦經,超度亡靈。同時,許多善男信女赴會參加這一活動。抗日戰爭時期重申會仍在一些地方流行,中國大陸解放後很多地方都停止這樣的活動,但在江南一帶仍有這樣的習俗。從「庚申會」由開始的道教方術到與佛、道融合的儀式再到河陽寶卷中追念與太平軍相戰而死湘軍亡魂的轉變,恰巧可看出河陽寶卷的宣演與佛教法會、道教齋醮不同的地方,它吸收了一些道、佛的宗教活動形式與內容,成為獨特的民間信仰活動。由此亦可看出寶卷活動的演出在河陽地區不

〔註49〕 (宋)贊寧:《僧史略‧卷下‧結社法集》,《大正藏》第 4 卷,250 頁下、251 頁上。

僅是商業性質的活動，也因為農業社會帶來的內向與封閉性使得這樣的民間教派活動仍與寶卷密切相關，這也正是河陽寶卷的特色之一。

而《大仙卷》多是女生請唱。大仙即狐仙。用於感情出現第三者時，不限於夫妻使用。祈求狐仙能斷男方桃花。

河陽寶卷比較樸素，可能保持著最古老的寶卷形象。同時，河陽寶卷內容豐富，加入了很多民間故事，增加了美學吸引力。《地獄寶卷》是送喪時使用，亡者的後代（如孫女）等會在寶卷宣演時跳舞、跨火盆，展現了寶卷的藝術美感。

2009 年 6 月 1 日，筆者再次前往張家港，此次寶卷演出的地點在東南莊，當地甚為偏僻。虞永良〔註50〕老師帶著我走了很長一段路，又問了好幾次路，在沒有路標的鄉間我們只能逢人便問，問的是「東南莊觀音堂邊有一東陵堂，今天祭祖你知道吧？！」直到遇見了一名開三輪板車的小哥，我們以五人民幣的代價請他送我們到現場。

今天的主人姓吳，主要請寶卷藝人演出目的是為祭祀家祖，從上午八時開始至下午四時結束。主講《十王卷》、《香山卷》。堂中設有牌位（已故亡魂孫氏堂中三代之祖先設位）備有荷花、水果與素食。堂上供有十四位紙馬（菩薩像）：家堂、灶家、城隍、上地、彌陀接引地藏菩薩等。因為耗時甚久故需許多寶卷藝人，共有四位：金惠平（53）、胡振興（74）、陸建忠（56）、朱金良（56）。這幾位講經先生表示，在這樣的場合裡多半使用：《玉皇卷》、《大乘香山》、《退星卷》、《度卷》、《八仙上壽》、《財神卷》、《獻荷花寶卷》、《解結卷》、《送佛卷》等。寶卷演出時需要用上紙碼（又稱神碼，即菩薩像），通常有十四位，分別是：如來、天地、觀音、壽星、本命、彌陀、小王、猛將、家堂、灶皇、城隍、土地、血光、百無禁忌。〔註51〕詳情見下頁圖：

〔註50〕虞永良（1944～），鳳凰鎮河陽村人。江蘇省民間文藝家協會會員，江蘇省吳歌學會會員。因為收集大量的河陽山歌與寶卷，因此在當地有「歌布袋」之稱。

〔註51〕紙馬通常由寶卷藝人持有多副，畫像在薄紙上栩栩如生，紙馬多為拓印。

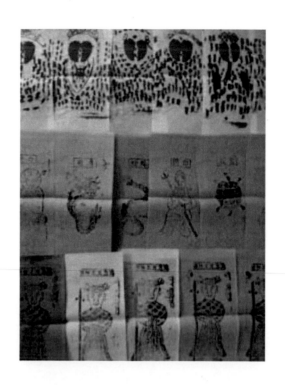

二、河陽寶卷的手抄本

　　早期寶卷多為以手抄本流傳的模式，除了與科技發展有關以外，這種發展模式主要是受民間宗教的影響。目前學界多以寶卷發展源流受白蓮教影響甚深為定論，因此寶卷為手抄本便不足為奇，推其源流發展理由有二：

（一）朝廷禁燬

　　因為民間秘密宗教與當權朝廷統治的思想相去甚遠，甚至是背道而馳，因此清代將之視為「邪教」打壓並禁燬。在這種時代背景之下，秘密宗教既不能公然佈道，更不能得到書坊的資助。明末清初為書坊蓬勃發展的時期，書坊主也多為失意的士人，受封建教育與科舉洗禮的知識份子自然不可能接受秘密宗教的印刷業務。沒有公開刊行的機會也使得寶卷在平民百姓間以手抄本的方式流傳，進而成為秘密宗教傳教的徑路。但還是有特例存在，明正德年間發生變化，因羅清所創之教，教名為「無為」，竭力毀白蓮教和彌勒教，迎合統治者心理，所以受明武宗封為「無為宗師」，頒行經典於天下。但羅清只是暫時取得明武宗的寵幸，在佛教名稱包裝下的經典自然敵不過正統佛教的檢視，因此佛教將之視為異端，並加以攻擊。這是白蓮教史上第一次短暫的受朝廷信賴。

　　真正的創下歷史的是韓太湖所有的弘陽教。弘陽教與羅清所創的羅教關係密切，韓太湖尊稱羅清為祖師，本人自稱是「羅祖轉世」〔註52〕。其所著經卷皆仿羅清《五部六冊》的內容與形式編撰而成，稱為《紅陽五部經》或《大五部》。此五部經卷包括《混元弘陽飄高祖臨凡經》2卷、《混元弘陽苦功悟道經》2卷，《弘陽悟道明心經》2卷、《混元陽嘆世真經》2卷，《弘陽性結果深根寶卷》2卷。韓太湖攀附上層社會，結交內經廠宦官石亨，因此擁有充足的資金與印刷資源，遂得以編印寶卷。這批經卷不僅數量龐大且印刷精美〔註53〕，更甚至廣為流傳〔註54〕，是白蓮教史上的巨變，更是中國民間秘密宗教史上的大事。這種情況直到清代因宮廷禁絕「內經廠印刷弘陽教的經卷後，才由寺廟道觀轉承印刷業務。這件事對寶卷的發展有巨大的影響，白蓮教自此有了自己的經卷刊印本，而《五部六冊》因第四部、第五部名稱載有「寶卷」二字，故此後的民間宗教也紛起仿傚，所以「寶卷」成為白蓮教經卷的專稱，也成為後世宗教寶卷的典範。宗教寶卷的內容與功用也反應在寶卷名稱上，如《清源妙道顯聖真君——了真人護國佑民忠孝二郎開山寶卷》；也有將教派名稱直接冠於寶卷之上者，如《銷釋悟性還源寶卷》一看便可判別為還源教寶卷。又有模仿佛教經典而來的則加以「佛說」兩字，使寶卷更有宗教性的說服力，如《佛說大乘妙法蓮華尊經》，或加「銷釋」二字，如《銷釋明證地獄寶卷》。

　　根據上述之原因，公開刊行的寶卷勢必需有正統宗教的色彩以為掩護白蓮教的原樣，是以在寶卷名稱上修飾門面以取得合法地位，隨後出現了《目蓮救母出離地獄升天寶卷》、《清源妙道顯聖真君二郎寶卷》、《山東岳十王寶卷》等由儒釋道三教為題名的寶卷。《清源妙道顯聖真君二郎寶卷》雖講的是

〔註52〕《混元弘陽臨凡飄高經》，下卷謂：「旃檀老祖作證，臨凡轉化為荷擔僧，將五千四十八卷，一攬大藏真經，盡情擔上雷音寺，東土無經，懺悔亡靈，二遭又轉唐僧，取經一十二載，受盡苦楚，還鴻東土，須菩提無有倚靠，三番又轉羅祖，留五部真經，受苦一十三年，到末劫也臨凡，三四九轉繞遇著混元門、源沌教、紅陽法，普度眾生」，收入於王見川、林萬傳主編：《明清民間宗教經卷文獻》，臺北：新文出版社，1999年第6冊，頁718。

〔註53〕見宋軍：《清代弘陽教與鄉土社會》，《清史研究》，1997年第2期，頁82～84。

〔註54〕如現存的明末《混元弘陽嘆世真經》其封套為黃色龍圖錦緞，卷端書寫對皇朝、皇帝的贊頌文字，卷內插圖則形象生動，即考究，經文為大字楷書，墨色清晰，為一裝幀精經的經卷。這樣的寶卷流傳方式恐怕不是其他寶卷所能比擬。

二郎神的故事，但這些寶卷出自劉香山、劉鬥璿父子之手。劉氏父子是全真道道士，故寶卷標題以道教神仙命名居多，而內容則充滿全真教色彩。

關於朝廷打壓，並視為邪教禁燈，最著名的是清道光年間黃育楩的《破邪詳辯》，這是封建社會官員對白蓮教大加韃伐的表現。

（二）受功過格影響

明代袁了凡的功過格，不只影響了明清小說的寫作，也影響了寶卷的流傳。袁了凡記錄功過的方法，是慎重的「擇一吉日齋戒，告天焚香發誓」之後，每天睡前誠實記錄自己的一言一行。「臨臥查點一日所為。有功，則於功下注之；有過，則於過下注之……不得重功恕過，不可輕忽間斷」，尤其要求要持之以恆的紀錄之。原本只是單純地紀錄功過並要求以此自律，但隨著這種思想延伸成民間宗教的信條。因為功過格後來轉而成為自律積功後累積福報，甚至求得現世報的效應，使之在百姓間成為一種信仰的效力。

受以上兩點影響，足以解釋為何寶卷流傳均以手抄本居多，也因此它代表了民間宗教的思想本色與特質。隨著這種發展模式而來的是寶卷的不易保存，造成現今大量流失的主因之一，相形之下現存的每個手抄本都彌足珍貴。張家港地區的寶卷藝人所持的手抄本寶卷，多用宣紙書寫。裝訂過後多數藝人只會擇要攜帶至演出的場所，在演出的場合只拿出當天在該地宣演的寶卷。經筆者的調查，許多寶卷藝人將自身擁有的寶卷妥善收藏，並不輕易示人，多放在他們的摩托車上，或放置鐵箱、包袱之中。寶卷藝人表示此為商業機密，也為表示對寶卷的虔誠。多數時候還是為了寶卷的保存，畢竟演出的場所茶水與小孩都多，怕紙本有損。老先生的本子為毛筆字，寫的是繁體字，書寫順序從上到下。以前手抄寶卷用紙主要的材質是關山紙〔註55〕、何都紙、白油光紙，現今的用紙則為普通的紙居多。抄寫時要打格，恭敬抄寫，這也是老先生們練字的機會，抄完畢後整齊裝訂如線裝書。民間風俗認為抄寫經卷是一種善舉，也是尊敬神佛的行為，因此抄寫前要淨身沐手，早期落魄的讀書人抄經或抄寶卷可有微薄的收入，現在流傳的很多抄本都是經由這樣的方法被保存下來。

三、同里宣卷調查實例

吳江宣卷又是另外一個蓬勃發展的系統。吳江宣卷一定有搭棚，稱「勃

〔註55〕關山紙多半來自江南紙都——石塘。

到廳」，在「吳語」流行的地域裡，流傳在江南的寶卷特別盛行，以蘇州上海兩地最為明顯。〔註56〕吳江宣卷的藝人有不同於河陽寶卷藝人的演出方式，2009 年 3 月筆者有幸在鄭土有老師的陪同下前往蘇州一探當地寶卷演出的狀況。同里蘆墟一帶的寶卷藝人演出方法較為活潑，多是兩人一組（一男一女者為多），演出時著戲服口說蘇州方言，說學逗唱一應俱全。同時配合的還有琴師二至三位，故他們的演出其實是一個小型的團隊，而酬勞則由團隊中的大家按等級分配。演出一場的唱酬約在五百人民幣上下，兩位演出者中通常有一位是主唱，主唱者多為男性且年資較高，因此薪水也最多。配唱的副手位居其次，兩位主唱的酬勞按固定比例分配後其他薪水由樂師們均分。在各司其職的狀況下往往可見他們精彩的演出，幸運地筆者前往當天，遇到了較少見的組合，當天的兩位藝人都是女性。他們與張家港一帶寶卷演出不同的地方在於，他們是會與台下觀眾互動的，類似戲棚下唱戲的氛圍。誇張的肢體語言與道具相配合著實吸引了民眾圍觀，也來了幾個小小的攤販，一時間竟真如廟會般熱鬧不已。在現場宣演中，這樣的內容與互動可以拉近與觀眾的距離，引起共鳴，增加寶卷的藝術感染力，同時也是進行民俗研究的重要資料。

　　當天唱的戲碼是長篇宣卷《花園賣水》（又名《賴婚記》）〔註57〕，為時四小時，卷前曲（相似「歌頭」、「鬧頭」、「序曲」）多半是宣調，卷前音樂是「三樂」。宣卷開始時會由藝人先講唱一段話，作為開場白，多半是類似「今天天氣這麼好，又有這麼好的場地，所以附近有空的大家都來了！」之類的寒喧式開場。兩小時後唱完上卷休息片刻，休息時間內也見藝人們頻頻與民眾說笑，在臨時搭起的棚架下沒有臺上臺下的區別，充分感受了寶卷演出對於當地百姓的重要性。森冷的空氣中聽眾約莫都是七十歲以上的老人，以女性居多，他們頭上綁著由毛巾做成的布帽禦寒，坐在裡頭聚精會神地聽著，偶爾也互相討論劇情，也體現了寶卷真實的娛樂性質。

　　當天是張姓宗祠的落成大典〔註58〕（見圖一），祭典由上午十點開始，至

〔註56〕吳江宣卷的田野調查幸得張航瀾老師相助，得到許多關於吳江宣卷資料與筆記。

〔註57〕當天的寶卷藝人來自秋風社絲弦宣卷班，主唱（上手）計秋萍、（下手）金春風、徐榮球（楊琴）、徐榮觀（二胡）。團體用以上手抽成最多、下手少一些，其次是二胡、揚琴略是各自獲得 100RMB。

〔註58〕說是宗祠，其實是小廟。這與中國的現行法律規章有關，他們表示如果要設

下午五點結束〔註59〕。三月初的蘇州水鄉夾帶水氣的寒意逼人，當天參與田野調查的還有多位地方文化研究工作者，如年事已高但活力旺盛的張航瀾老師與多位從事音樂戲曲研究的大學教授，為時七小時的祭典與演出得依賴源源不絕的熱茶暖身。在如此偏僻的郊外卻吸引了大批研究者前往關切，其實在足見寶卷演出的魅力與各領域研究者對寶卷不同面向的重視。

優秀的寶卷藝人在宣卷時能根據劇中人的身份而分出適當的表情和語氣，許多寶卷中的唱詞與話白他們都能做到恰如其份，這也是寶卷另一個能在民間暢行的重要因素。宣卷對象以婦女為主，尤其以老年人居多。河陽寶卷、同里寶卷是流行於江蘇民間的說唱形式，寶卷的生命源頭來自民間。民間生活的風俗與人情是寶卷所表達的內容，通過那些富有生命力的演出，融合大量的民間故事、歌謠、俚語等，河陽寶卷、同里寶卷展現了當地民間生活的各種面向。張家港一帶作社講經的風氣與生活相結合之下使得河陽寶卷帶有強烈的宗教色彩，無論是佛教或道教科儀的痕跡都顯示在外，對宗教信仰的反映使寶卷有了源頭也有了延續的生命力。

河陽寶卷、同里寶卷帶有濃厚的地方色彩，表現在方言的運用和部分的寶卷內容上，大部分的寶卷或多或少都使用了方言，腳本所使用的語言有方言穿插，宣卷時則全用方言演出。地方色彩的表現在寶卷題材的選擇上，與地方特色與信仰有關，如《高神卷》、《城隍卷》、《雷神卷》都是這樣的例子，現今尚存的雷神廟多興建於客家人群居之地，可知雷神信仰與客家風俗相關，在民間文學中雷神的出現相當頻繁，從《山海經》開始到民間故事都可見雷神形象的呈現，但是這些文學體式中雷神以寶卷的形式面世則屬前所未見。《雷神寶卷》介紹張家港地區一帶人民的雷神信仰，地區文化特色與宗教和信仰文化背景都藉由寶卷如實呈現，為寶卷研究再添新頁。在寶卷中還可看到些許描寫地方事物的內容，當地人聽到當地方言敘述當地故事的表演，自然心有戚戚焉，親切的演出也造就了寶卷的盛行。寶卷研究的重點除了整理寶卷與系統分類外，挖掘有生命力的傳統腳本、創作新腳本也是重要的工作，

立廟宇，那麼在申請上還有建築廟宇上都難以通過施行，但宗祠為私人家廟便不易受到限制。這種情況在中國其實相當普遍，因此在他們的宗祠裡也會供有各方神明，如財神、觀音、土地公等。

〔註59〕位於同里水鄉的宗祠也建於湖岸邊，我們需下車步行一段路，穿越野花與野鴨群才見祠堂遠遠佇立。因為當地建造廟宇需要經過嚴格的審視，因此多數小廟宇皆已「祠堂」的名義建造並地處偏遠以減低被發現的風險。

「同時也可以創造新的寶卷來歌頌和反映現代生活」〔註60〕，因為敘述時事故事是寶卷的傳統面貌，而後期寶卷中也有含括「時事故事」。

	河陽寶卷	同里寶卷
場所之別	佛堂、經堂	勃到廳
樂器之別	木魚	絲弦
藝人之別	主講多為一人、穿著普通衣服	主講不一定為一人，著華麗演出服
表演方式之別	坐在佛堂前講經	或站或坐，或嘻鬧但時而嚴肅，時常與聽眾互動，語言活潑、肢體語言較為誇張。

小結

　　兩地宣卷有另一個共同特徵是都有女性的藝人，這也是與以往寶卷宣演不同之處，傳統的寶卷藝人皆為男性。目前江蘇一帶寶卷研究風氣盛行，亦有長篇宣卷的表演，藉由宣卷的演出與實例調查可發現民間文藝的多重面貌，民間講唱的藝術也盡顯其中，這是「非物質文化遺產」也是「活態遺產」。江蘇地區的文史工作者也展現了驚人的活力與行動力，即將由江蘇文藝出版社出版的《中國・同里寶卷集》也積極籌畫中，投入大量人力物力的官方出版物因為得到國家的支持，能有效率的出版，也為寶卷研究不斷注入可參考的新血。河陽寶卷中言及節慶、喜喪與飲食等方面，對舊時張家港民間生活風俗的描繪是河陽寶卷的重要內容，這也標示其為民間文學的身份，因為論及生活點滴與風俗禮儀，層面相當廣泛。河陽寶卷記錄了江蘇地區人民的生活習俗，在特殊時候念唱寶卷是河陽人民的文化娛樂，這樣的風俗依靠民間信仰維繫不斷。寶卷文本和口頭演唱的關係是寶卷研究中極重要的一環，河陽寶卷所收錄百分之九十以上都是歷代傳抄本，可見當地人民對寶卷的重視。「傳抄本的抄寫者，大多是歷代寶卷講唱者本人。如港口小山村虞關保現存寶卷一百二十多卷，絕大部分是他本人抄寫。鹿苑奚浦村錢載卿生前講經多年，授徒甚多，他的手抄本現存近三十卷。港口東南村張詠吟存有寶卷傳抄本一百二十八卷，絕大部分是其丈夫蔣祖恩幫她抄寫的。」〔註61〕又如狄建新，是有名的山歌手，也是寶卷藝人，藏有眾多寶卷抄本。十二歲隨

〔註60〕李世瑜：《寶卷論集》，臺北：蘭臺出版社，2007年12月，頁37。
〔註61〕《中國・河陽寶卷集》（上），上海：上海文化出版社，2007年10月，頁4。

姐夫識字，學宣卷，帶徒數人，現傳女兒狄秋燕。現代人文化生活水準不斷提高，影音媒體普及，人們的娛樂消遣甚多，念寶卷或聽寶卷的人越來越少。但據車錫倫〈張家港市港口鎮「做會講經」調查報告〉顯示在中南部的鄉鎮如鳳凰、鹿苑等處，還流行著在特殊的節日念唱寶卷。《牛郎織女》寶卷中所呈現的地方特殊色彩，同樣見於其他擁有當地地方性的寶卷。河陽寶卷不僅是中國俗文學史上的珍貴資料，也是民俗文化的珍貴資產，幸得當地文人的整理、保存而得以面世。

江蘇同里沈氏宗祠

寶卷藝人休息區

線裝的財神寶卷

河陽宣卷申報書

　　以新題材而言，河陽寶卷、同里寶卷豐富又多元的容納民間文學的智慧與展現宗教宣講的力量，寶卷研究有許多的面向需要顧及。由河陽寶卷、同里寶卷看新材料對寶卷研究的影響可知，若能對兩寶卷有更多的掌握，當能進一步釐清寶卷在民間文學研究上的一些困難與誤解。河陽寶卷的研究才剛開始，同里寶卷的研究等著被展開，接下來仍有待文獻學、語言學、民間文學、宗教學等多方位的整體研究，屆時它的稀有罕見，它的形式、內容以及特色與價值，也才能夠獲得全面的彰顯。

第三章 《河陽寶卷》之內容分類與架構

　　以寶卷的分類而言，其系統的歸屬向來是寶卷研究的入門，至於如何分類則前人研究甚多，但主要的分類方法不離鄭振鐸、車錫倫、李世瑜等人之說。如李世瑜便不認同鄉民分為「佛教的」和「非佛教的」兩大類，而認為該分為「演述秘密宗教道理的」、「襲取佛道教經文或故事以宣傳秘密宗教的」、「雜取民間故事、傳說或戲文等的」三類，總之不脫離秘密宗教。但為不混淆與《河陽寶卷》書目分類判斷，論及河陽寶卷所收錄的寶卷篇目時，以《河陽寶卷》的目錄分類為主，寶卷分類、卷名標題均按《河陽寶卷》目錄所載而寫。因河陽寶卷數量眾多，所出版的寶卷也非全數，欲逐討論實為不可能之事，故以下各個分類中將列舉重要的寶卷或特殊的題材為研究對象做論述。

第一節　《河陽寶卷》的內容

　　在河陽地區流傳的寶卷，有手抄本、木刻本與石刻本三種。目前以石刻本最為罕見又以手抄本為最多，手抄本又分為解放前的繁體字本與現今的簡體字本。因為流傳於張家港百姓之間，故透過張家港文聯的努力，將部分流傳寶卷整理集結出版《中國·河陽寶卷集》。

　　《河陽寶卷》的內容以虞永良〈河陽寶卷概述〉中的一段話最能統整性的表達：

> 河陽寶卷是以佛道儒教為內涵所講唱的民間故事和佛道傳說的手
> 寫底本。它的主題思想是除惡揚善，教化人做好事而不做壞事。忠
> 君愛國，每個人都要成為社會上有道德、對國家有益的人，達到整
> 個社會互相幫助，和諧共處的一種理想社會。這種思想受到底層民
> 眾的歡迎，這種倫理綱常受到上層統治者的推崇。它使儒釋道三教
> 和平共處，成為構建一種和平社會，構建平民道德層面的有效的文
> 化框架之一。〔註1〕

無論《河陽寶卷》中所收錄的寶卷為何，都脫離不了這個內容思想的含蓋，同時也是《河陽寶卷》收錄抄本時的標準之一。這些被出版的寶卷部份是由外地流入，到了講經先生手上，再用虞西方言加以改寫後成為當地講經先生使用的抄本。因為寶卷宣演時全程均用方言表達，手抄底本也全用方言書寫，因此有些已經不再使用的方言，現今仍保存於寶卷之中。這些收集而來的寶卷，匯整到張家港文聯，經過編選團隊約一年時間的整理後出版。

第二節 《河陽寶卷》的分類

依虞永良所言，河陽寶卷的分類方法主要是依據內容而分。共分三類：

（一）道佛傳說本：這類寶卷是講述佛與道的本生故事。

（二）民間故事傳說本：這些卷本在內容上的共同特點，就是列舉平民
　　　百姓如何頓悟，規範自己的行為，憑自己的能力、財力多做善事、
　　　好事，救貧濟困，揚惡抑善。

（三）道教經義本：這類寶卷大部份是講經先生在祭祀、驅邪等儀式中
　　　講唱的，如《五雷經》，大部分是道教經義。

上述分類可見虞良所寫的〈河陽寶卷概述〉一文，〔註2〕其分類名稱與後來出版的《河陽寶卷》不盡相同，但分類標準則一致。他又認為若依形式來分，也可分三種類型：

（一）全唱本，全部是唱詞，一唱到底，最長的《賢良傳》有兩千零二
　　　十五句。

〔註 1〕虞永良：〈河陽寶卷概述〉，《中國・河陽寶卷集》（上），上海：上海文化出版
　　　社，2007 年 10 月，頁 1。

〔註 2〕見虞永良：〈河陽寶卷概述〉，《中國・河陽寶卷集》（上），上海：上海文化出
　　　版社，2007 年 10 月，頁 2～3。

（二）念唱本，這部份主要是道教經義儀式本，經文只能念，韻文是唱的。念文中往往使用韻文。

（三）講唱本，這種形式的佔了百分之九十以上。

《河陽寶卷》出版時是以寶卷內容為分類標準。高國藩則認為以就其形式而言分成兩類體式：

> 一類是韻散結合的民間說唱文學體式。先講一段然後再唱，故事在
> 說說唱唱中完成。這一類體式故事結構安排得都很完整。……也有
> 另一類基本是韻文的民間歌謠體式。〔註3〕

高國藩的分類較不容易完全涵蓋所收錄的河陽寶卷，只是透過高國藩與虞永良兩人不同的分類方法，可以發現不同的研究視野。但出版物終需統一的分類方法，因此《河陽寶卷》在編輯出版之初即先行分類，《河陽寶卷》的〈編後記〉裡寫著：

> 三、分類。河陽山地區民間寶卷講唱人（舊時稱「講經先生」）習慣
> 的稱呼把寶卷劃分為「老爺卷」和「凡卷」兩大類。前者是指專敘
> 佛道界著名人物本生故事的卷本，後者是指以民間傳說故事、傳統
> 戲曲人物故事為載體宣講道佛經義的卷本。經過研究討論，我們分
> 為三類，即道佛敘事本，民間傳說故事本，道佛經義儀式本。〔註4〕

最後的定案不以講經先生習慣的稱呼為分類，而是針對「老爺卷」和「凡卷」做更進一步的分析，以這兩者為基礎，歸納出三個類別，分別安置所收錄的抄本。

第三節　《河陽寶卷》的架構

《河陽寶卷》一書分上、下兩大冊，所收錄的各部寶卷均分散於以下四大項。在這四項分類中的寶卷就其形式而言，約可概分為兩種體式。一是韻散結合的民間說唱文學體式。先講一段故事然後再唱，故事在說說唱唱中完成，此類也是最為常見的宣卷方式。這一類的故事佔多數，內容與情節都相當完整，字數也充足，因此宣演下來可講唱一天或一個晚上。另一個類型則是以民間歌謠為體式基礎，如《洛陽橋神寶卷》、《拜月華會》等卷，《洛陽橋

〔註3〕高國藩、高國譯：〈《中國·河陽寶卷集》序〉，《中國·河陽寶卷集》（上），
　　　　上海：上海文化出版社，2007年10月，頁2。

〔註4〕《中國·河陽寶卷集》（下），上海：上海文化出版社，2007年10月，頁1507。

神》卷在張家港地區流行，河陽山歌中還有一首《造橋歌》，共四百七十二句。這首山歌是講蔡狀元造洛陽橋的故事，進行神化並加入佛教思想的演繹，成為造橋時「沖煞」的儀式，屬儀式歌中的長篇。這些寶卷多半全文僅數百句長，以四字句、五字句、七字句、十字句等參差不齊的句式為寶卷的體式，篇幅較小。講唱時間約一小時，也有部份利用民歌小調來宣傳知識，如《花名寶卷》，因為篇幅短小，故這些寶卷故事情節較鬆散，人物性格刻劃亦不突出。

一、道佛敘事本

此類寶卷故事主要以佛教、道教以及民間信仰的俗神如何成佛、成仙的過程為主，最早的寶卷《目連寶卷》便屬於這類型寶卷。民間宗教與信仰的俗神也透過宗教傳播者之手加以撰寫寶卷，故事內容多為宣傳教義與修行方法的教化，後期的寶卷又再加以世俗化，添入更多的故事情節，使之具有娛樂性。然而現今中國社會中傳唱程度最廣的當屬以民間信仰的俗神或地方神祇為主的寶卷，前者如《財神寶卷》、《灶皇寶卷》，後者如《猛將寶卷》、《高神寶卷》。最原始的寶卷故事皆是以宣講佛道故事為主的，河陽寶卷中的道佛敘事本，主要講的是神佛的凡間身世與其得道證成的過程。從內容到儀式都見宗教色彩強烈，充滿因果輪迴、善惡有報的觀念。收錄進《河陽寶卷》一書的作品有以下四十種：

1. 悉達卷（上、下本）
2. 雪山寶卷（上、下卷）
3. 香山寶卷（上、下卷）
4. 玉皇寶卷
5. 太姥寶卷
6. 灶王卷
7. 灶君寶卷
8. 關公卷
9. 關帝寶卷
10. 祖師卷
11. 二郎卷
12. 三官寶卷

13. 高神卷（又名都督卷）

14. 財神寶卷

15. 大仙卷

16. 金神卷（又名總管寶卷）

17. 十王卷

18. 地藏寶卷

19. 千聖小王

20. 城隍寶卷

21. 游地獄

22. 龍王卷

23. 五更寶卷

24. 八仙上壽

25. 純陽卷

26. 家堂卷

27. 路神寶卷

28. 玄天上帝寶卷

29. 雷神卷

30. 猛將寶卷（上、下集）

31. 冥王寶卷

32. 九幽地獄卷（上、下卷）

33. 天曹卷

34. 土地卷

35. 觀音試心寶卷（又名西瓜寶卷）

36. 白衣寶卷

37. 河神卷

38. 洛陽橋神

39. 小王寶卷

40. 解神星卷

其中如《悉達卷》、《三官寶卷》、《地藏寶卷》、《高神卷》、《玉皇寶卷》等，它們都是講唱神佛出身、修道的故事。其中涉及佛教神靈的有《悉達卷》中的如來佛、《雪山寶卷》中的釋迦牟尼佛；有論及道教神明的《八仙上壽》

中的下八洞神仙。在張家港地區較為流行的是《玉皇寶卷》、《高神卷》、《城隍寶卷》幾種，其中《都督寶卷》、《金神寶卷》、《城隍寶卷》、《龍王寶卷》、《純陽寶卷》、《路神寶卷》、《雷神寶卷》、《冥王寶卷》、《河神卷》九種，被認為是張家港特有的稀見寶卷。〔註5〕

《雪山寶卷》該卷所講的是釋迦牟尼佛的本生故事，釋迦牟尼是北印度迦毗羅衛城淨飯王之太子，原名悉達多喬達摩。其成道經過可見《佛本行集經》等佛教經典，在佛教傳入中國以後釋迦牟尼的故事用各種不同的文學載體傳播，流傳速度快且幅員廣大。《敦煌變文集》中亦有收錄《太子成道經》一卷、《太子成道變文》殘卷五種與《八變相》。《敦煌變文集新書》中還有《悉達太子成道因緣》等，現今仍可輕易見到如此豐富的作品，都在講述同一個故事，可見這一故事在中國唐代民間佛教信仰圈中是非常流行的，因此也成為寶卷題材。《雪山寶卷》分上、下兩卷所述故事如下：

蓋聞諸佛世尊出現於世界為末劫，眾生廣造三孽障，未能脫苦身。故而我佛發大慈悲，演說三乘妙法。昔日燃燈古佛在菩提場中說：「我要想將涅槃授記，未知可有何人領受？」何直國太子忍辱仙人聽此言後，出門四遊尋找優缽羅花要獻佛。卻遇一美人賣優缽羅花，不要金銀珠寶但要對天發誓結為夫妻。美人為機玄仙女，與忍辱仙人同赴菩提場中獻花，求佛授記。但兩人已經發誓，佛要兩人姻緣完滿方授記，於是兩人投胎。忍辱仙人投托梵王宮，摩耶夫人懷胎十月，四月初八降生太子，名悉達多；機玄仙女投托李天王宮中，名耶輸公主。

太子七歲蒙太白金星送三卷天書，不用先生教便自己看懂。太子十五歲，李天王起兵來攻，太子帶兵前往征服，並成為耶輸公主的駙馬。四年之後，太子想回朝見父王，途中遇僧人以前淺水中的蝦魚點化，勸他及早修行。太子回國後悶悶不樂，思考僧人所言，出門玩樂遊四門，在人間生老病死之苦。又遇一僧人指點，決心到雪山修行，梵王怒因此將太子打入冷宮。太子暗自祈禱得三界龍神相助，上馬而去，但公主不捨，央求要有子女相伴，太子以金鞭指腸並留汗衫一件、檀香一柱。若公主有難，焚香穿衣喊三聲悉達，太子便來度化。

太子來到雪山修行，梵王先後派遣蘇佑等人前去尋太子，只見太子「面

〔註5〕高國藩：《中國·河陽寶卷集》序〉，《東亞文化研究》第九輯，香港：東亞文化出版社，2007年8月，頁373。

黃肌瘦，骨瘦如柴」，但他們均未將太子召回。隨後陳琳又接三千兵馬八百姣娥前往雪山，遭太子怒吼，三千兵馬八百姣娥嚇得目瞪口呆，回朝稟報太子法術無邊，無可奈何。最後由梵王、王后協同耶輸公主前往雪山相勸，未料太子下山途中被老虎拖走往山上而去，王后卻遭猛虎追趕下山。梵王欲加害公主，聽蘇佑所言，讓公主獨自上山召回太子。公主上山，抱住太子大哭，太子並不理會，施法將公主送回宮中。梵王問罪公主六年懷孕一事，以為她「亂宮事」而處以水火極刑，公主穿衣焚香求救悉達，卻不見動靜。公主心碎往火坑潭裡跳，卻見祥光起蓮花生，公主腳踏蓮花騰雲而去。

燃燈古佛道：「現下姻緣圓滿，當來授記，號曰『釋迦牟尼』也。」太子授記後，身坐七品蓮台，入舍衛國祇樹孤獨園之中，說法四十九年。後到招貞二年，先度父母升天，後度蘇佑、王珍以及百千萬眾。

《雪山寶卷》多用七字句，並在每個演唱的段落保留了說白和歌讚，這些都是早期佛教寶卷的特徵。從這部寶卷可以看出佛教的中國化，同時出現了「太白金星」、「閻王」等這種非佛教體系的神祇，更可證明佛教傳入中國後為民間宗教所用，而小說中常見的太白金星點化主角的片段，也出現在寶卷中。河陽寶卷中還收有《悉達卷》，此卷的內容、形式、結構均與《雪山寶卷》相同，均講述穆迦牟尼佛成道故事，只是文字表述略異，兩者之間有改編的痕跡，但無法判斷時間先後。因為根據車錫倫考證，《雪山寶卷》「它很可能較早就被改編為寶卷，但未見清代以前的寶卷文本。」〔註6〕可以肯定的是在張家港一帶這兩本寶卷都仍被廣泛的傳唱。

二、民間傳說故事本

在《中國‧河陽寶卷集》四大分類中道佛敘事本四十卷、民間傳說敘事本九十六卷、道佛經義儀式本二十七卷、河陽寶卷曲譜選二十四卷，曲譜選本不計的話，共收錄一百六十三種文本。從內容上而言，民間傳說故事本數量最多，基本上是從民間傳說故事中改編，神話色彩很濃，感染力也強，引人入勝。此類寶卷多由民間故事改寫，因為明代民間宗教盛行，宗教家以百姓所熟知的傳說故事為題材編寫寶卷，藉此贏得百姓的共鳴，如《銷釋孟姜忠烈貞節賢良寶卷》。後期則民間四大傳說都變成了寶卷故事的題材，且多數

〔註 6〕 車錫倫：《中國寶卷研究》，廣西：廣西師範大學出版社，2009 年 12 月，頁117。

都不僅只有一個版本流傳,如《南瓜寶卷》、《孟姜女寶卷》,雖然都講述孟姜女的故事,但隨著地域的不同而有所區別。

1. 目蓮救娘
2. 目蓮卷
3. 濟公寶卷
4. 蟠桃會(上、下集)
5. 猴王卷
6. 鬼谷仙師卷
7. 太陽卷
8. 受生寶卷
9. 桃花延壽
10. 還陽寶卷
11. 女財神卷(又名美玉寶卷)
12. 延壽寶卷(又名男延壽)
13. 芙蓉寶卷(又名女延壽)
14. 孟姜女寶卷
15. 牛郎織女
16. 梁祝寶卷
17. 碧玉簪卷
18. 唐僧寶卷(上、下卷)
19. 長生寶卷
20. 陳子春恩怨寶卷(上、下卷)
21. 珍珠塔寶卷
22. 秦香蓮寶卷
23. 董永孝子寶卷
24. 三漢寶卷
25. 翠蓮卷(上、集)
26. 巧姻緣(又名紅袍寶卷)
27. 雕龍扇(上、下冊)
28. 雙蝴蝶
29. 金鎖卷

30. 何文秀（上、下集）

31. 雙珠鳳

32. 琵琶卷

33. 趙五娘

34. 黃糠卷

35. 顧鼎臣雙玉玦寶卷（上、下集）

36. 一餐飯

37. 白馬馱寶卷

38. 玉帶寶卷

39. 李王寶卷

40. 甘露寶卷

41. 百花台卷

42. 養媳卷（上、下冊）

43. 趙賢借壽

44. 烏金玉寶卷

45. 王花卷

46. 天平卷

47. 王儀寶卷

48. 狀元寶卷

49. 嚴嵩卷（又名圖畫卷）

50. 雞鳴寶卷（上、下集）

51. 劉神卷

52. 闔家增福延壽卷（又名文俊寶卷）

53. 年初一嫁媛（又名十富寶卷）

54. 合同寶卷（上、中、下卷）

55. 龍圖寶卷（又名賣花卷）

56. 妙郎卷

57. 沉香寶卷（上、下卷）

58. 游龍卷

59. 神童卷

60. 花粉卷

61. 山陽縣（又名節義寶卷）（上、下卷）

62. 賢良卷（又名西湖賢良寶卷）

63. 四新卷

64. 驅瘟卷

65. 十房媳婦

66. 花名寶卷

67. 金牛寶卷

68. 王大娘寶卷

69. 郭三娘割股寶卷

70. 鄭三郎寶卷（又名屠戶寶卷）

71. 孟日紅（上、下本）

72. 魏金龍寶卷（又名海州記寶卷）

73. 八寶山卷

74. 李榮春僧鞋記

75. 劉金達寶卷

76. 姊妹相換

77. 欺貧愛富寶卷

78. 紅杏寶卷

79. 賢良傳（又名李兆廷寶卷）

80. 雌雄杯寶卷（上、下冊）

81. 後娘寶卷

82. 張義寶卷（上、下集）

83. 雙花寶卷

84. 天寶寶卷

85. 殺狗寶卷

86. 攀弓帶寶卷

87. 殺官寶寶卷

88. 落帽風寶卷

89. 游四城寶卷

90. 勤儉寶卷

91. 磨刀寶卷

92. 螳螂卷
93. 螳螂做親
94. 蝴蝶仙卷
95. 小豬卷
96. 嘆世寶卷

上述近百種民間傳說故事本為河陽寶卷的大宗，以下簡述部份寶卷，以供參考。如《秦香蓮寶卷》是以民間傳說為基礎，加以改編而成的稀見寶卷。主要是敘述北宋時負心漢陳世美為攀親愛貴而拋家棄子的故事，然惡有惡報——陳世美認罪伏法，善有善報——秦香蓮終得善果。北宋仁宗朝，湖廣有一姓陳家，獨子陳世美自幼苦學，十六歲便考中秀才，後又娶妻秦香蓮，生有一子一女，夫妻兩人感情十分恩愛。一日，街市貼榜，秀才陳世美看榜文後心動、欲上京趕考，但家中仍有老邁雙親、少子幼女，陳世美吩咐愛妻照顧老小，誓若取得功名，必定回鄉給家裡過好日子，秦香蓮只好含淚應允，夫妻恩愛之情時仍可見。無料陳世美一去無音信，離家四、五年後，家中斷炊，父母生病無錢養治，最終雙雙病逝，可憐秦香蓮帶著孩子上京尋父。原來，這陳世美第一年上京趕考時便考中狀元，又獲得皇上惜才，不但賜尚方寶劍又將御妹公主許配於他，成為野馬的陳世美如何還能留戀老鄉情景，早將舊情拋諸腦後而留在京城享福。秦香蓮帶著孩子辛苦來到京城附近，問人才知道他的丈夫早已高中狀元，還成為當今駙馬爺，心裡實在難過，但轉念想想或有隱情，仍盼見到陳世美後仍能一家團聚。然進京仍需時日，稚子又喊餓，正無頭寸的秦香蓮遇到大善人張元，張元會接待過進京趕考的陳世美，對其有印象，便答應幫忙這母子三人，幫忙他們入京去見陳世美，只是人到了皇宮，門公問清來歷後進去通報，知道妻子找上門、覺得大事不的陳世美竟狠心拒見，要門公拿五十兩銀子打發，門公出來見秦氏可憐，仍幫忙讓其入內見夫，然陳世美一見舊妻，翻臉不認，還將三人趕出宮門。

傷心欲絕的秦香蓮方寸大亂，還好恩人張元幫出主意，說朝中王丞相為人耿直，要秦香蓮攔路求王丞相相助，而聽明秦香蓮的慘事後的王丞相，亦決定用計令陳世美認妻。王丞相假意把陳世美邀來府裡作客，事實上是要讓秦香蓮以戲子身份出現在宴席上，唱出悽慘家情讓陳世美回心轉意。只是狠心陳世美看此情形，不但不認、反惱羞成怒，要王丞相要認自己認，別牽扯到他陳世美頭上，王丞相家裡世代忠良，哪能忍下這口氣，便予秦香蓮清風

扇一把，要秦氏去開封找包拯申冤。另一方面，離開王府的陳世美深怕夜長
夢多，便賞將軍韓琦五十兩白銀，要他帶著尚方寶劍前去將秦香蓮母子三人
趕盡殺絕、永絕後患，但明白實情後的韓琦心有不忍，將白銀轉贈給秦氏要
她攜子逃走，而自己則用寶劍自刎。秦香蓮見韓琦死狀放聲大哭，發誓要上
開封府找包拯喊冤報仇。包拯聽秦氏說明其原委後，又見秦香蓮頭頂清風扇、
手握尚方寶劍等證據，便相信秦氏所說為真，下令起陳世美到府一坐，待陳
世美一來便關門審案，要陳世美認罪，陳世美堅決否認，包拯要陳世美受牢
刑之苦。這時太后娘娘得知此事，前來欲保駙馬。要包拯放了陳世美，包拯
卻表明若放陳世美、則願自摘烏紗帽。包拯乃朝中所賴之重臣，若辭官乃朝
中大損，太后心知事情已無法挽回，便要包拯從輕量刑，原本陳世美所犯之
罪當受千刀萬剮之刑，最後免其苦痛、斬首示眾。秦香蓮最終沈冤得雪，獲
翻身之幸。

　　雖然《秦香蓮寶卷》並不易見，但《陳世美寶卷》又名《雪梅寶卷》，有
上海廣記書局會經印行出版，故事內容相仿，有秦香蓮母女三人往京尋找陳
世美與陳世美不認秦香蓮的情節。

　　另有一個流傳版本眾多的《張義寶卷》，寶卷分為上、下兩卷，內容講述
宋朝仁宗年間，合肥張家村有文學秀才張學，娶妻康氏，育有二子。長子張
仁，已入黌門；次子張義不喜讀書，以釣魚為生。開封府尹包拯也是張學采
的門生，想接張學采到任享福，但張學采為人古板不喜榮華，只希望張仁出
人頭地，包拯亦知其意。張仁與東村王士之女結親，然王氏凶惡驕悍，欺侮
公婆、張義，張仁的勸說也毫無用處；王氏嫌棄夫家不方便，一徑回娘家去
了，張仁為了家裡和諧，並未阻止王氏。時光匆匆，後來張學采忽然病倒，一
命嗚呼。張仁、張義二人奉養母親，不覺喪期已服滿。張仁欲上京考取功名，
母親自不免一番叮囑，張義送張仁離去後，仍然是釣魚養親。

　　張仁曉行夜宿，抵達東京時正逢考期，一路考到殿試名列探花，因包拯
上奏，仁宗遣派張仁至開封府內任總河廳。新官上任後，立刻遣人快馬加鞭
將家書送達張家，要接母親與張義到官。張老太太要張義通知王氏一起前往，
眾人湊齊盤纏一起上京。王氏聽聞張仁已是五品官，更是囂張跋扈對張義冷
言冷語，待張義負氣離開後，王氏轉念一想，不等張老太太與張義，自己一
人上京會張仁，並以張老太太年老多病不適合長途旅行，張義喜愛逍遙的理
由，天花亂墜地說服張仁，張老太太與張義將於來年春光暖和時才動身入京。

而張家孤兒寡母聽到王氏已先行，張老太太聽張義之勸，等待來年有錢時再將母親送入京，張義仍是持續打魚為生。

東海龍王敖順奉旨行雨，差了三太子去播陣，三太子誤了雨點，多下了三寸差點將村舍人畜淹沒，因而被玉皇懲罰，化成一隻小金龜，直到將來完成黃河決口才能贖罪。三太子化身的小金龜被釣魚的張義釣上，張義曾被母叮囑不打三等魚兒，原想放過小金龜，然而竟連續釣上小金龜三次。用石頭一敲，金龜不但未死還屙出了金塊。張義大喜過望，母親張老太太亦開懷。張老太太一心想見張仁，問他為何不孝親，要張義上開封府找張仁。張義帶著母親的龍頭杖經過一番波折終於見著張仁，張仁以為母親已死，含淚捧著拐杖入內堂，王氏一見拐杖，卻是心中大悅，以為除去了張老太太這眼中釘。此時河塘西決口，張仁外出救災，先暫時要廚房安排酒席為張義洗塵，讓王氏先陪張義談心。張義先前受了王氏的氣，幾杯黃湯下肚，拿出金龜來炫耀。沒想到卻引起了貪心的王氏心生毒計，備了砒霜酒，要將張義毒死。砒霜下肚，張義腹如刀絞，但一時半刻不得死，只在地上痛苦翻滾，王氏見此竟拿了頭爬長釘釘入張義腦門，見張義還不死，又拿七寸長竹釘釘入糞門而釘死了張義。清理現場之後，王氏取走了金龜，假意哀哀慟哭。謊稱張義腹疾而死，備了棺木一口，請了和尚道士念經文，就將張義葬在南門亂葬崗上。張仁忙著搶河塘口之險，耗費數萬銀才終於完工。歸家之後即得張義已死之惡耗，痛哭不已。張老太太那邊，自從張義上京後便日夜不安，心驚膽跳，是夜竟夢到張義已被謀害身亡，七孔流血頭髮發散地向母親訴說冤情，張老太太驚醒後，便打了一個隨身小包要上開封去尋張義。

張老太太走了漫長的道路終於抵達開封，請門公通報，張仁自張義處得到母親拐杖後，以為母親已死，本來將母親趕走，張老太太憤怒至極，張仁才知母親未死，趕忙出來迎接。酒席之上，張老太太問張義行蹤，才知道張義腹疾急病而死，在靈前哀痛逾恆，哭得肝腸寸斷，在恍惚間看到七孔流血的張義在母親面前要求伸冤，連金龜也被奪去。張義正要說出雙釘之事，無奈雞鳴破曉。張老太太知道張義冤死，不動聲色的向張仁索金龜，張仁實在不知便轉向王氏索討。金龜在王氏手上卻不產金，張仁不知金龜乃是無價寶，便取來給了老母親。

張老太太假意要到廟中上香，實際是要到包拯府衙為張義伸冤。包拯得知師母冤案，一打金龜果然屙金。包拯即刻延請張仁，並假託發了疾病要王

氏速速到開封府上。拘提了兩人之後，王氏狡猾應對不肯招認。包拯決定開棺驗屍，仵作劉建貴施行驗屍手續，卻沒有驗到任何傷痕。包拯打道回府，在路上有一隻烏鴉當頭叫，竟是有冤情的張義。回到府上，包抓重重地打了劉建貴四十大板；張義冤情一事也只能再仔細探查。劉建貴回家後，說起這件事，其妻范氏女指出了劉建貴忽略的致命的兩處傷口——天靈蓋與肛門。隔日上堂，劉建貴提出重驗的辦法，再度回到南城門開棺驗屍，果然發現了天靈蓋上的長釘與七寸的竹釘。張義冤死的案情明朗，包拯回府告訴張仁與張老太太，二人無不哭得死去活來。包拯重新開堂，問仵作劉建貴是誰教他如此驗屍，劉建貴本欲隱匿不說，包拯以再打四十大板威嚇，才說出是妻子范氏所教。

包拯即刻捉拿范氏，逼問出范氏在跟了劉建貴以前，乃婚配給郝建珍，便是以此致命之釘法將郝建珍送入地府，而得以嫁給米店伙計朱小二，無奈朱小二三載命歸陰，與劉建貴同居已經兩年。包拯再傳王氏，王氏疑惑自身未犯罪為何要二次開堂，包拯以賢嫂稱之，說要請她來看審仵逆之人。包拯假意發怒，剝了張仁官服，請出尚方劍就要將張仁推出轅門問斬，張仁才哭喊害了張義的是王氏，王氏仗勢驗不出傷仍矢口否認，看了堂上的凶器後，還嘴硬不認罪，包拯對王氏用了巴掌挵棍與夾棍等大刑，王氏才將為金龜謀害張義事和盤托出。案情已明朗，張老太太為張仁求情，包拯奏明天子罰張仁獨立修塘，將功補罪。王氏與范氏盡皆問斬，在南門建了孝子張義墳，而河口有張王廟，還造了一座節義碑，張老太太則欽封為節義太夫人。張仁與包拯正在祭奠張義，哭得好不悽楚時，忽聞皇上聖旨到，原來是黃河又決口，潮水沖倒堤岸無法抵禦，死了許多百姓與牲畜、張仁正不知如何是好，包公心想莫非小金龜作怪？立刻將小金龜放進黃河，瞬間風平浪盡，原來是張仁以小金龜所產的金子修好河塘，龍皇三太子在人間受苦的三年期的懲罰也得以償滿，回海龍宮去了。

三、道佛經義儀式本

《中國河陽寶卷集》全書約兩百二十多萬字，分上、下兩冊，收錄了流傳於張家港境內河陽寶卷卷本一百六十三卷。本書由三大部分內容組成：第一類，道佛敘事本，共收錄了四十卷；第二類，民間傳說故事本，收錄了九十六卷；其中第三類，道佛經義儀式本，共有二十七卷，主要用於講經先生在

祭祀、驅邪等做會儀式中請唱。這類做會的儀式所使用的卷子，民間沒有專門的名稱，就性質而言，可歸納為「科儀卷」。〔註7〕就內容而言包含《蓮船寶卷》、《庚申經卷》、《月華會卷》、《指路寶卷》等。在這些法場道會的儀式中，講經與做會密切結合在一起。就《中國河陽寶卷集》收錄的二十七卷卷本來看，河陽地區民間的道佛宗教儀式種類繁複，不同的寶卷用於不同的法會道場，如〈庚申經卷〉用於每逢庚申年為超渡亡魂所辦的「庚申會」、中秋慶典為祭月而設「月華會」則請唱〈月華會卷〉、〈八仙卷〉用於為八仙祝壽的慶祝儀式、〈太姥請送〉適用於為平定吳地俗神猴仙的壓邪儀式等等，儀式從超渡亡魂到為神佛祝壽，乃至祈求四季平安，名目繁多，包羅萬象，而這些寶卷也就是在各式各樣的佛道儀式中用以講唱的講經。

1. 壅根借壽
2. 星宿科
3. 開關卷
4. 庚申經卷
5. 辰星拜贊（又名退星寶卷）
6. 月華會卷
7. 花名散花荷花解結卷
8. 結緣卷
9. 打蓮船寶卷
10. 八仙卷
11. 蓮船寶卷
12. 蓮船燈
13. 淨科
14. 朝真斗
15. 九幽燈科

〔註7〕車錫倫先生在調查常熟地區寶卷時，分為「神卷」（聖卷）、「小卷」（凡卷、閒卷）、「科儀卷」區分：「神卷指講唱各種道故事的寶卷，主要是各種民間信仰的神，也有佛教的佛菩薩、道教的神。小卷主要指根據單詞、民間傳說和其他民間演唱文藝題材或民間流傳的唱本改編的寶卷。另外是做會的儀式使用的卷子，民間沒有專門的名稱，可按其形式稱作『科儀卷』，其中有一些也講傳說故事」。車錫倫，〈江蘇常熟地區的「做會講經」和寶卷簡目〉，《河南教育學院學報》（哲學社會科學版），2009 年第 6 期。

16. 血湖燈科

17. 指路寶卷

18. 血湖經

19. 五雷經

20. 筵旋

21. 七七卷

22. 請送佛

23. 清微全真斗科

24. 請靈丹

25. 地母真經（又名地母養生保命經）

26. 升蓮寶卷

27. 太姥請送

寶卷是這類講經卷本的通稱，就《中國河陽寶卷集》中的二十七卷道佛經義儀式本，因內容側重點的不同，在名稱上可加以歸類細分：

（一）寶卷、卷

明代王源靜補注《巍巍不動太山深根結果寶卷》中如是說：「寶卷者，寶者法寶，卷乃經卷。」〔註8〕寶卷也常被簡稱為「卷」。二十七卷〈道佛經義儀式本〉中，以寶卷或卷為名者，佔據儀式的大部分，有〈開關卷〉、〈庚申經卷〉、〈月華會卷〉、〈八仙卷〉、〈花名散花荷花解結卷〉、〈結緣卷〉、〈打蓮船寶卷〉、〈蓮船寶卷〉、〈指路寶卷〉、〈七七卷〉、〈升蓮寶卷〉。

（二）科儀、科

「科」，用以指稱道教的各種教法、是設計經語、信仰、戒律、規範等諸多方面的教典，科儀則是要對道教形式各方面的指稱。〔註9〕二十七卷〈道佛經義儀式本〉中就收錄了古代以星象推斷吉凶的方術條文〈星宿科〉、〈淨科〉、〈九幽燈科〉、〈血湖燈科〉、〈鉅科〉、〈清微全真鬥科〉（全真道教派的科儀卷本，屬於拜香會用，平常講唱寶卷時，則作為祭祀儀式的念唱本。）

〔註8〕轉引自傅慕蓉，〈論寶卷及其演變〉（北京：中央音樂學院，2004年），頁2。

〔註9〕王卡主編：《道教三百題》（臺北市：建安出版社，1996年3月），頁482～483。

（三）妙經、真經、經

民間宗教團體為宣揚教義，以仿造佛經之名打造了寶卷，又為了強調其寶卷為經典，將寶卷也稱作「經」，在教派紛呈、寶卷眾多的情況下，為強調寶卷的至真、至寶、至妙，也稱寶卷為「真經」、「寶經」或「妙經」〔註10〕，如二十七卷〈道佛經義儀式本〉中的血湖經（也稱血湖妙經）、〈五雷經〉、地母真經（又名地母養生保命經）等，其中〈五雷經〉卷本裡又收錄了〈九天應元雷聲普化天尊玉樞寶經〉、〈太上玄靈北斗本命延生真經〉、〈十一大曜咒經〉、〈三元經〉、〈元始天尊說北方真武妙經〉、〈太上靈寶補謝天地八陽妙經〉和〈太上老君補謝灶皇妙經〉等不同的經文。

（四）歌贊、贊

「贊」是寶卷的專用曲調，取自僧侶與信眾頌佛的儀式。佛教音樂的曲調格式可分為四種，即管、偈、咒、白。其中「贊」，用於頌佛之功德，如三寶贊、得贊等，其詞多為長短句式的詩。二十七卷〈道佛經義儀式本〉以「贊」為名的卷本，惟有辰星拜贊（又名退星寶卷）。

（五）偈文、偈

「偈」，為佛教名詞，在儀式中偈用於頌揚佛教教義，如浮三業偈、沐浴偈等，其詞有四、五、六、七和九言的句式，在曲調上除了用上下對句外，一般常以四句為一樂段。寶卷中的「偈文」，用於民間法事中的祝壽儀式，多是宣卷之前的唱詞，多呈現為七言的上下句式，句數不限。寶卷的形式若是短小成韻，類似佛偈，也可稱為「偈」。二十七卷〈道佛經義儀式本〉中的〈請送佛〉就錄有〈解結偈文〉、〈上壽燭佛偈〉、〈獻元寶偈文〉〈觀音佛偈（一）〉、〈觀音佛偈（二）〉、〈結緣佛偈〉等偈文。

這二十七卷儀式本以散文加上韻文的形式相結合，就內容而言，雜糅了大量的神仙故事和向大眾講道用的佛道教義、經文與法事科儀。此二十七卷〈道佛經義儀式本〉可依不同題材，依次分類為：

〔註10〕「民間宗教家視其寶卷為經典，因此許多寶卷也稱作『經』；在教派紛呈、寶卷眾多的情況下，則強調其寶卷至真（文獻中多稱為『骨髓真經』）、至寶、至妙，於是又有『真經』『寶經』『妙經』之類名稱，如《佛說地獄還報經》《弘陽妙道玉華隨堂真經》《古佛天真考證龍華寶經》《佛說鎮宅龍虎妙經》等。許多民間宗教寶卷的簡名也稱「經」。」車錫倫：〈中國寶卷文獻的幾個問題〉，《中國寶卷研究論集》（學海出版社，1997年），頁230。

（一）傳教

《中國・河陽寶卷集》二十七卷〈道佛經義儀式本〉也錄有小卷。所謂小卷，即篇幅短小的寶卷，大部分僅有唱詞，它的作用類似變文的押座文、話本的契子，在正卷前吟唱以吸引聽眾安靜聽講。此篇〈結緣卷〉，可宣卷開始前或講經中間插唱，唱詞俚俗，內容貼近農村聽眾生活，卻也不脫傳教意味。〈結緣卷〉首段即是：「齋主佛前發結緣，要我弟子結良緣。今朝佛前緣來結，人也歡來佛也歡。齋主佛前有佛緣，佛生慈悲結良緣……」

（二）勸化

勸化謂勸進轉化，勸進眾生轉惡為善、轉迷成解、轉凡成聖。〔註11〕即宣傳教義，勸導人改邪歸正的意思。〈請送佛〉當中便有一段〈觀音佛偈（二）〉，以觀音懲惡揚善的故事勸導民眾向善向上：「觀音菩薩下難以，變化凡人賣生薑。肩挑一擔好嫩薑，前村後巷叫賣薑。惡心娘子來聽見，奇聲怪叫喊買薑。手內拿根廿四兩，三斤稱只七十二兩好嫩薑。吼起面孔豎起眼，千言嫌比爛生薑。今朝只便宜薑，來世罰你投只大綿羊。仔細思量想一想，開膛破肚拉大腸。在生只要心平行，肚腹甩在千人坑。又來一位善心娘，細言低聲叫買薑。手中拿管十六兩稱，三斤稱只四十八兩。先付銅錢慢拿薑，約約只話拾生薑。觀音菩薩想一想，這位娘娘禮貌長。一年到頭多富貴，子孫代代福祿長。兇人惡人一樣人，稻稞田中樣樣清。稞在田中多清秀，收成結果見分明。」

（三）吉慶

冬至是中國傳統上一古老而重要的節日，乃農曆二十四節氣的第二十二個節氣，在傳統的陰陽五行理論中，冬至是陰消陽長轉化的關鍵節氣。所謂「冬至陽生春又來」，冬至之際就是春耕的好時候，尤其適合培土壅根，故推論〈道佛經義儀式本〉所錄的〈壅根借壽〉是冬至春耕儀式中向神祈福所用的宣卷。〈壅根借壽〉截句：「齋主生來根基淺，特邀眾仙壅根來。三島神仙齊來到，神仙華根把水澆。觀音大士來吩咐，吩咐龍女根壅好。善才告訴大士聽，根部四轉壅得緊。菩薩手拿甘露水來澆，頓時生葉又放青。」此寶卷在內容上把神仙故事和祈福借書的儀式與民眾農耕生活緊密結合，成為民眾於農

〔註11〕佛光山電子大辭典：http://etext.fgs.org.tw/etext6/search-1-detail.asp?DINDEX=22174&DTITLE=%C4U%A4%C6。

耕上重要的精神力量，形成當地特殊的民俗與農耕文化現象。又，八月中秋，河陽有月華會，古時富有家庭會祭月時，在家裡唱〈月華會卷〉。此經卷原有一本，但在二十世紀六十年代被銷毀，《中國河陽寶卷集》現錄有一段其偈文，仍題名為〈月華會卷〉。

（四）亡靈超渡

二十七卷〈道佛經義儀式本〉錄有〈庚申經卷〉。〈庚申經卷〉用於每逢庚申年為超渡亡魂所辦的「庚申會」儀式上。1860 年歲次庚申太平天國時期，在吳地會發生一場激戰，吳地百姓死亡甚眾，場面甚慘，親友為死難冤魂超渡，舉行齋醮法會。會上所念之經後稱為〈庚申經〉。後人遂以庚申年為凶年，故每逢庚申年均要齋醮法會，念〈庚申經〉，吳地俗稱守庚申。此經卷還附有《二狗經》等七卷，為講經先生仿照民間道場而作的祭祀性的考卷，在講唱〈庚申卷〉的同時而加唱。

道佛經義儀式本中所有寶卷所使用的語言均為河陽方言，無論念白、唱詞都以方言押韻，間中收錄吳地方言詞彙，若不經註釋，則不易明白。如講經文開始前或結束後所宣稱的小卷〈結緣卷〉的一段：「壇前弟子再結緣，要結齋主娘兒緣。囡叫娘，好姆媽，娘叫囡，囡心肝。娘替囡，看小囡，囡替娘曬床浪汰棉端。吃食補品常勿斷，望娘活到一百寬。」「姆媽」，即媽媽，是吳方言區對母親的稱呼：「囡」則是吳地對女兒的稱呼。「棉端，即被單，因舊時民間把治好的布匹質量稍差的頭與尾裁剪下，用以作被單，故稱為棉端。「棉端」即是洗被子之意。「寬」也是吳方言詞彙，有「餘」的意思。此截句指涉的是母親為女兒照顧外孫女，而女兒為母親床洗被子的親暱親情，句末附有祝禱母親長壽之意。〈結緣卷〉截句二：「發芽頭生小麥邊，拿來裝在袋裡面。刮臘鬆脆真好吃，幸福生活萬萬年。」刮臘鬆脆亦為吳方言，形容又鬆又脆的食品口感，不僅繪聲繪狀，讓人聽來分外覺得活潑生動。此寶卷在人情風物的描繪上，亦有著獨到而生動的語言功力，僅以三言兩語就能把某一形象刻畫得活靈活現。就如上述例句，因大量運用了當地的方言土語、俗語，因此顯得生動鮮活，多姿多彩，雖俚俗有餘，卻非常生活化，亦貼近農村聽眾的實際生活境況，有助於佛道的教化意義於識字不多的老百姓中普及化，恰如寶卷一貫的特色：通俗易懂，寓教於樂。

寶卷被視為一種古老的宗教和民間信仰活動相結合的講唱藝術形式。寶卷除卻利用講經的方式來輔助教化，以善惡報應、因果輪迴等宗教思想，宣

導忠孝節義，其中也運用了文學筆法，以動人的神異故事宣揚宗教之靈驗，試圖誘導世人信奉宗教遵守教義。除了文學與音樂價值之外，這些卷本也著重於宗教經典的傳布，為我們保留了與民間宗教信仰活動，如廟會與齋會的演出方式和形式體例。就這些儀式本的結構與內容，對我們研究寶卷溯源和變文的關係，也有著一定的影響。

四、河陽寶卷曲譜選

這一部份是針對寶卷曲譜的記錄與整理，在張家港市境內，有豐富的道教音樂素材，但《河陽寶卷》所收錄出版的僅二十餘種。如《賞金花》、〈請佛〉、〈十王懺〉等。因為目前在張家港市對這種民間文化資源的挖掘和保護做得還不夠，也因為這樣的素材是比較難搜集與整理出版的，所以經過篩選後收錄的數量並不能反應現實存有的狀況。寶卷作為一種說唱藝術形式延續七八百年，豐富了中國民間文學藝術史的內容，同時為各個時期文學藝術如戲曲、小說、說唱藝術等研究提供了大量可參照的資料，則音樂性的內容也相當豐富。河陽寶卷中的音樂可分主曲、詞牌、小曲（民歌）等三部份。主曲是寶卷的主軸音樂，貫穿整本寶卷的始末，多為吸收佛經中的佛曲之作，再融合故事情節而成，韻散夾雜。詞牌和小曲為各種曲調詞牌和當地地方民歌，是寶卷音樂中固定的形式，穿插在故事情節中，增強藝術性也吸引聽眾情感的投注，使故事與情緒合而為一。在寶卷講唱過程中，以樂器相伴唱，有時用木魚、簡板或碰鈴與和佛者合聲。河陽寶卷的曲譜中吸收了部份山歌的精華，因為河陽山歌曾被道士與講經先生所利用，用來創作寶卷，如《造洛陽橋》、《哭七七》、《螳螂卷》、《小豬卷》、《蝴蝶仙卷》、《拜月華會》等，還有《王花寶卷》內的四季調、十二月花名等。寶卷之所以能受聽眾歡迎，部份原因也來自音樂薰陶的情感，情緒的起伏也隨著音樂的不同而波動。

1. 符合調（一）‧《大香山》開經偈
2. 符合調（二）‧《大香山》選段
3. 符合調（三）‧《八仙上壽》選段
4. 符合調（四）‧《大香山》選段
5. 九嗯調‧《八仙上壽》選段
6. 束鄉調‧《八仙上壽》選段
7. 混合調‧《洛陽橋神》選段

8. 南無調（平調）·《大香山》選段

9. 南無調（哭調）·《大香山》選段

10. 回向贊·《大大山》選段

11. 楊柳青調·《太姥卷》還段

12. 梳頭調（《太姥卷》選段）

13. 祝聖（《茶筵科》選段）

14. 黃金花（《茶筵科》選段）

15. 齋供十王（《地獄卷》選段）

16. 請佛

17. 十王懺

18. 送還陽

19. 上壽燭

20. 造橋歌（之一）

21. 造橋歌（之二）

22. 造塔（之一）

23. 造塔（之二）

24. 善如青松惡如花

《河陽寶卷》後還有附錄，收錄有以下五個項目：

1. 寶卷講唱人傳抄人簡介

2. 河陽寶卷傳播區域示意圖

3. 清末民初境內寺廟觀庵示意圖

4. 境內主要寺廟觀庵簡介

5. 河陽寶卷總目

小結

　　有清及近現代各地留存的民間寶卷約七、八百種，除了少數勸化說教的「勸世文」寶卷和一些儀式歌譜外，絕大部分是文學故事類寶卷，其中有一些是繼承前期的佛教寶卷。按其題材，可分為以下幾類寶卷依照其內容特點分為道佛敘事本、民間傳說故事本、道佛經義儀式本、河陽寶卷曲譜選四類。歷來寶卷研究者對寶卷系統與分類都相當的關注，《河陽寶卷》自成系統，既與傳統寶卷相襲但又有所區別。

夏根元先生收藏的手抄本寶卷　　　　　　宣卷的廳堂

第四章　河陽寶卷中的道佛敘事本

　　因河陽寶卷數量眾多，所出版的寶卷也非全數，欲逐一討論實為不可能之事，故以下各中將以幾個重要的道佛敘事本寶卷或特殊的題材為研究對象做論述。在此分五節論述，並以此分析出河陽地區人民的信仰模式。

　　劉錫誠的〈寶卷研究的重要成果——讀《中國寶卷總目》《中國寶卷研究論集》〉一文中指出：

> 其一，車著對中國民間文藝學強調民間文學是勞動人民的口頭創作
> 的傳統觀念，是一個有力的衝擊和修正。他有意識地發掘和研究被
> 建國以來在蘇聯觀點影響下的傳統的民間文藝學所排斥的贊神歌、
> 香火神會和神書、宣卷活動和寶卷文本的調查，而這類民間文學活
> 動的特點是，大都與民間信仰或迷信聯繫得較為密切。〔註1〕

這段話充份說明既然寶卷影響所及不只是勞動人民的口頭創作，那麼以民間信仰的觀點來分析寶卷就會發現許多問題有待深入的研究。寶卷最初是佛教世俗化的產物，並且專擅三百多年。此後民間教派寶卷、民間寶卷，直接和間接受佛教的影響無處不存在。當代演唱寶卷的「佛頭」、「先生」和寶卷的虔誠聽眾，都自稱是「奉佛弟子」，聽眾和佛與祭祀也虔敬為之，蔚為村中大事。這類寶卷講唱各種神道如何成神、成仙成佛，或為民眾解厄濟難的故事。這些神道包括佛教的佛菩薩、道教的神仙和民間信仰的雜神。佛菩薩故事寶卷都是根據前期佛教寶卷改編，如《香山寶卷》、《目連寶卷》等。神道故事寶

〔註1〕劉錫誠：〈寶卷研究的重要成果——讀《中國寶卷總目》《中國寶卷研究論集》〉，《民俗研究》，濟南，2001 年第 2 期。

卷中流傳最廣的是同民眾生活關係密切的雜神和地方性民間保護神的寶卷，前者如《灶君寶卷》（又名《灶皇寶卷》）、《財神寶卷》、《城隍寶卷》等。後者如吳語區的《猛將寶卷》、《白龍寶卷》（此卷主要流行於江蘇常州地區），甘肅的《仙姑寶卷》、山西介休的《空望佛寶卷》等，這類神都是民眾信仰的地方保護神，故事來自民間傳說。道佛教事本類型中佛教寶卷佔有不小的比例，但面對眾多的神祇與佛道教合流的影響，《河陽寶卷》在編目的安排上以道佛敘事本來為化解佛道分野的界定，統一整合在同一分類之中。論及民間信仰的部分，以下討論就神譜中的位階與天堂地獄的相對為先後探討的順序，以玉皇大帝為最高位階，下至菩薩而及雷神。地獄則同樣以權力位階由冥府司論及十王再及城隍。

第一節　河陽寶卷中的玉皇信仰

一、玉皇信仰的起源與流變

　　玉皇信仰有一個從自然神到人格神的發展過程。玉皇大帝的雛型是上古時期所謂的自然天的太陽神。玉皇大帝在唐代以前為見定名稱號，至宋代才見定稱。出現的時期較晚，身世來歷卻非比尋常，與商周時期的天神信仰相接，因而成為天庭與人間世界的最高主宰。原始社會中人民對自然界的日、月、雨、雷等現象感到好奇，覺得是神秘不可測但又具有殺傷力，因此加以崇拜，也對「天」產生信仰。對天加以最高的尊稱，尊奉天神為「帝」，認為天帝可以主掌一切事物，並支配自然現象的產生，進而影響人間禍福。西周以後，稱「天」為皇天、上天、皇天上帝等，並由社會結構的演進，形成龐大的管轄系統。東漢時，道教將「天帝」當成神仙的皇帝，系統與人間相同，總管三界、十方、四生、六道〔註2〕，美其名為玉皇大帝。玉皇大帝沒有造像，也沒有形象的流傳，但卻是世界的最高統治者。至明代，受神魔小說《西遊記》的影響，人們普遍接受書中所說的，玉皇大帝住在天宮，處理事務在金碧輝煌的靈霄寶殿，是萬佛之王。唐代段成氏《酉陽雜俎》中記載玉皇名張皇，從小大膽，偷乘劉天公翁獅子上天，自己作了天公翁。但一般民間傳說仍以玉皇原為王子，後出家深山中修行，成道後才為玉皇大帝。

〔註2〕佛教中有六道輪迴的說法，六道為天道、人道、阿修羅道、畜生道、餓鬼道、地獄道。

二、《玉皇寶卷》的內容與形式

《河陽寶卷》中所收錄的〈玉皇寶卷〉故事，是鹿苑奚浦村錢載卿戌庚年抄本。卷首開頭贊曰：「無極大道，元始法王。寶珠一粒在中央，說法放神光。」〔註3〕是源於道教教歌，說明〈玉皇寶卷〉與道教關係密切。故事梗概大致與《至尊寶卷》相同，都是講述玉皇大帝如何得道成仙的故事，但不同之處在於，《玉皇寶卷》增加了王母娘娘的角色，故事同樣從太上老君統治光嚴妙樂國千年開始說起，但加入了王母娘娘擔心太上老君辛苦，因而用手中的菩提珠化成男女，為光嚴妙樂國安邦治國。後來太上老君又化出一對男女，並將國家交給他們，男子為淨德皇，女子名為寶月皇后。

自從淨德皇帝與寶月皇后接手治理以來，光嚴妙樂國安泰和平，國人路不拾遺，夜不閉戶；惟一的遺憾就是帝后二人膝下多年無子。為了求子，皇后皇帝在宮中建造一間大雄寶殿，供奉如來古佛，並且修行為善以得子。皇帝聽從皇后的建議，在宮中大興土木，建造一座大雄寶殿供奉如來佛祖，並且從此潛心修道。

半年之後的某日夜晚，寶月皇后夢見太上老君坐著龍輿送來一位嬰兒，皇后跪接，從此感夢而孕，十月之後果然生下一名聰明可愛、相貌非凡的男嬰。

太子長到九歲時，便會勸告父皇要多行善事，自己也時常救眾佈施，廣行方便，因而感動釋迦摩尼，為淨德皇帝增加十年壽命。

太子到了十九歲仍尚未娶親，一心只想入山修道，帝后二人苦勸不聽。一日，淨德皇帝告訴皇后和太子，他夢見老君送帖邀他到八寶池相聚，因知此時乃為坐化之日，說完便坐化而去。

太子與寶月皇后十分悲傷，太子舉行完淨德皇帝的葬禮後，便將國家交給寶月皇后，自行前往香岩山修道，一路上得到太上老君所幻化而成的老人指點，順利找到香岩山，並且在香岩洞中勤修苦練，最後終於得道成仙，成為玉皇上帝。

玉皇上帝得道之後，思想無處寄託，遂拔下一根眉毛，並持金母口訣，最後幻化成人形，是為盤古。盤古開天闢地，劃分陰陽，世界逐漸成形。十方仙聖來請玉皇上帝接掌龍位，玉皇上帝謙遜受封，又找來日月二星，日夜照

〔註3〕《中國・河陽寶卷集》（上），上海：上海文化出版社，2007年10月，頁61。

亮天地。

　　但是世界依然無人，玉皇上帝便以戒刀割下二指，化為六段，成為三男三女，三男即是天皇、帝皇、人皇，他們與三女成婚，生下子嗣，治理國家。金母也以菩提化為人形，成為東土世人，世間在三皇治下，天下和樂安穩。

　　《玉皇寶卷》的寶卷形式以焚香開頭，「贊：無極大道，元始法王。」結尾時有一段懺悔文，講述不孝雙親與不信三寶神明的罪行。全篇字數約八千字，通篇韻文皆為七字句。《玉皇寶卷》是強調寶卷功效的經卷，隨懺悔文其後講「今宣一部玉皇卷，勝誦百部玉皇經」〔註4〕可見宣卷者對《玉皇寶卷》的重視。

三、《玉皇寶卷》與其他版本的異同

　　在民間寶卷故事中，玉皇大帝時常出現在故事之中，與元始天尊、太上老君、如來等神祇相同，通常被描述成宇宙間的最高主宰，執掌著宇宙的秩序與和諧，不僅如此，玉皇大帝還像凡人一樣，有著七情六慾、求子心理、孝道觀念等等，是一個宗教與世俗的綜合體。但以玉皇大帝為主角的寶卷故事較為少見，以《民間寶卷》〔註5〕叢書所收錄的寶卷故事為例，只有《高上玉皇本行集經》〔註6〕跟《至尊寶卷》〔註7〕兩種而已。其中《至尊寶卷》故事梗概與《玉皇寶卷》近似，但目前普遍於民間所見的文本卻只有《至尊寶卷》，而不見《玉皇寶卷》，其原因為何？再者，兩種寶卷之間雖然近似，但細節並不相同，其中是否存有傳承關係，抑或是各自的創作，都是筆者想要探討的

〔註4〕　《中國‧河陽寶卷集》（上），上海：上海文化出版社，2007年10月，頁67。

〔註5〕　中國宗教歷史文獻集成編纂委員會編纂：《中國宗教歷史文獻集成 III‧民間寶卷》，合肥：黃山書社，2005年10月。

〔註6〕　《民間寶卷》中收納〈高上玉皇本行經集〉有甲乙兩種，皆分為上中下三卷，卷上為《清微天宮神通品》，內容主要講述玉皇大帝的來歷、神格，卷中為《太上大光明圓滿大神咒》和《玉皇功德品》，主要述玉皇頒下的神咒和受持此經的功德。卷下為《天真護持品》和《報應神驗品》述奉經者能得十方帝君及神將佑護，獲三十種上妙功德；而誹謗與不信者會諸種種惡報。依照其內容對於玉皇大帝神格的描述，則大概可以推測大約成於宋代。見《民間寶卷》第十一冊，頁273～471。

〔註7〕　俊氏藏〈至尊寶卷〉，手抄本，收錄於《中國宗教歷史文獻集成‧民間寶卷》第十一冊，《中國宗教歷史文獻集成‧民間寶卷》，合肥：黃山書社，2005年10月。

問題所在。

　　從故事結構來看，《玉皇寶卷》、《至尊寶卷》和《高上玉皇本行集經》上卷所描述的玉皇出身大致相同，都是一國太子，後來潛心修道，最後得道成仙的過程，由此可知三者故事皆出自同一脈絡。細探其內容，玉皇大帝的出身與佛教的釋迦摩尼出身故事相當類似，可看出佛教與道較兩者之間的結合及相互影響。仔細檢閱《玉皇寶卷》與《至尊寶卷》，雖然兩者的故事內容幾乎相同，但在敘述模式和細節上仍有極大的差異，經筆者比對之後發現，《玉皇寶卷》與《至尊寶卷》有十九處不同，多是情節的增減或是敘述模式的不同。

　　在情節的增減上，首段贊文的部分便有極大的不同之處，《玉皇寶卷》的贊文較精短，只有二十句，是在宣卷之前呼喚玉皇大帝的名號，祈求玉皇大帝的降臨：

> 無極大道，元始法王。寶珠一粒在中央，說法放神光。流元剛，萬聖禮虛，道經師寶天尊，長清長淨無上大天尊，三稱志心皈命禮，太上彌羅無上天妙有玄真經，渺渺紫金闕，大微玉清宮，無極無上聖廓落寂寂浩無宮，玄範總十方，湛寂。真道虧莫大人，通玉皇大尊，天玄穹高上帝玉皇赦罪天尊！〔註8〕

而《至尊寶卷》的贊文較長，約六十多句，內容多是勸善懺悔的句子：

> 祥雲初起，法界氤氳，羅天海嶽異至，勝到處覆慈雲達信通識美聖盡連臨，大聖浮至遠覽天尊　玉皇浩以後　宣長跪懺悔……將此身心奉上聖，惟願濟除業障根。……上人修行多不見，下念修口不修身。……在世人生一夢間，百歲光陰有幾年？無常一到難躲避，不管天晴大雨棉。三魂渺渺歸陰去，六魄悠悠入地間。雖有黃金千萬，難買無常命保全。〔註9〕

我們可以很明顯地看出兩者之間的不同，《玉皇寶卷》的開頭贊文較為簡略，只是誦念神的名號，與《至尊寶卷》開頭就用近三倍的篇幅來勸人向善十分不同；但《玉皇寶卷》卻在結尾部分借用玉皇大帝之口，說了一段儒、釋、道

〔註8〕參見《中國‧河陽寶卷集》（上），上海：上海文化出版社，2007年10月，頁61。
〔註9〕見《中國宗教歷史文獻集成III‧民間寶卷》第十一冊，合肥：黃山書社，2005年10月，頁517～518。

三者合一的勸善文，再加上最後的懺悔文寫道：

> 弟子眾等一心皈命，求哀懺悔。若我前生或於今生，從無始生死以來，獲怨深怨；毀塔壞寺，侵損常住，圬淨梵行，不信三寶神明，毀謗大乘經典，破齋犯戒，殺害生靈，不孝雙親。十惡忤逆，如是等罪。不作懺悔，何以消融？故於今日投誠祈懇，太上彌羅無上天尊，慈悲憐憫伏祈恩准。〔註10〕

這段懺悔文佛教輪迴的意味濃厚，言明謗佛與不孝及殺生都是該懺悔的行為，亦可看出佛道思想的融合。再者，《玉皇寶卷》的結尾贊文部分比起《至尊寶卷》只誦念玉皇大帝封號而言，還講述了宣《玉皇寶卷》的好處，除了能消災解厄之外，還能夠保平安長生。這也說明瞭民間信仰神明的意義，不外乎福祿壽和消災解厄，《玉皇寶卷》充分展現了世俗民間信仰的需求。

此外，在故事情節的敘述上，《玉皇寶卷》多採用口說而非韻文式的唱詞，如講述淨德皇帝要建造大雄寶殿一段，《玉皇寶卷》增加了三個仙人假扮工匠前來協助，並且以皇帝與工匠之間的對話說明大雄寶殿的建築材料及建造緣由，增加了故事的神異性，但是對於建築材料的運用卻是重複使用「沉香木」，正樑要用沉香木，柱子、佛椅通通都要用沉香木，詞藻重複性頗高，令人稍覺沉悶。

反觀《至尊寶卷》在這段所使用的詞藻則較為豐富，建造的工匠也從三位仙人換成工部尚書，較符合世俗皇帝的形象，但也缺少了太子出生的神異性。因此《至尊寶卷》便安排嫦娥在淨德皇帝與寶月皇后向上天祈求兒子時出現，以增強「玉皇大帝的出生是上天安排」的神異性。

至於情節的增減上，《玉皇寶卷》與《至尊寶卷》兩者各有增減，如《玉皇寶卷》描寫淨德皇帝知道自己將要歸天，要太子接掌王位；太子在浮德皇逝世之後，只治理國家十個月，安排好一切國事，使國家重歸安穩之後，便將皇位還給寶月皇后，出家修行去。《玉皇寶卷》特意增加此段，並且點明太子只治國十個月，筆者認為是為了解釋太子為了報答皇后的生育之恩，展現了傳統倫理思想；《至尊寶卷》則缺少此段，直接寫太子在帝后同日歸西之後，便將國家交給眾臣，自行前往山上修道，與佛教講述悉達多太子放棄王位，出家修行極為相似。

但《至尊寶卷》增加了皇后懷胎的過程，並且加入「懷胎十月歌」和太

〔註10〕《中國‧河陽寶卷集》（上），上海：上海文化出版社，2007 年 10 月，頁 67。

子出生時有多位神仙護駕等情節，一方面顧及民間風俗，另一方面也增加太子的神異性，也可看出民間風俗與宗教的結合，使聽眾更加信服。此外，《至尊寶卷》還增加了形容太子相貌有仙緣的橋段，並且描述太子在七歲前便有了離家修行的念頭，但被母后勸解，因而暫緩。從以上《至尊寶卷》所增加的橋段來看，都與釋迦摩尼出身故事相當類似，顯示當時道教思想大量借用了佛教故事，展現佛道融合的樣貌。

另外，《玉皇寶卷》中含有創世神話，增加了盤古為玉皇大帝所化的橋段，道教將宇宙發展過程描繪為從無極界到太極界，再從太極界至現世界。亦可說是由天道到神道再到人道。道教認為無極界是虛無飄渺、陰陽混沌之自然界，先天地而生，為萬物之元母。《玉皇寶卷》吸收了道家此一觀點，因此無極金母「在三十三層天外，思想混沌初劫，惜世上無人，幸有太上老君慈心，化成國王；又化一男一女，卻如何安邦治國？不如待我手中菩提解下，化為男女，興邦定國是也。」〔註11〕這個創世神話讓人聯想至無生老母。無生老母是明清時代民間宗教所創造出來的女神，是世界至高無上的女神。她既是造物主，又是救世主：她是人類的祖先，創造了宇宙與人類，同時又拯救沉淪於苦海中的後代，派釋迦佛或彌勒佛或天真古佛等下凡，或自己親自下凡救度眾生。明清的民間宗教幾乎都以無生老母作為最高神祇，而《玉皇寶卷》中無極金母創世的安排與無生老母的信仰有幾分相似。

添加創世情節也說明在卷中為了增強玉皇大帝是宇宙主宰的形象，將盤古開天的傳說化用在寶卷之中，以「盤古是玉皇大帝一根眉毛化成」的情節，來加強玉皇大帝的主宰形象，並且加入金母從旁協助的句子，形成「盤古乃是玉皇大帝與金母共同孕育而成」的意象，也說明道教思想中的「陰陽調和」的理念。

不過，在天地形成之後，《玉皇寶卷》不同於《至尊寶卷》詳細敘述三皇五帝的功績，反而將教育人民的責任歸回給玉皇大帝，以玉皇大帝分派仙人下凡教育萬民，展現玉皇大帝的神威及權力。由上所述，我們可以知道《玉皇寶卷》無論是在敘事模式或是情節搬演上都與《至尊寶卷》有些許不同，《至尊寶卷〉與《高上玉皇本行集經》較為相似，《玉皇寶卷》則是以其為基礎，增加世俗的情節，增強了玉皇大帝的神威及神異性。

《河陽寶卷》中的《玉皇寶卷》雖然與《至尊寶卷》在故事內容上相同，

〔註11〕《中國·河陽寶卷集》（上），上海：上海文化出版社，2007 年 10 月，頁 61。

但細節及敘述方式卻全然不同,《玉皇寶卷》不僅增加了金母的角色,在敘述上也較少使用韻文,而以故事的口語代之,這樣的說唱簡單易懂,也較容易為民眾所接受,因此仍有其特殊的價值。在寫作年代上,我們雖然無法判定孰先孰後,但可以知道兩者皆出自同一脈絡,而目前廣為流傳的卻只有《至尊寶卷》,使《河陽寶卷》的出版更令人振奮,可以說,《玉皇寶卷》乃是民間藝人在民間說唱之後改編傳唱的結果,不僅僅是案頭上的文章而已。

四、神的場域──玉皇信仰的核心價值

歷來對玉皇大帝的研究均著重在玉皇大帝的身世起源上,寶卷中的玉皇信仰則少有人論及。從玉皇信仰來看,他無疑是掌管天、地、人三界最高的統治者,因此,當他出現在文學作品中時,通常都具有影響情節的能力。《西瓜寶卷》中寫道「且說玉皇大帝聽了觀音之言說,菩薩說得有理。乃玉帝就派觀音立即下凡。」〔註12〕,玉帝以成為天界最高掌權者,而觀音為其下屬,方能指派。明代的《西遊記》小說,玉皇大帝就被描寫為主管天界的至高無上的天神,捉拿孫悟空時下過一道又一道的指令,各路神祇莫不傾心盡力捉捕悟空。而在戲曲中,玉皇大帝出現時,完全是人間帝王的打扮。廟中的塑像,大抵也是如此。道教對於諸神的形象,是依照人間的環境作為背景來塑造的,既將玉帝設定為帝王的模樣,自然就造成玉帝在民間最尊貴的形象了。在各種版本的孟姜女寶卷中,都出現同一個現象,即玉帝是得到民眾最高信賴度的神祇。

道教把玉皇大帝的誕辰,定為正月初九,也就是俗稱的「天公生日」。正月是一年之始,而九又是最大值,這就標誌玉皇大帝的生日是所有神仙中最大的,明王逵《蠡海集》說:「或謂神明果有降誕乎,以義起者也。蓋推擴則可以通。玉帝生於正月初九日者,陽數始於一而極於九,原始要終也。」〔註13〕,天地之至數,始於一、終於九,故以正月初九為玉皇大帝誕辰乃結合天地之至為意。

玉皇大帝誕辰是道教重要的節日,每逢此日,各道觀都會舉行盛大的道場,誦經禮懺,非常熱鬧,給民眾留下深刻的印象。不但如此,每年十二月二十五日跟三十日,民間還有接送玉皇大帝的習俗。明劉侗《帝京景物略》卷

〔註12〕 《中國・河陽寶卷集》(上),上海:上海文化出版社,2007 年 10 月,頁 243。
〔註13〕 (明)王逵:《蠡海集》,北京:中華,1985 年,頁 35。

二，就有這樣的記載：

> （十二月）廿五日，五更焚香楮，接玉皇，曰玉皇下查人間也。竟
> 此日，無婦嫗詈聲。三十日，五更又焚香楮送迎，送玉皇上界矣，
> 迎新灶君下界矣。〔註14〕

玉皇下凡五日，剛好是灶君升天述職之時。剛好遞補灶君的空檔。以民間信仰而論，不可一日無神，因此趁灶君返天庭的時間，玉皇大帝親自下凡，代理灶君之職。凡間子民，十二月二十五日至三十日，正好是過年的季節，祭祀各物正豐，這也代表民間對於祭祀玉皇大帝之重視。

第二節　河陽寶卷中的女神信仰

明代盛行女神信仰，論及此當以《香山寶卷》最能反應河陽地區的女神崇拜。從古至今人們對神明的稱謂與對凡間男女的稱謂有許多相同之處，民間用來指稱男女的稱謂也對應到神祇上。例如男性稱公、爺、千歲，女性稱姑、媽、夫人等，但是，在神祇的世界中，男性的指稱多過於女性，且比例懸殊。因此，女神信仰變成一種特殊的文化，也因為這種特殊性所以在民間信仰中佔有重要的地位。中國的女神信仰受海洋文化所影響，「同情」、「慈悲心」的女神形象與中國婦女的典型特徵相吻合，使得女神信仰與女性有密不可分的關係。

一、《香山寶卷》與觀音身世

香山寶卷是現在流行的寶卷中極古老的一種，中國的觀音化身故事至宋代穩定成熟，以《香山寶卷》為代表，此後文學作品中的觀音故事與形象多半出自《香山寶卷》。

從歷來已出版寶卷叢刊中，尋找《香山寶卷》、《西瓜寶卷》的不同版本。在中國傳統社會中，婚姻生活遭遇不幸的婦女比比皆是，因此抗婚出家修行的行為無疑是種鼓舞與對抗的機制，《白衣寶卷》中觀音成為配角，挺身相救不願結婚而修行的妙英，這是觀音信仰的衍生，也可以是觀音本生故事的一種。

河陽寶卷中所收錄的《香山寶卷》版本為鉛印線裝本，是一本印製精良

〔註14〕（明）劉侗：《帝京景物略》，上海：上海古籍出版社，2001年，頁106。

的寶卷本。《香山寶卷》正名為《大乘香山》，內頁又題名為《香山寶卷》、《重刻觀音菩薩本行經簡集卷》、《香山簡集》。

（一）從時間探討分析

以時間的發展來看《香山寶卷》、《西瓜寶卷》的價值，探究觀音的女神信仰影響為何？例如，從時間上來看《香山寶卷》做為最古老的寶卷之一，至今仍在中國傳唱，在張家港地區更是時常宣演唱的寶卷。那麼宋代的《香山寶卷》與 21 世紀的《香山寶卷》，絕對有不同之處值得探討。傳承千年的《香山寶卷》，不變的是什麼？變的又是什麼？變與不變的意義何在？宋代的《香山寶卷》是誰在宣講又為何宣講？流傳至今，今日的《香山寶卷》又是誰在宣講？又為何宣講？

宋代的《香山寶卷》是中國佛教觀世音菩薩的出身傳說，也是觀音信仰風行的媒介，更是妙善傳說開始流傳的時間起點。雖然《香山寶卷》的產生年代是否真為宋代目前學界仍缺乏有力的證據，但以傳播的角度而言，當時的《香山寶卷》影響了現在江南地區的觀音信仰，使江南地區成為觀音信仰最普遍之處。清代程寅錫的《吳門新樂府‧聽宣卷》中記載蘇州婦女要到寺廟裡頭聽「三公主」的宣卷，「婆兒要似妙庄王，女兒要似三公主」，可知妙善公主的傳說已經由剛開始的宗教宣揚信仰變成民間百姓崇拜感動的好女兒形象。由此也可見經過時間的轉變後，聽卷百姓對於《香山寶卷》的印象與期待都有所改變。

（二）從空間探討分析

從空間上來說，如果現今可見《酒泉寶卷》、《靖江寶卷》、《河陽寶卷》、同有《香山寶卷》、《西瓜寶卷》，那麼其中所用的文字語言必有異同，其差別何在？《香山寶卷》是最倡行的寶卷之一，以各種方言的形式存在，各地宣講《香山寶卷》、《西瓜寶卷》的作用幾乎皆以祈求為主，雖然語言文字上略有差異，但功用不變。如《酒泉寶卷》中的《香山寶卷》卷前還有觀音古佛原敘、西天達摩祖師題讚、孚佑大帝呂祖題等，因此《香山寶卷》原名即為《觀音濟度本愿真經》，分上、下卷共十二品。

（三）《寶卷》與中國歷代觀音信仰文獻的關係

觀音菩薩的身世是觀音信仰中國化的重要關鍵之一，包含觀音誕生、生長的家庭、經歷以及修道的過程。據前人研究顯示，印度的觀音身世約莫有

七種說法，但是「從性別來看，這些身世故事中的觀音不是王子，就是大居士或者奇妙無比的童子，總之他們都是男身，很難找到女性身世的痕跡。」〔註15〕因此可以斷定，觀音女性化也就是音信仰化的過程，〔註16〕在中國人的心中他是慈悲為懷、救苦救難的女菩薩，民眾也習慣稱祂為觀音娘娘。前期佛教信仰在中國觀音仍舊男身，但在宋代已出現觀音女性化的文獻記載。宋代朱弁的《曲洧舊聞》載：

> 蔣穎叔守汝日，用香山僧懷畫之請，取唐律師弟子義常所書天神言
> 大悲之事，潤色為傳。載過去國莊王不知是何國王，有三女，最幼
> 者名妙善，施手眼，救父疾。〔註17〕

此為妙善公主故事的雛型，隨後元大德十年，趙孟頫的夫人管道升所著的《觀世音菩薩傳略》對觀音女性化的過程在此基本上發揮，加以具體化。此後的《香山寶卷》、《南海觀音全傳》、《觀音得道》等書，均以此為藍本創作，後世大量以觀音為主角或配角的文學體裁也多難突破這個既定框架，因此，觀音在中國女性化的過程趨於穩定，也因為宗教信仰的渲染，這個可親有血肉的女菩薩形象完整的通過文學作品深植人心。

　　《香山寶卷》被視為對觀音信仰中國化有極大的影響力，其關鍵因素何在？因為《香山寶卷》流傳的地域甚廣，從至今所能見的所有寶卷叢刊幾乎都可見《香山寶卷》的存在，就是最好的證據。從宋代《香山寶卷》出現之後，至明刊本的印行到現今的傳本，發現《香山寶卷》可說是代代相傳的故事。經過與其他中國歷代觀音信仰文獻比較之後發現，《香山寶卷》比起其他觀音經典更簡明通俗，在中國的傳說影響之下，故事情節曲折動人，雖然整篇不離修道但寓宗教說教於極強的文學色彩中，具有濃厚的世俗生活氣息。故事內容也相對細微情形，著力說明於觀音修道過程中所受的種種磨難，劇情詳議而近，也蘊含儒家「天將降大任於斯人也」的精神，因此打中國百姓，成就不可動搖的女神地位。

　　明清兩代，以觀音女神為代表的系列女神不單單是平民百姓虔誠禮拜的

〔註15〕 此說見李利安：《觀音信仰的源與傳播》，北京：宗教文化出版社，2008 年 6 月，頁 392。

〔註16〕 關於觀音女性化、中國化的討論前人學者論述，可見段友文、溫金玉等人之作。

〔註17〕 （宋）朱弁撰，（清）張海鵬輯：《曲洧舊聞》，揚州市：江蘇廣使古籍刻印社，1990 年，頁 34。

民間宗教神祇，而且還成為許多民間傳說、文學作品中的重要形象。明清通俗文學中所謂現的這一系列美麗善良，救苦濟難的女神形象和女神崇拜構成明清通俗文學作品中一個重要的文學文化現象。研究這一特定的文學文化現象，有助於我們更好地瞭解明清民眾的一般知識與信仰。以觀音信仰為代表的明清女神崇拜是我國古代女神崇拜傳統在後世的延續和重組。中國自遠古以來的原初女神崇拜作為一種集體無意識，深深地植根於種屬記憶中，伴隨著歷史的嬗遞，原初女神崇拜吸收並融合外來佛教文化，在代代積澱中不斷演化、豐富。觀音女神是原母神在後世的置換變形，觀音信仰包涵母神崇拜與美神崇拜的雙重特徵，觀音系列女神既具有原母神原型的超凡拯救神力，同時又是美與善的象徵與化身女神們表現出的美與善特別是她們救危度難時所體現的母性庇佑神力又是與明清時期忠、孝、節、義等封建倫理道德觀念密切相聯的。

　　明清通俗文學中以觀音女神信仰為代表的女神崇拜打上了明清特殊時代背景的文化烙印。明清通俗文學中的觀音女神信仰是中國女神崇拜發展脈絡中十分重要的一環。女神崇拜實際上是民眾渴望現實救濟與庇護的實用主義宗教心態的反映。民眾希望通過道德自律與自省的方式來獲得女神的拯救與保佑。觀音女神正是由於深入地影響到民眾的內心情感，因此作為家庭的守護神、福神與善神而永具魅力。女神信仰以觀音為例，通常強調的是眾生平等、無分別心，相對於男神的權威性與正當性而言是有本質上的差異存在，所以觀音也被視為是死後無子孫祭拜的孤魂的保護神。甚至受到道教和民間信仰的影響，中國民間還有將觀音視為元始天尊和無生老母的化身者。〔註18〕這一個說法現今很罕見，甚至難以服人，但既然在北周時期即出現過這種說法，則可以用來解釋在明清時期的民間宗教裡，為何將無生老母視為至高無上的女神。同時也可解為何將觀音視為無生老母的化身，這種創作手法在創世神話的各個民間宗教寶卷中十分常見。

　　觀世音菩薩來自印度佛教，佛教經典中對這位菩薩的出身有多種說法：按照佛教經軌，觀世音菩薩為救度眾生可以變化示現為多種形象，如「六觀音」、「七觀音」、「十五觀音」、「三十二應」、「三十三應化身」等，中國民間也有「三十三觀音」的畫像，因此，觀音菩薩的出身更加撲朔迷離。在《河陽寶

〔註18〕此說見李利安：《觀音信仰的淵源與傳播》，北京：宗教文化出版社，2008年
　　　　6月，頁409。

卷》中就存有多種觀音寶卷，示現各種不同的觀音形象與思想內涵，以下就各卷討論之。

二、《家堂卷》與馬郎婦觀音

《家堂卷》的內容，係為演繹魚籃觀音度人之事。魚籃觀音記載散見於歷代筆記、小說之中，是民間流傳觀音故事中常見的應身形象之一。〔註 19〕魚籃觀音，係從其提魚籃形象命名之，但卻又有「馬郎婦」之異稱，是魚籃觀音在形象與故事的流傳上，產生融併合流的現象。故事雛形大致可推至《續玄怪錄》「延州婦人」，其串連娼妓與菩薩反差形象，宋人葉廷珪《海錄碎事》「鬼神道釋」條：「釋氏書：昔有賢女馬郎婦，於金沙灘上施一切人淫，凡與交者，永絕其淫。死，葬後，一梵僧來云：『求吾侶。』掘開，乃鎖子骨。梵僧以杖挑起，升雲而去。」〔註 20〕將延州婦人給予一個明確的身份與評價。胡萬川認為此一記載「很明顯的是由延州婦人故事而來，但已稍有改變，就是加上了『凡與交者，永絕其淫』的情節。這樣一來便特顯出『以欲止欲』的主題。」〔註 21〕後如南宋志磐《佛祖統紀》〔註 22〕、明代宋濂〈魚籃觀音像贊〉〔註 23〕上承之《觀音感應傳》，胡氏認為是有心人將故事一再修改，「使

〔註 19〕 觀音應身，係指觀音為救濟方便，隨緣應現為各種不同形象。參周秋良：《觀音故事與觀音信仰研究》，頁 256。民間流傳觀音形象有三十三像，分別為：不空羂索、不空勾、夜輸多羅、忿怒勾、阿魯利迦、如意輪、圓滿意願、大隨求、利樂金剛、一髻羅剎、多羅女、蓮華經生、披葉衣、千手千眼、十一面、大日祥明、永吉祥、大吉祥變、大勢至、大明自身、毘俱胝、大吉大明、豐財、馬頭、白身、白處尊、正觀音、千手、馬郎婦、香王、青頭、多羅、阿摩。然而明清佛像圖繪的三十三觀音，則是楊柳、龍頭、持經、圓光、遊戲、白衣、蓮臥、瀧見、施藥、魚籃、德王、小月、一葉、青頸、威德、延命、眾寶、岩戶、能靜、阿耨、阿麼提、葉衣、琉璃、多羅、蛤蜊、六時、普慈、馬郎婦、合掌、一如、不二、持蓮、灑水觀音。參覃保明：《觀音慈顏百像》（臺北：常春樹書坊，1984 年），頁 24～25。

〔註 20〕 （宋）葉廷珪撰；李之亮校點：《海錄碎事・鬼神道釋部・仙門・馬郎婦》，北京：中華，2002 年，頁 688。

〔註 21〕 胡萬川：〈從鎖骨菩薩到魚籃觀音傳說之變異〉。錢鐘書認為此故事：「蓋以好合誘少年讀佛經」，「先以欲鉤牽，後領入佛智，斯乃非欲之欲，以欲止欲，如以楔出楔，將聲止聲」。見氏著：《管錐編》第二冊（北京：中華書局，1919年），頁 686。

〔註 22〕 （南宋）志磐：《佛祖統紀》（《大正藏》第 49 冊），頁 380。清楚交代馬郎婦因授《法華經》，「獨馬氏得通」，允諾婦之遂有「馬郎婦」之名。

〔註 23〕 （明）宋濂：《宋學士文集》第 51 卷，四部叢刊本，頁 403。雖記承自《觀

這一有名的故事成為教示『以欲勾牽，令入佛智』的典型。」〔註24〕

馬郎婦故事從「於金沙灘上施一切人淫，凡與交者，永絕其淫」（《海錄碎事》）至「有人一夕通《普門品》者，則吾婦之。」（《佛祖統紀》），改變「直接」以欲止欲的勸善方式，而將「美色」作為「誦經」的交換條件，此一手段善誘愛其美色者一步步循著觀音的條件，使之因其欲望而走向修行之路。《家堂卷》開卷即明言金沙灘之人不知禮佛，孽重如山，玉帝差遣龍王行雨。觀音慈悲求情，願下凡度化，遂化為容貌極為醜陋之漁婦，見魚貨乏人問津。後又化為貌美女子，才引起眾人目光。此一敘述是《魚籃寶卷》系列的起講模式，在美醜對比敘事之下，突顯出金沙灘之人好色之性。然此本與流行於明中葉以後的《魚籃寶卷》故事大致無二，但從其度化主角已非馬氏，改為「張里虎」看來，可知此故事已弱化馬郎婦之名的由來—「誦經而嫁馬郎」，而通篇亦未嘗提及「馬郎婦」之名，在全知視角下，皆以菩薩稱之。對照於志磐《佛祖統紀》、宋濂〈魚籃觀音像贊〉雖皆明白指出唯獨馬氏通過觀音的最終測試，然而《佛祖統紀》則有觀音試人的背景前提——「此地俗習騎射，蔑聞三寶之名」〔註25〕。在此一背景下，馬氏善誦而得美人，則偏向「獎掖誦經」的靈驗記筆法，與「蔑聞三寶」並無直接關係。《家堂卷》延展「蔑聞三寶」的背景因素，無人持齋、剛強暴惡，觸怒天帝，而得罪愆。觀音從應身「試人」改易成下凡「救人」的情節走向，故事以「張里虎」為度化標的，〔註26〕主要因為張里虎的豪富身份，卻欺貧愛色，與馬郎婦故事「以欲止欲」的對象及主旨更為相契。其中花了不少筆墨描述張里虎的六位妻妾，其仍不滿足，正是觀音以美色度人的切入點。藉由張里虎貪戀菩薩美色，作為誘引。使具有號召力的張里虎聽從菩薩條件，帶領當地民眾一步步走向修行之路，試節錄如下：

> 菩薩吩咐眾人聽，勤誠千千萬萬人。
>
> 人人盡想多嬌女，虔誠禮拜誦蓮經。

音感應傳》，然其敘述多說明其緣由。

〔註24〕 胡萬川：《從鎖骨菩薩到魚籃觀音傳說之變異》（胡萬川，〈延州婦人——鎖骨菩薩故事之研究〉，《中外文學》第 15 卷第 5 期，1989 年 10 月，頁 113～117）。

〔註25〕 （南宋）志磐：《佛祖統紀》（《大正藏》第 49 冊），頁 380。

〔註26〕 《提籃寶卷》亦是演繹魚籃觀音故事，與《魚籃寶卷》內容大致相同，但篇幅較短。其中，《提籃寶卷》之度化主角，即為「張里虎」。張希班等主編：《寶卷·初集》，太原：山西人民出版社，1994 年，第 23 冊。

　　士農工商盡來臨，人頭濟濟鬧盈盈。

　　……

　　多少聰明伶俐子，個個心中想痴心。

　　金沙灘上食花人，看見菩薩起邪心。〔註27〕

由此可知，金沙灘眾人將菩薩的吩咐視為獲取美色的條件，並非真心「虔誠禮拜」，誦經禮佛皆是「有口無心」。但即便如此，無形中致使眾人習得蓮經，此將與文末菩薩現身說緣由，能夠相互連貫。

　　菩薩之所以現身說緣由，仍是承襲馬郎婦故事中，允諾嫁與誦經第一的情節原型。為了贏得美色的張里虎，因誦經第一而得到婚配的應許。沒想到迎娶隊伍至家門，轎內卻空無一人。張里虎見此狀，一方面覺得此女騙財，一方面又懷疑其為妖孽，正欲尋死之際，菩薩現身說明緣由：

　　上界玉皇親自察，敕令三官五岳神。

　　水府龍神同諸將，平地發水丈六深。

　　淹沒金沙灘一方，劫殺生靈千萬人。

　　吾因慈悲來救苦，上天討赦且消停。

　　……

　　寬限幾日來勸善，故來變化賣魚人。

　　魚籃底下藏經卷，佛法無邊度眾生，

　　借此為名招親事，發願打動眾人心。

　　身變美色人人愛，盡學蓮經想成親。

　　一月誦經功業大，從前孽障盡消清。〔註28〕

眾人明白觀音下凡救世，以眾所提的「美色」打動眾人，致使眾人學經，以菩薩全知全能的視角說明緣由，使眾人明白自身罪愆所在，並且清楚知道原本「無心」口誦的蓮經，竟成了最後的救命。

　　在〈魚籃觀音像贊〉中，觀音先授《普門》再授《金剛》，最後才是《法華》，但在《家堂卷》中，觀音直接授《蓮經》，其試人的敘事筆法殊途同歸，目的皆是要試出誦經第一者。但無論是《佛祖統紀》、〈魚籃觀音像贊〉未若《家堂卷》，強調誦經的功德與益處，揭示寶卷常勸誦經的宗教性目的。

〔註27〕《中國·河陽寶卷集》（上），上海：上海文化出版社，2007年10月，頁174～175。

〔註28〕《中國·河陽寶卷集》（上），上海：上海文化出版社，2007年10月，頁176。

最後眾人一心向佛，張里虎一改貪色欺貧的性格，最後子孫蒙其福，自身上升天界。賦予聽卷者一個信仰的信心與期待，文末記言「修行持齋苦，成果上西天」，成為崇信的最終保證：像金沙灘這樣的萬惡之民，都可以有上西天之日。只要循著觀音之言，艱苦修持，必然有成道之時。

三、《觀音試心寶卷》之以色度人

觀世音性別由男轉向女，增添女性溫柔慈悲的形象特質，然也因為女性的緣故，在度化、試人的故事上，增添「以色試人」的情節內容。

「色欲」常是宗教修行上，重要的警戒項目。在民間流傳的神仙成道故事中，財、色之戒的考驗，往往是試驗修道者堅心的手段，所以，擔任試人角色的神祇往往變化本來的面目，設下重重關卡。

《觀音試心寶卷》故事的基本原型，與《家堂卷》相同，是馬郎婦／魚籃觀音故事的衍生，皆是觀音化身以色試人。〔註29〕但值得注意的是，《家堂卷》中觀音主動請求下凡度化「金沙灘」眾人，若以後設的角度來看，或可說，這是對某地崇信觀音的追溯性說法：因為觀音的慈悲感化原本的萬惡之民。但《觀音試心寶卷》改變原本獎掖修行，強調經功德的故事原型，從度人改為試人，慈悲形象相對弱化。《家堂卷》度化的對象性是地域性的「人」，但《觀音試心寶卷》只關注在欺民愛色的李黑心身上，以西瓜試人，帶有強烈的懲戒意味。

四、《白衣寶卷》與觀音本生故事

《白衣寶卷》主要人物妙英是觀世音妙善故事的演化，故事敷衍以觀音本生故事為底本，然而在故事原型中，加上觀世音聞音救苦的橋段，是觀音本生故事的再演化。原本的妙善故事，拒絕婚姻，堅持修行，妙莊王本欲對妙善行，幸有玉皇救妙善於為難之中。但在《白衣寶卷》中，救妙英者即是觀世音。此一改易可從兩個方向思考，第一，借重觀世音聞音救苦的形象，比起玉皇全能神的搭救，更能喚起觀音信仰的獨特性。再者，綰合民眾對香山

〔註29〕于君方認為：「女主角是個穿著白色喪服的年輕寡婦，這白色也是白衣觀音的顏色。白衣觀音的信仰在十世紀後變得非常重要，在這些文獻中，白衣觀音的神話與形象附加在馬郎婦／魚籃觀音的身上，這是代表晚近宗教性寶卷的綜合性的最好例子，作者很大膽而自由地結合了各種不同的傳統。」參氏著：《魚籃提向風前賣與誰》，《香光莊嚴》第61期，2000年3月。

（妙善）故事的熟悉感——同樣是婦女堅持修行，終得神祇護佑的循環下，給予婦女不婚、修持一個動力與信心。

以地方民間信仰的神佛傳說故事編寫寶卷以做為宗教宣傳品這是明清民間教派常用的做法，觀世音菩薩是中國佛教四大菩薩之一。中國民間的觀音信仰，實超出了佛教的範圍。民間信仰的觀音菩薩，是大慈大悲救苦救難的善神、福神。她總是以寬厚的慈愛，滿足人們的各種祈求。民眾信賴這位菩薩，並把她藝術化。不僅在寺廟中有各種塑像和壁畫，歷代畫家也精心繪製了數不清的觀音像，同時在民俗文藝中，如戲曲、說唱和白話小說，也有大量歌頌觀音的作品。

> 在宋以後，觀音菩薩成為中國平民百姓最虔誠信仰的神明，為他們
> 排憂解難，是他們心靈中的寄託與慰藉的對象。〔註30〕
>
> 特別是那些受苦最深而又為社會輕賤的婦女，對神道，尤其是慈眉
> 善目的女性神明的信仰最為虔誠和癡迷。廣大婦女幾乎無一不崇信
> 膜拜觀音菩薩就是明顯證明。〔註31〕

同樣是為了說教勸善的寶卷，但因為妙善是個溫柔的姑娘，所以特別容易取的人們的崇拜和同情，也因此那些聽了寶卷不禁心有戚戚焉的女性聽眾，就成了最廣大的信仰者，從中得到了慰藉。隨著千百年來的演化，在眾生的心裡都有著這個可親的女菩薩。閩台兩地的女神信仰，在全國民間信仰中極具特色。閩台兩地女神信仰如此普遍，並非偶然，當有其特定的緣由和現實生活基礎。閩台女神信仰在民間祭祀活動中，不是空洞的說教，而是具有實際行為，並表現於豐富多彩的民俗活動中。無論是祖廟的「請香」、「接火」，還是家庭中的祈禱禳邪，都與人們的生命禮俗關係極為密切。大到公眾性、社區性的祈雨、排難，小到生育護童，都與社會群體生活息息相關，是海峽兩岸民眾社會生活的重要組成部分。

五、《太姥寶卷》與女神信仰

《歷世真仙體道通鑒》：「混沌初開，有神曰聖姥，母子二人居此，秦時人號為聖地，眾仙立為太姥聖母」；漢朝王烈《蟠桃記》：「堯時，有老母以藍

〔註30〕見韓秉方：〈道教與女神信仰〉，收錄黎志編：《道教與民間宗教研究論集》，
　　　　臺北：樂學書局，1999 年 1 月，頁 151。
〔註31〕見韓秉方：〈道教與女神信仰〉，收錄黎志添編：《道教與民間宗教研究論集》，
　　　　臺北：樂學書局，1999 年 1 月，頁 153。

練為業，……，七月七日乘九色龍而仙，相傳呼為太母」；《八閩通志》：「閩中未有生人時，其神（太姥娘娘）始拓土以居民」。這些都準確無誤地告訴我們，太姥娘娘是上古女神，同時也是福建一帶最早的女神。現代觀點，上古神仙往往就是古代先民對自己的祖先或部落群體中傑出人物崇拜的昇華。就太姥娘娘而言，她當是母系氏族時期閩越人中的傑出女性，其足跡遍佈閩浙各地，因區域不同稱謂略有差異，閩東、浙南稱太姥，浙中稱天姥，閩北稱大姥，閩南乃至金門稱太武，另外還會為皇太姥、聖姥的，她和她的子孫成為這片土地的最初拓荒者，堪稱是閩越人的始祖母。閩台都為移民地區，女神信仰帶有移民特徵。閩南地區早在秦漢之時就有中原漢人移居，魏晉南北朝時期中原漢人第一次大規模移民入閩，唐五代，更有大批漢人從中原遷入福建，據史料記載，閩人從宋元開始移民臺灣，到明清時大量遷徙，福建人成為臺灣社會歷史發展最基本群體，在兩千三百萬臺灣人口中，只有百分之二為原住民，其餘百分之八十均來自大陸，其中閩籍人又占百分之八十五。閩台兩地女神信仰的出現不是偶然的，它的產生與閩台民眾移民活動密切相聯。這種隨著太姥娘娘衍生出的女神信仰也體現在《河陽寶卷》之中，《河陽寶卷》有《太姥寶卷》，還有《太姥請送》的儀式本，連曲譜選本中也有〈楊柳青調・《太姥卷》〉與〈梳頭調・《太姥卷》〉的選段，可知其在河陽地區流通的普遍性與重要性。但太姥娘娘究竟是誰？許多前人研究皆認為太姥娘娘即為無生老母，尤其以一貫道為主，他們認為所謂的「慈元」就是來自無極老母。但不認同的學者也大有人在，因此意見紛歧。還有一派認為無極老母就是三皇之一，以其為女姆，黃帝時期轉世為九天玄女娘娘，具有創世色彩。

（一）《太姥寶卷》的內容與形式

《太姥寶卷》中的太姥娘娘〔註32〕為了教化範氏院君，施法化為範氏後委身蕭員外，懷孕十四個月餘產下五顯聖王。產下一肉球，員外嚇得命人丟棄於山澗，炎王佛前往相救，始得一胎五子。〔註33〕但聖母因生了五位靈公故「朝吃童男、夜吃童女，罪孽如山，西天龍樹法王因為將聖母捉去國都城中。五個兒子聽聞母親受困，前去尋親。途中結成了公主並與之配成親，後

〔註32〕《中國・河陽寶卷集》（上），上海：上海文化出版社，2007年10月，頁68。
〔註33〕五胞胎的構想情節可能來自《三教源流搜神大全》裡靈官馬元帥「一包胎而五昆玉二婉蘭」的故事。

聽聞聖母吃王母的仙桃方能化解殺氣，遂取仙桃給母親吃，此後聖母終生茹素。寶卷後段寫太姥娘娘與五靈公一行人遭菩薩欺騙，讓出寶樹後五聖前往蘇州，後來於楞伽山上造廟，宋朝時敕封「通靈護國太夫人」。此處說太姥娘娘為五顯王的母親之說，似乎前所未聞，可視為女神信仰在江蘇一地的獨特性說法。在《賞金花》（《茶筵科》選段）裡也唱道：「五朵金花賞五郎，五郎英雄世無雙，都地獄無阻擋，偷了仙桃母親嚐。」〔註34〕此唱段明顯也是在講述五顯王與太姥的故事情節，在寶卷與唱段同時都被選錄的情況下，不難看見太姥信仰對當地風俗的影響。

（二）太姥娘娘與五顯王的關係

寶卷故事內容明顯受《南遊記》影響，對太姥娘娘的著墨反不如對五顯的描述，對五顯王的外形造象沒有特殊的著墨，但故事字句都顯露對五顯王的信仰。關於五顯王的來歷眾說紛紜，但大致不離以下數種：

1. 泰山神有五子、七子之說，諸子中以三郎最著名，夫人為永泰公主。後唐長興四年（933年）七月，一個泰山僧人為明宗治病，僧人曾遇泰山嶽神，托為其第三子求個爵位，明宗遂封泰山三郎為威雄大將軍。宋大中祥符元年（1008），封禪，宋真宗加封泰山三郎為靈公。舊時泰山下有炳靈公廟。道書以農曆五月十二日為炳靈公「誕辰」。泰山五子即五顯大帝，其中三子炳靈王，即《南遊記》中的華光天王，亦即《三教搜神大全》中靈官馬元帥，俱為火神。有人附會為《封神演義》中的黃天化。

2. 五顯神為宋代江西德興、婺源一帶信奉的財神。兄弟五個，均被封為王，因其封號首字都為顯，所以叫五顯神。唐光啟（885～888年）中降生於婺源縣。傳說內容是城北有一座王喻園林，一天紅光沖天，有五神人從天而降，自稱受天之命，當食此方，福佑斯人，說完，又升天而去。於是王喻與城中百姓，修廟虔供祈禱，無不靈驗，廟名初為五通，後賜為靈順。五神顯靈之事，每聞於朝，都得襃封。宋徽宗宣和（1119～1126年）年間封兩字侯，宋高宗紹興（1131～1163年）中加對四字侯，宋孝宗幹道（1165～1174年）年加封八字公，宋南宗嘉泰二年（1202年）封二字王，宋理宗景定（1260～1265年）元年（1260年）封四字王，因多次神助江左，封六字王，咸淳（1265～1275）六年（1271年）又告下封八字王，夫人一起被加封：第一位，顯聰昭

〔註34〕《中國・河陽寶卷集》（下），上海：上海文化出版社，2007年10月，頁1456。

應靈格廣濟王，顯慶協慧召助夫人，第二位顯明昭烈靈護廣佑王，顯慧協慶善助夫人，第三位，顯正昭順靈衛廣惠王，顯濟協佑正助夫人，第四位，顯真昭佑靈祝廣澤王，顯佑協濟喜助夫人，第五位，顯德昭利靈助廣成王，顯福協愛靜助夫人。由此稱為五顯神，所祀廟宇稱為五顯廟。據說祈之頗靈驗，香火繁盛。

3.《三教源流搜神大全》記載：宋時，有五盜獨霸一方，犯上作亂，殃及百姓。朝廷派遣張洪捉殺五盜于新封縣北。後來這五人陰魂不散，作祟惑眾於喪生之地。人畏其患，遂祀奉之，稱為五盜將軍。後五人被衍化為盜神，受到祀奉，但不流行。又說五盜將軍為五道將軍，是東嶽大帝手下的陰間將神，掌管世人生死榮祿，有五道廟祀之。

五顯王的來歷傳說大致有以上幾種說法，我們可再看歷朝文獻又是如何記載有關五顯王的事蹟：

1.《柳先生龍城錄·卷上·龍城無妖邪之怪》曰：「柳州舊有鬼，名五通。余始到，不之信。一日，因發篋易衣，盡為灰燼。余乃為文醮訴於帝，帝懇我心，遂爾龍城絕妖邪之怪，而庶士亦得以寧也。」〔註35〕

2.《鐘鼎餘聞》引《武林聞見錄》曰：「嘉泰中大理寺決一囚，數日，見形獄吏曰：泰和樓五通神位虛設，某欲充之，求一差繳，言差某充神位，得此為據可矣。如其言，經數月，人間樓上五通神日夜喧鬨。吏乃泄前事，為增塑一像，遂寂然。」〔註36〕

3.《留青日札》云：「即五通神也。或謂明太祖定天下，封功臣，夢陣亡兵卒千萬請恤。太祖許以五人為伍，處處血食。命江南家立尺五小廟，俗稱為五聖堂。然則五聖與五通不同矣。」〔註37〕

4.《陔餘叢考·卷三五·五聖祠》：「（鈕）玉樵謂（五通）起于明祖，則未必然。按夷堅志，林劉舉將赴解，禱于錢塘門外九里西五聖行詞，遂登科。為德興尉，到任奠五顯廟。知為五聖之祖祠也。則五聖之詞，宋已有之。七修類稿又謂五通神即五聖也。然則五聖、五類、五通，名雖異而實則同。夷堅志所載，韓子師病祟，請客以符水治之。見五通神銷金黃袍，騎馬而去。又醫者

〔註35〕（唐）柳宗元撰：《五百家註柳先生集》，臺北：商務印書館，1983年，頁285。

〔註36〕王秋桂、李豐林主編：《鑄鼎餘聞》，臺北：臺灣學生書局，1989年，頁308～309。

〔註37〕（明）田藝蘅撰、朱碧蓮校：《留青日札》，上海：上海古籍出版社，1992年，頁。

盧生托宿超喜奴家，共枕席。天明，但見所寢在五聖廟側草露之上。……如此之類，不一而足。而陳友諒僭號，亦在采石五通廟。則五聖者，宋元已有之，而非起于明祖矣。」〔註38〕（武林聞見所載，宋嘉泰中大里寺決一囚，數日後見形于獄吏求為泰和樓五通神。）

5.《唐詩紀事・卷六六・鄭愚》，作〈大馮盧佑師銘〉曰：「牛阿旁，鬼五通，專覷捕，見西東。」〔註39〕

6. 宋代洪邁《夷堅志・丁志・江南木客》：「大江以南地多山，而俗禨鬼，其神怪甚詭異，多依巖石樹木為叢祠，村村有之。二浙江東曰五通，江西閩中曰木下三郎，又曰木客，一足者曰獨腳五通，名雖不同，其實則一。」〔註40〕

7. 清褚人穫《堅瓠集・卷四・毀淫祠》：「蘇俗酷尚五通神，供之家堂。楞伽山鼓樂演唱，日無虛刻，河南湯公撫吳，嚴為禁止。乙丑九月公往淮上，值神誕，畫船簫鼓，祭賽更甚於昔。公歸聞之，立拘僧至，將神像沉於河。茶筵款待，一概禁絕。」〔註41〕

8.《新搜神記》則稱為宋人蕭永福的五個兒子。〔註42〕

9.《鑄鼎餘聞》稱為南齊柴姓五兄弟。《鑄鼎餘聞》引光緒王棻《黃巖志》曰：「靈濟廟在永利橋之西，舊名橋亭。神姓柴，婺源人，兄弟五人。相傳齊永明中，避獵於聖堂山，能扼虎，邑令蕭景恐其生亂，論遣之，後復至，狂叫山谷中，云吾五聖也，能為地方捍災禦患，言訖，列坐聖堂巖下，啖松柏三日而殂。是後，每聞山間有鼓譟聲。梁天監癸未，邑大疫，五人復騎虎現聖堂山巔，一村遂無恙。邑令陸襄奏之，封永寧昭惠衛國保民五聖顯應靈官，乙丑立廟。」〔註43〕

10.《鑄鼎餘聞》引顧祿《清嘉錄》曰：「神姓顧，陳黃門侍郎野王之五子。」〔註44〕

〔註38〕趙翼注：《陔餘叢考》，臺北：新文豐出版社，1975年，頁28。
〔註39〕（宋）計有功：《唐詩紀事》，臺北：臺灣商務印書館，1986年，頁937。
〔註40〕（宋）洪邁：《夷堅志》，江蘇：古籍出版社，1988年，頁1869。
〔註41〕（清）褚人穫：《堅瓠集》，北京：中國書店，2000年，頁56。
〔註42〕見呂宗力、欒保群《中國民間諸神》，頁747。《新搜神記》載及嘉慶年間父老憶及毀於明季時的五顯廟。「聞三教源流，五顯父為蕭永福，宋時人，一胎五子，俱以顯為派，長曰蕭顯聰，次曰顯明，三曰顯正，四曰顯直，五曰顯德。四顯具有仙根，而五顯尤靈異，能降妖救難，故民爭立廟祀之。」
〔註43〕王秋桂、李豐楙主編：《鑄鼎餘聞》，臺北：臺灣學生書局，1989年，頁58。
〔註44〕王秋桂、李豐楙主編：《鑄鼎餘聞》，臺北：臺灣學生書局，1989年，頁60。

　　由以上十種的認知我們可以發現，關於五顯神有兩種說法，一是認為五顯即五通者，二是認同五顯非五通者。但不論是哪一種說法，五通神都是沒有名諱的，後經《封神演義》的塑造，填補了趙公明等人的名字進去，以符合民間百姓信仰的期待。有了姓名之後對信仰者而言更具說服力，五通神的信仰也越熾烈。

　　從《太姥寶卷》中不難發現五顯王對民間信仰的影響深遠，但寶卷有明顯與傳說故事相扞格之處，即在山中遇見「石落大仙人」，可是此處的仙人原形竟是「馬天君」〔註45〕。據《三教搜神大全》所記載馬天君的故事，馬天君多次轉世，後生於徽州婺源縣，為救母親大鬧地獄，後來玉皇大帝憐憫其才幹與孝心，封馬天君為真武大帝部將。可以發現，馬天君就是五顯華光，小說《南遊記》，即是編寫馬天君的故事，後來因五顯華光的形象深受歡迎，《水滸傳》第三十八回甚至出現寫黑旋風李逵大戰浪裡白條張順，詩中有「一箇是馬靈官白蛇托化，一箇是趙元帥黑虎投胎」〔註46〕之句，以「馬靈官」來比喻張順。按此脈絡看來，五顯王當由佛教的華光天王佛轉而為具有道教正神的形象。

（三）五顯王與五通神的關係

　　再觀五通神，有關五通神的故事在《聊齋》中有兩篇，一篇題為〈五通〉，一篇是〈五通〉的補篇，題名為〈又〉。《聊齋》中的五通也是至淫之靈物，他們均以美男子的形象出現，專門淫人妻女，「民家有美婦，輒被淫占，父母兄弟皆莫敢喘息，為害尤烈。」〔註47〕後來被萬生所殺的「三通」乃一馬二豬，被萬生斷一足的「一通」則不知為何物，蒲松齡在文末評曰：「五通青蛙，惑俗已久，遂至任其淫亂，無人敢私議一語，萬生真天下之快人也。」〔註48〕〈又〉篇寫金龍大王女兒的俾女閹割一通，並在篇末說：「此事……若在萬生用武之後，則吳下僅還半通，宜其不足為害也。」〔註49〕由此可知在蒲松齡寫《聊齋》時，五通神已是惡名昭彰。

〔註45〕馬天君，中國著名神祇，是道教的護法神，與王天君齊名，又稱馬靈官、華光神、華光元帥、華光天王等。傳說其姓馬，諱靈耀、字子貞，有三隻眼，有火神的能力。形象多為白蛇。

〔註46〕（明）施耐庵：《水滸傳》，上海：上海古籍出版社，2009年5月，頁555。

〔註47〕（清）蒲松齡：《聊齋誌異》，臺南：國正書局，1985年5月，頁193。

〔註48〕（清）蒲松齡：《聊齋誌異》，臺南：國正書局，1985年5月，頁194。

〔註49〕（清）蒲松齡：《聊齋誌異》，臺南：國正書局，1985年5月，頁197。

　　蘇州地區江南吳地，自古以來「信鬼神，好淫祀」〔註50〕，民間信仰十分興盛，至明清尤甚。傳統時代的官方把對神靈的祭祀分為「正祀」與「淫祀」。民間祭祀許多未入祀典之神，官方將其稱為「淫祀」不予認可。「正」與「淫」是傳統時代官方意識對民間諸神的定性與分類，非官方的且不被官方認可的「淫祀」之神不具備正統性和合法性。圍繞著民間神祇的社會與廟會活動在明清時期的蘇州十分盛行。明人王稺登曾作《吳社編》〔註51〕描述蘇州社會的興盛，蘇州人將「五顯」附會成「五通神」，而又將五通神等同於財神，於是有了借陰債的習俗。蘇州上方山於石湖旁，每年農曆八月十八前後，蘇州人有游石湖的習俗。來自蘇州、浙江等地的民眾爬上上方山頂的五通神廟，虔誠地焚香膜拜，或「借陰債」〔註52〕，或求子求福、求醫求壽，形成了一年一度蘇州著名的上方山廟會。這一點也隱然呈現在《太姥寶卷》之中，在《金華》裡有句：「上方山五聖，實是靈感，有求必應。燒香還願不絕，十分感應。」〔註53〕明顯指的是上山的五通神信仰，但此處認為五聖即五通。

　　自宋代以來，五通神淫邪神格屢受士人批評，卻因其神力能使人致富，信奉者眾，難以禁斷。直到清代，在中央大力推行禮制改革及禁異端思想的影響下，地方官禁毀淫的行動都較前代澈底，尤以湯斌（1627～1687）禁毀蘇州上方山五通祠一例，最能展現國家權力介入地方社會的面向。但江南地域社會信奉五通神已久，積習成俗，迷信靈力，又以蘇州上方山五通祠香火

〔註50〕（漢）班固撰，（唐）顏師古注，楊家主編：《漢書・地理志》，臺北：鼎文書局，1986年，頁1666。
〔註51〕《明清筆記史料叢刊》第32冊，北京：中國書店，2000年，頁205～208。
〔註52〕借陰債的儀式是：黃昏時，一名巫婆焚香叩神畢，由兩名巫婆挾持，疾馳下山，名叫跑馬。至山下點燃燈燭處，她呵欠一伸，眼皮一翻，故作顛厥，五通老爺上身了。於是撒潑漫罵，吞吃燃熾的蠟燭，顯示神威，以廣為招徠。廟上借債人次供奉香燭錢糧、元寶、或供品，上殿頂禮膜拜默禱，師娘（女巫男覡的統稱）在旁裝神弄鬼，開條件，要求接受，然後借戶取下供桌上的四隻紙制小元寶，帶回家中放在家堂內，隔幾天看，若不走樣，則已蒙借得；若發現元寶已經瘟掉，說明沒有借到。或者採用求籤法，求得上、中籤者，表示已借到；得下籤者，則借而未得。借了陰債之後，每月初一、月半都要在家燒香化紙，每年八月十七日還必須到上方山去燒香解錢糧，以此還本付息。倘本人死了，子孫還須繼續清償，所以蘇州人有句俗話上方山的陰債還不清。此說見馬書田：《華夏諸神──鬼神卷》，臺北：雲龍出版社，2000年2月，頁112。
〔註53〕《中國・河陽寶卷集》（上），上海：上海文化出版社，2007年10月，頁74。

最盛，信徒眾多，亦不乏士大夫者流。湯斌對五通神的信仰不以為然，甚至斥為邪鬼，視為敗壞社會風俗的罪魁禍首。在地方士紳的支援下，湯斌親率部將至上方山，毀去五通神神像，整頓地方祠廟，另塑關聖帝君像，鎮攝人心，防止五通再起、死灰復燃。並藉由康熙皇帝的諭旨，使禁淫祀令持續推行，更推廣到直隸及各省，「海內五通廟悉行毀」，很大程度抑制了江南五通神信仰，但畢竟無法禁斷，如《墨餘錄》中就記載著這種禁而不能止的狀況，「三吳風俗，信淫洞。康熙間，湯文正公撫吳，曾經奏毀，久而禁弛。僧人漸搭房屋，香火復盛。」〔註54〕故現存寶卷中仍清晰可見五顯王的痕跡。〔註55〕

那究竟五顯是否即為五通？筆者試著由文獻中爬梳出一個可能來。先論五顯華光，說法出入較大者有三：

1. 結合《魏書》、《舊五代史》、《南遊記》而來，泰山神五子之一，《三教搜神大全》書中說，馬靈耀曾經三次「顯聖」，首先投胎於馬耳山馬姓家，殺東海龍王，放江南八十一州火珠精，盜紫微大帝鎮妖槍，被困九曲珠內；第二次投胎於鬥牛宮天王夫人腹中，拜妙樂天尊為師，盜龍王聚寶珠，砸碎鎮鬼稜婆鏡，放走二鬼，收服順風耳師曠、千里眼離婁、火漂將；第三次投胎於南京徽州婺源縣蕭家莊蕭水富之妻蕭太婆腹中，降五百火鴉，為救母親大鬧地獄，後來玉皇大帝看他是位將才，封他為真武大帝部將，護法天界。《太姥寶卷》的故事底本顯然講的就是五顯華光的第三世故事。〔註56〕

2. 我們可由戲劇補充其認識。《華光傳》，是流傳於福建閩東有名的四平傀儡戲傳本劇碼之一，是福建道教閭山派支派梨園教的道壇法事的重要組成部份。該戲根據江南民間信仰人物五顯華光天王的神話傳說故事編演，全劇為六本，可演三日夜，主要描寫燃燈古佛以燈花煉造出一個人物，取名妙吉

〔註54〕（清）《明清筆記史料叢刊》，北京：中國書店，2000 年，第 13 冊卷 3，頁 17。

〔註55〕目前仍供奉五顯大帝的有臺灣、澳門、江西等地。農曆九月二十八日各地參拜與慶祝五顯大帝誕期的習俗基本相同。

〔註56〕《太姥寶卷》的故事中五顯華光的故事與這個傳說也相當接近。相傳五顯大帝，投胎於馬耳山馬姓家，母金氏。母親受吉芝陀聖母所害，屬吃人畜，死後入地獄受刑，馬子貞不忍母親受苦乃大鬧地獄，救出母親。並化裝成齊天大聖·偷了瑞金的仙桃，代替葷肉供母親食用，以斷吃人之癖。沒想到卻被齊天大聖擊敗，後經火炎王光如來出面講和，馬子貞得以不死，皈依佛門。玉皇念其事母至孝，敕封為五顯大帝。

祥，送到靈山釋迦如來佛前為徒。如來觀其缺乏人性，攪得寰宇不寧，於是先後安排到馬耳山葉三娘、炎玄天王妙氏夫人以及鬼子母吉芝陀腹中投胎，終於化生為五顯華光。華光光雖能懲惡除害，但為救出被龍樹鎮壓於地獄都的母親吉芝陀，屢次上沖天庭，下地府，使得神佛不得安寧。最後在其救出母親後，由釋迦牟尼設計使之就範，終於皈依佛法。

在福建一帶不停演出的《華光傳》中五顯華光最後歸依佛法，回到最初認為五顯華光是燃燈古佛面前的燈花妙吉祥，也就是中國傳說寶蓮燈的故事。

3.《五顯靈宮大帝華光天王傳》中描述五顯華光大帝誕生在農曆九月二十八日。馬靈宮善於要火。身上藏有金磚火丹，隨時用火降伏魔怪，一次因玩火燒了玉帝的九龍墩，玉帝大怒，設齋打醮斥令他每年八月初一由天上下凡。每年農曆八九月間，天氣乾燥，容易發生火災；華光誕當天，即打醮結束那天，居民把易燃的木炭、紙屑等捆成一把，放置門口，由巫師、和尚挨家逐戶收取，集中於紙船，投入江海中焚燒，稱之為「送火災船」。屆時家家戶戶到火神華光大帝廟參拜，供奉柴、米、油、鹽，以及元寶、香火等，祈求一年平安。當天還有一系列慶祝活動。供奉五顯大帝神像，五通宮則演戲酬神。

以上三種五顯華光的形象，均為正神。不論是佛教的燈佛或是道教的火神、護法神，五顯華光或許個性頑烈、或許充滿正氣，均不見邪神的氣息。再詳觀五通神的歷史沿革，就能發現為何五顯神後來被混淆與五通神同。關於五通神有下列幾種說法：

1. 五通神到了清代又稱五路神。
2. 據說元末有一何五路，為抵禦外寇而死，人們因此他為神，名五路神。
3. 在康熙年間湯斌毀禁上方山五通寺以後，民間不敢犯五通神，故改其名為路頭而祀之。這名稱和民間流傳的五路財神不同但原理近似，一般以此路頭為古五祀中的行神，即東西南北中。財貨無不憑路而行，故人們以行為財神。

五顯被誤以為是五通可能的關鍵在於第三點的影響，當五路神為財神後，因信奉者眾，再加上由來已久的混淆，明初朱元璋對打天下而亡的死者，五人一伍立小廟祭祀一事，也對五通神的民間流傳產生了一定的影響。這些

都更使得五顯更直接與五通神畫上等號。〔註57〕明末清初馮夢龍所編《情史·五郎君》載:「杭人最信五通神,亦曰五聖。姓氏源委,俱無可考。相傳其神好矮屋,高廣不逾三四尺,而五神共處之,或配以五婦。凡委巷,若空圍及大樹下,多建祀之,而西泠橋尤盛。或云其神能姦淫婦女,輸運財帛,力能禍福見形,人間爭相崇奉。」〔註58〕馮夢龍書中的記載將五通神的形象與功能描繪的相當具體,《情史》裡五個與五通神相關的故事。故事大意都是五通神私通人婦或人女,並贈與這些女性的丈夫或父母為數不少的財帛。但其中一則出現五通神為鍾馗和門神所傷,明顯可見五通神其實為鬼不為神。〔註59〕清光緒《歸安縣誌》載:「湖俗信鬼神,好淫祀。……至於淫祀,最信五聖,姓氏源委,俱無可考。但傳其神好矮屋,高廣不踰三四尺,而五聖夫婦將佐間以僧道共處,或塑像,或繪像,凡委蒼空園及屋檐之上、大樹之下,多建祀之。」〔註60〕可知清朝時以為五顯即五通已經是一個確信的觀念,連湯斌在《奏毀淫祠疏》中也說:「蘇松淫祠,有五通、五顯、五方賢聖諸名號,皆荒誕不經,而民間家祀戶祝,飲食必祭。……蘇州府城西四十里,有楞伽山,俗名上方山,為五通所踞幾數百年。」這樣的觀念也影響了寶卷的創作者,如魯迅在《朝花夕拾·五猖會》一文中說:「其一便是五猖廟了,名目奇特。據有考據癖的人說:這就是五通神。然而也並無確據。神像是五個男人,也不見有什麼猖獗之狀:後面坐著五位太太」〔註61〕,這也穩合《太寶卷》中五聖分別娶五公主為妻的情節。

綜合上論,五通神實際上是民間鬼信仰的凝結之一。上述柳宗元的《龍城錄》其實已經說的非常清楚,「柳州舊有鬼名五通,余始到,不之信。」《民間諸神》一書中認為五通名稱雖相同,但各地傳聞不一。大概以徽州婺源的五通神為正宗。有的地方雖供奉五通神但不知其姓名來歷;浙江黃岩地區認

〔註57〕查詢五顯的資料,很常見到這樣的說法:五通,又稱五顯、五猖、五相公等,是江南地區民間信仰中重要的神靈之一。

〔註58〕（明）馮夢龍編:《情史》,上海:上海古籍出版社,出版年不詳,頁1767。

〔註59〕《情史·五郎君》第五條記高郵李申之婦「為五郎神所據」的故事。內容描寫美婦欲得金步搖、金釵,向神索取,五通神於是至蘇州太守府行竊,被鍾馗和門神所傷。李申之子毛保得知後逐買大紙三幅,從畫工圖寫一鍾馗、兩金甲神,雄毅非常,到家揭之於門。五郎見之,凜然不敢入。

〔註60〕（清）陸心源等修;丁寶書等纂:《浙江省陵縣志》,臺北:成文出版社,1970年,頁114。

〔註61〕但魯迅所言的五相公是太湖一帶漁民信仰的漁業神。

為五通神原是南齊柴姓兄弟五人；錢塘地區認為五通神姓林，能保佑林姓宗人登科；綿竹地區認為五通神是宋蕭永福的一胎五子；蘇州地區認為五通神是陳朝黃門侍郎顧野王的五子。

這些不同的傳說可以說明五通神來自民間對鬼的信仰。民間的鬼信仰一向紛繁複雜，若真為神祇多半有姓名有來歷，非常具象。因為是鬼，也就很難說清這些鬼的來歷。簡單來說五通神即為五顯神的誤會是來自民間流傳的說變。故筆者認為五通神即為五通神，五顯神即為五顯神，五顯神為正神，與五通之間並無相關。〔註62〕

根據祝穆所寫的《方輿勝覽》記載徽州婺源縣的五通廟，「在婺源縣，乃祖廟，兄弟凡五人，本姓蕭，每歲四月八日來朝禮者，四方雲集。」〔註63〕書中記錄每年前往五通廟祭拜的四方信眾，關於五通神的誕辰有多種說法，但徽州五通廟所依據的四月八日乃為佛教的浴佛節，由此也可看出徽州人對五通神信仰的重視。

第三節　河陽寶卷中的雷神信仰

在河陽寶卷中收錄各路神祇的相關寶卷，裡頭有稀見的《雷神卷》。現存的寶卷目錄中，僅見方步和所藏的《雷寶還陽寶卷》，觀其內容與《雷神卷》並不相同，除此之外並無雷神寶卷之目，證實了河陽寶卷中的《雷神卷》為稀見寶卷。因為張家港的人口組成中有大量的客家人，因此將這個客家習俗延續至今，才有《雷神寶卷》。既是稀見寶卷又連結張家港地區人民的信仰，則深入探究雷神寶卷就有其必要。雷神本屬自然神，在遠古時代，先民對雷的崇拜，超過其他任何天象。因為他們把雷看作起動萬物初生，主宰萬物生長的神。「雷出，則萬物亦出」，是人類希望之所在。他們認為，人們能繁衍子孫，富足殷實，長壽幸福，全是雷的恩賜。而這種對自然神的崇拜以另一種宗教視角可以得到理解，蒲慕周《追尋一己之福——中國古代信仰》一書寫道：

> 所謂的宗教指的是「對於人之外的力量的信仰」，……這些媒介可能

〔註62〕呂威《華夏諸神‧財神卷》一書亦對此有所論證，論點也認為兩者並不相混，最大的理由是五顯是人歿而為神，且是五兄弟歿而為神。但五通就不同，其幻形無窮，且從未自稱是正神。

〔註63〕（宋）祝穆編，祝洙補訂：《宋本方輿勝覽》，上海：上海古籍出版社，1991年12月，卷16，頁180上。

> 是有生命的或無生命的，也可能自然的或超自然的⋯⋯可能是祖
> 先、神靈、鬼魂等具有某些力量的個體，也可能是力量本身，如風
> 雨雷電等自然現象。〔註64〕

以這種界定包含自然與超自然的力量，可以發現在中國古代人們對雷的信仰、崇拜，歷經漫長的時間。作為崇拜對象的雷也逐步蛻變，終於偶像化為一種民俗神。現今尚存的雷神廟多興建於客家人群居之地，可知雷神信仰與客家風俗相關，〔註65〕在民間文學中雷神的出現相當頻繁，從《山海經》開始到民間故事都可見神形象的呈現，但是這些文學體式中雷神故事以寶卷的形式面世則屬前所未見。《雷神卷》介紹張家港地區一帶人民的雷神信仰，為港口狄建新的抄本，地區文化特色與宗教和信仰文化背景都藉由寶卷如實呈現，為寶卷研究再添新頁。《雷神卷》中雷神信仰的探源是相當有趣的環節，因此雷神信仰的由來與現況也是必要的研究。

一、《雷神卷》的內容與形式

　　《雷神卷》內容講述元末明初濟南雷家村的雷員外與妻鄭氏，因「夫妻倆人年過四十，膝下無子，雷員外每天悶悶不樂」〔註66〕，故到東嶽廟求子許願。玉皇見雷部助雨使者華環因平日降雨懶散，故命華環下凡投胎立功。太白金星托夢鄭氏，懷胎十月後產下一子，長輩取名雷萬春。幼年的雷萬春後來遇一自薦的廣成子道人教他習武，故雷萬春白天讀書，晚上習武。當時元朝韃子橫行，「在地方上弄得人心惶惶，其年快要過中秋節，韃子進了雷家村，雷萬春便想殺光韃子。雷萬春想出了做月餅，在月餅中夾進「八月半夜子時殺韃子」的紙條。雷萬春的計策果然奏效，殺得韃子望風而逃，朱太祖聽聞此事下旨召雷萬春進京授職，雷萬春受威德侯總兵之職，鎮守邊關。雷

〔註64〕 蒲慕州：《追尋一己之福：中國古代的信仰世界》，臺北：允晨文化，1995年，頁19。

〔註65〕 客家人驚蟄期間祭祀雷神的活動有兩個。一、驚蟄日專門祭祀雷公。擺上供品、焚香燒紙祭祀雷公，以祈人畜平安、雨水充足。驚蟄祭雷神的習俗，在江蘇吳中地區也很盛行。二、驚蟄期間適逢社日，客家社日祭祀土地、地母，一者祈求風調雨順，五穀豐登，一者迎接生命之神的復活。生命之神復活的象徵就是驚蟄雷鳴，客家人在社日祭壇上，除了膜拜土地，還敬拜天神尤其是雷公，並以鑼鼓喧天、載歌載舞、嬉戲郊野、男女聚會等喜慶方式恭賀雷神的甦醒。

〔註66〕 《中國‧河陽寶卷集》（上），上海：上海文化出版社，2007年10月，頁191。

員外也因此到泰山廟宇還願，重修廟宇。幾十年後推翻元朝，建立明朝政權，朱太祖設計誅殺功臣，雷總兵遇難，魂上南天門，玉皇敕封西方雷祖之職，雷家人也一起上了天門。

雷神又稱雷公、雷師、雷王爺、雷震子、司雷之神，雷神卷刪除寶卷中的曲調部分，藉「宣講」講唱雷神神話故事，將雷神故事隱於寶卷文學之中。在中國傳統的宗教觀念裡，善惡報應的審度也來自神鬼的力量所致，不論是以儒、道的觀點來看，這些以「天道、「報應」為名發生之事的應驗，因為無法以人為因素來解釋，故皆以導向神靈之類的超自然力量為最後的歸宿。因此，擁有自然力量的雷神就隨著歷史的演化，神格越來越崇高，地位也隨之高升。這樣特殊的情節也見於中國社會，在儒釋道三教合流的影響下，宗教信仰也呈現合流的情況。

二、雷神信仰的由來與內涵

關於雷神的起源學界有多種說法，肖遠平的〈壯族民間故事中的雷神形象及其文化解讀〉與鍾宗憲的〈中國雷神形象〉都對雷神的形象與信仰有具體的說明。肖遠平以壯族民間故事中惡雷神形象為探討主軸，說明雷神的人格化傳說。鍾宗憲則針對中國少數民族對雷神的信仰綜合論述各民族與雷神信仰的關連。關於雷神信仰的研究還有各界學者的其他論述，但不約而同的是，不論東西方雷神都擁有崇高的地位與令人畏懼的能力。歸結各家說法發現，以東方而言，有一說最初的雷神，可能是某個氏族的圖騰，後來演變為龍身人首。《山海經‧大荒東經》中雷神形象為獸形，「東海有流波山，其上有獸，壯如牛，蒼身而無腳，一足，出入水則必風雨，其光如日月，其聲如雷。」〔註67〕，另《山海經‧海內東經》中對雷神樣貌有不同的描述：「雷澤中有雷神，龍身人首，鼓其腹。」此時形象為半人半獸形。《雲仙雜記‧天鼓》:「雷曰天鼓，雷神雷公。」〔註68〕從戰國以後，雷神形象被人格化。從自然神到人格化得形象，雷神開始具有外在人格化的特徵與人性。《史記‧周本紀》記載:「姜源出野，見巨人跡，心忻然悅，欲踐之，踐之而身動，如孕者，約期而生子。」這是《史記》對雷神來歷的解釋。從戰國到漢代而經元代至明朝，

〔註67〕（東晉）郭璞；（清）郝懿行注；袁珂譯注:《山海經》，臺北：臺灣書房出版，1997年，頁356。

〔註68〕馮贄:《雲仙雜記》，北京：中華，1985年，卷九，頁66。

雷神的身份與形象又經過多次演化，《楚辭·離騷》：「鸞皇為余先前戒兮，雷師告余以未具。……吾令豐隆乘雲兮，求宓妃之所在。」〔註69〕王逸注：「豐隆，雲師，一曰雷師」，到漢代又奉黃帝為雷神。《重修緯書集成》卷四《春秋合誠圖》：「軒轅星，主雷雨之神。」道教亦以黃帝星宿為雷神。元朝時雷神形象尚未被完全定型，元代「雷公旗」的雷神之姿或為「大首鬼形」，或為「力士之容」，至明代編修的《歷代神仙通鑑》卷四稱黃帝「為九天應元雷聲普化真王。……凡行雷之時，真王親擊末部雷鼓一下，即時雷公電師與發雷聲也，雷公即入雷澤而為神者也。」可知，明代已將雷神輯入神仙通鑑中，此後雷神成為一司雷之神身份確立，且神格地位高昇，由單純自然神變成複雜有社會機能的神祇並擁有下屬。〔註70〕形象也在此時確定，《集說詮真》形容一般塑造的雷神像乃「若力士，裸胸袒腹，背插兩翅，額具三目，臉赤如猴，而下頦長而銳，足如鷹鸇，而爪更厲。左手執楔，右手執槌，作欲擊狀。自頂至傍，環懸連鼓五個，左右盤躡一鼓，稱曰雷公江天君。」〔註71〕，此後在人們心中，雷神是精壯、有鳥嘴、裸身赤臉如猴、又躡連環鼓的，雷神造象多半不離這些特徵。

　　《封神演義》中的雷震子則是這種形象的典型。除了司雷之神的形象外，因為雷擊的表徵而有審判是非的功能，甚至有民族以雷神為人類得以繁衍的媒介，顯示雷神信仰對人類的重要性。〔註72〕以西方而言，古希臘神話中的宙斯是天神的首，同時也是雷電的操控者。古日耳曼人最崇拜的神也是雷神。由此可知雷神崇拜是一種古老又普遍且全球皆然的現象。

三、雷神神話的表現手法

　　將雷萬春與佛道神祇，乃至小說、戲曲中的神話或英雄人物緊密結合，

〔註69〕劉向編集；王逸章句：《楚辭》，北京：中華，1985年，頁12～13。

〔註70〕雷神又下屬若干，稱雷神諸部，有鄧元帥、辛元帥、龐元帥、劉天君、畢天君、葛天君、石元帥、呂元帥、謝天君、袁千里，法術呼律等等。

〔註71〕王秋桂、李豐楙主編，《集說詮真》，收入《中國民間信仰資料彙編》第一輯，臺北：臺灣學生書局，1989年，頁777～778。

〔註72〕傈族認為年初打雷，就標誌著春天來了，其所以打雷，是扛中有一條魚翻身，才引起雷鳴。最後才把雷神格化了，如傣族傳說雷公是一個人，使用石斧和銅斧，經常與凡人們打仗，那裏打雷下雨，那就有雷公丟失的石斧和銅斧。壯族的最大神就是雷神，傳說在洪水時代，雷公拔了一牙齒，由兄妹兩人種下，結了一個大葫蘆，兄妹兩人在葫蘆內才得以生存，繁衍了人類。這說明雷神在民間信仰中是佔有突出的地位。

並將真實人物融入雷神神話故事中，以佛經的形式講唱雷神神話。最初的雷神，就是指雷的本身具有神性，這是自然崇拜的性質，進而才將雷神擬獸化。張家港地區曾有一座雷神廟，座落在楊舍堡城的迎龍關外，又名「廣福庵」。明朝萬曆二十二年（1564），郭臨川建，供雷祖銅像，是道教廟宇。清乾隆年間尼朗澈曾募款修繕，但咸豐十年（1860）毀於兵火，鄉人又再捐建前殿，於是在廟會或是雷祖祭典時便會宣唱《雷神卷》。在鳳凰鎮港口、恬庄一帶，「火燭社」與「太平社」有時重合，其時祭拜火神，在恬庄目前還有雷神廟，講唱寶卷與道經，祈求火神，保村莊平安。中國北方也有過「雷公誕」的習俗，以農曆六月二十三日為「雷公誕」，也有部份地區以農曆六月十六為「雷公誕」。閩西、粵東、粵北等傳統客家地區以及江蘇吳中地區以農曆六月二十四日為「雷公誕」，俗稱「雷尊生日」。雷公誕日家家戶戶要吃「雷齋素」，即為了崇奉雷尊而吃素。據說，吃了雷齋素可以消災、避疫、保平安。蘇州人吃「雷齋素」，一般從六月初一開始，至雷尊生日結束，歷時將近一個月。在慶祝祭拜時，也會有《雷神卷》的宣演。

　　不論是雷神形象的演變，或是雷神信仰受民間傳說影響甚深，在以往的文學體裁中均未曾見過將雷神信仰與月餅的由來、中秋節的故事相結合的故事，由此可見新寶卷在發展時也別以往的特殊性趣味，也可深覺民間風俗對張家港地區人民的具體影響。《雷神卷》是現今所見第一篇關於雷神的寶卷，內容精簡但卻處處表現以神為主體的傳說。眾所周知的雷神傳說再結合雷萬春將軍的故事，體現出民間故事演變的痕跡與民間文學發展的多元可能行，這是現代寶卷明顯的特色之一，在固有的懲惡揚善的基礎上，發揮想像力與話題達到維持社會安定的永恆力量。以現今的觀點看來，《雷神卷》其實帶有相當濃厚的反抗意識，在表達對元朝統治不滿的同時又對大殺功臣的朱元璋也難以認同，也藉由雷萬春的事跡表現對英雄的疼惜與崇拜，這是一篇結合了各種風俗與宗教意識的稀見寶卷，故《雷神卷》的出現對現階段的寶卷研究有深刻而獨特的意義。

第四節　寶卷與冥府信仰

　　延續上述對天界神祇的信仰可相對應到地獄的世界，從而更具體架構整個河陽寶卷中的冥界體制，從遊地獄的寶卷情節來看，民間信仰是深信冥府

存在的。那麼，能否從寶卷中勾勒出冥界的全景？《地獄寶卷》中傳統的中國社會相信死後的世界有地獄的存在，是具有審判與懲罰的制度。隨著唐代佛經的翻譯與佛教的普及，地獄陰森可怕的形象與閻羅王掌握死後審判的概念，成為冥府信仰的重要內容。隨著時代的推移，歷史文獻對地獄的描繪也更加詳細。強烈的宗教冥判思想，及生人進入陰間判冥的歷歷說明，陶鑄人民百姓心中深刻的因果報應觀念。如何免去自身過錯而逃脫死後審判和進入地獄受苦，是人生重要問題。現今社會的價值觀和生死倫理，與現實社會和冥界的審判功過，始終都有直接密切關係，寶卷內容也多以「因果報應」為核心圍繞。因此死後世界的結構及死後世界環境形態都成為冥府信仰的關注焦點。再透過冥界主宰職權與官僚系統，以及寶卷的內容與儀式，應該可以描繪出冥府信仰的樣貌。因此，針對此課題研究，不僅需先瞭解地獄十王信仰的內容和本質，還要理解河陽地區人民的幽冥觀。有關泰山及十王信仰學界研究甚多〔註73〕，「六道」之說，源出於佛教，根據善惡之行判分等第。中國民間信仰中再援引「道教」的天庭結構，將玉皇大帝作為最高的主宰者。但在冥司結構中，又將民間的泰山信仰與佛教的閻羅概念相結合，閻羅王與泰山府君的互相抗衡的最終結果，閻羅王在民間信仰中取代了泰山府君，成為佛道世界中的冥王，組合成一個完整的司命系統。〔註74〕

〔註73〕 有關冥府信仰的研究數量很多，期刊論文、學位論文均有多人研究。如鄭阿財：〈從敦煌吐魯番文書論五道將軍信仰〉、蕭登福《敦煌寫卷〈佛說十王經的探討〉》、羅慶華：《敦煌地藏圖像和「地藏十王廳」研究》、陳瑤蒨：〈清末寶卷之十王信仰〉等。

〔註74〕 根據蕭登福說法，道教司命系統是由先秦司命、司錄演變而來，出自於古代星辰掌人命運的信仰。於道教時，衍生出竈神、三官、南北斗、判官、文昌帝君。其認為道教司命掌管人是命運，以及以文書籍簿掌記人間善惡的觀念，亦被佛教所引用，如《十王經》、《楞嚴經》等。其又引（晉）帛屍梨蜜多羅譯之《佛說灌頂經》「閻羅王者，主領世間名籍之記。若人為惡作諸非法，……於是地下鬼神及伺候者，奏上五官。五官料簡，除死定生，或注錄精神，未判是非。若已定者，奏上閻羅，閻羅監察，隨罪輕重，考而治之。」認為其中所說之「五官」，乃受道教之影響。參氏著：《道教與佛教》（臺北：東大圖書股份有限公司，2004年），頁535。然而，佛教東傳後，地獄、閻羅的概念逐漸與中國既有的信仰相結合，道教的發展亦於漢末尹始，吸收佛教與民間信仰的諸多概念。但在蕭登福的說法中，認為道教的司命根源於先秦司命觀，而影響後出的佛典與變文，此一概念似乎忽略了，佛教體制完備的地獄系統，對中國文化的植入與影響。在先後的影響論上，頗值得商榷。

一、《地藏寶卷》與冥府結構

　　《玉曆至寶鈔》把佛教的地藏菩薩設定為幽冥教主，地位在十王之上，而地獄則歸屬於天庭管轄，玉皇大帝則為最高的統治者。這樣的架構已經非常接近現在的民間信仰，河陽寶卷中冥界的權力結構大致如下：

　　玉皇大帝→地藏王菩薩→十殿閻王→城隍、土地、判官、日夜遊神，門神，灶神、鬼卒。

　　由玉皇大帝主宰，下接地藏王菩薩，再由十殿閻王層層分工，但接下來的城隍、判官等鬼神則無明確的階層之分，直接聽命於閻王。《河陽寶卷》中收錄有《地藏寶卷》，為港口胡正興的抄本。寶卷中「恭聞幽冥教主地藏能仁」〔註75〕，確信冥府信仰中以地藏王為最高司令。《地藏寶卷》內容主要講述「地藏菩薩姓羅人，三世臨凡度凡人」〔註76〕的過程，地藏菩薩的第三世托生女身，在地藏菩薩的第三世中鬼王與孝女的對話，鬼王說：「此地是鐵圍山。……山下就是十八層地獄。」〔註77〕《地藏寶卷》中的鬼王劉孝女說：「你既然到此，何不看看諸般地獄作惡之人在此受苦。」〔註78〕因此孝女隨著鬼王遊冥，顯見此時十八層地獄由鬼王掌管，在遊冥的過程中便顯示了冥府的結構與分工。鬼王勸孝女回陽間修行方可免去死後入地獄之苦。孝女修成正果後，想在九華山上建地藏寶殿，因此向善男文員外借材料。建成後的景象是：

　　　　參見如來受法旨，地藏名字掌幽冥。

　　　　奉佛如來親法旨，玉皇大帝便加恩。

　　　　酆都東岳來朝見，十王聖君做朝臣。

　　　　十八獄主都參見，二十四拜眾欽尊。

　　　　牛頭馬面分班立，夜叉小鬼見慈尊。〔註79〕

冥府的架構在地藏菩薩修成正果後宣告確立，權力結構與分工都階級分明。敦煌考古的發現，證實「地獄十王信仰在唐末五代，已形成內容完整的《佛說十王經》。經文與圖繪並茂，供養及抄寫的百姓眾多，僧侶在喪葬與齋日場

〔註75〕《中國·河陽寶卷集》（上），上海：上海文化出版社，2007年10月，頁141。

〔註76〕《中國·河陽寶卷集》（上），上海：上海文化出版社，2007年10月，頁141。

〔註77〕《中國·河陽寶卷集》（上），上海：上海文化出版社，2007年10月，頁142～143。

〔註78〕《中國·河陽寶卷集》（上），上海：上海文化出版社，2007年10月，頁143。

〔註79〕《中國·河陽寶卷集》（上），上海：上海文化出版社，2007年10月，頁145。

合也普遍使用。因此可知，冥府信仰的架構絕非在短時間內突然出現，其發展必定經過長時間醞釀，且交融諸多宗教、社會與民俗的觀念。

二、地獄與再生

冥府在寶卷中的作用除了警醒世人以外，還有一個更實質的作用是為了再生。因為所有再生的主角都必須經過還魂，再生是目的，還魂是方法而遊冥是必經之路。

> 再生是中國古代的一種信仰，它是一種對生命的肯定，是一種對該走完卻又未能走完的人生途程的彌補，更是對摧殘生命的自然力和社會異己力量的控訴、一種抗爭。〔註80〕

朱光迪的這段話解釋了為什麼寶卷中很多主角都有還魂的經驗，基於對現實世界的殘酷無情，希望透過死後的世界扭轉新希望，因此在寶卷中遊地獄或死後再生、還魂的情節比比皆是。這種民間思潮所反應的不僅是對社會現況的不滿，也表達了中國人的地獄觀，相信輪迴與來生，更相信透過積極的想望有可能在此生便獲得翻轉的機會。如《百花台寶卷》裡李文秀還魂的情節，又如河陽寶卷中的《金釵寶卷》相當有名，其實就是蘇州地區常見的《翠蓮卷》〔註81〕，講述唐太宗遊冥劉全進瓜、李翠蓮還魂的故事。這類故事或加重情節或援引其它民間故事，但從本質發展來看還是不離還魂再生的修行故事。

冥府信仰的核心價值主要可分為以下幾項：一、反映現世司法審判制度與司法人員形象。二、表現人間政治與地獄審判的相對性。三、陰間鬼吏審判的功過標準成為社會規範的約束力。四、透過冥界官吏與亡魂的對答表現人倫。五、入冥者救贖亡魂與自我懺悔行為象徵宗教意義。然而歷來遊冥皆立足於人死後將存在於另一個空間，必須背負著生前業障而接受死後審判。生命樣態的改變，以「死亡」作為接續點，強調死亡非結束，而是另一個開始，所以告別人間。但也因為死而復甦的特殊聽聞，揣想生命耗竭辭世而又生還的理由，便將人生命的掌控權具象於冥司、生死簿籍，加上世人對死亡的畏懼，宗教勸善的思維，順勢將善惡之賞罰托於具有超然性之神明，而以

〔註80〕朱光迪：〈古代中國人的夢想與抗爭——論古代文學中的再生與還魂〉，《長沙電力院學報社會科學版》，2000年第四期，頁77。

〔註81〕各地圖書館館藏該卷以《翠蓮寶卷》為名者多。

宗教模式強化賞罰的力量。因需要超然、公正的公評力量，將人間府衙的運作機制投射於冥界架構的書寫，容易被寶卷創作者吸收。對信眾而言，因為類似於人間機構的對應，所以容易理解，也因理解而深信不疑。所有遊冥的經驗都是感應靈驗的痕跡，也藉著遊冥對未知的世界樣態解套，才能更具有說服力。

第五節　寶卷與十王信仰

一、十王信仰的由來

　　關於十王信仰的學界研究論述有蕭登福《道佛十王地獄說》、黨燕妮〈晚唐五代敦煌的十王信仰〉、陳瑤蒨《近代十王信仰之研究——以〈玉曆寶鈔〉為探討中心》等書。從學界學者到學位論文、期刊論文等相關討論甚多，多半以十王信仰形成的淵源為研究核心，探究佛教傳入後冥界權力的融合與轉變。十王信仰與地結構相結合的觀點已取得學界共識。

　　十王信仰來自地獄之說，而地獄之說則源於印度。佛教地獄之說傳入中國以後又受到道教影響，在唐代時，藏川述的兩種《佛說十王經》，把印度的冥界主神閻羅王和中土冥界主神泰山王一起吸收融合。雖然十王名號不同，但職權、性格及司掌幾乎相同，可謂是一組「共通的宗教符號」。由於有「主宰冥界審判」通用性格的角色設定，配合社會流行「修齋造福」風氣，因此唐末出現以十位王者共治地獄的信仰，便有堅實理論根據。此演變現象清楚說明佛道在唐代的密切互動，是唐宋之際發展融合佛道義理的地獄十王信仰重要基礎，故形成以初江王、秦廣王、宋帝王、五官王、閻羅王、變成王、泰山王、平等王、都市王、五道轉輪王等十王為主的地獄架構，且加入小祥、大祥等儒家喪葬的禮儀。匯合中印習俗成十個特殊日期，與地獄十王相配，來行薦拔亡魂，遂成十王信仰。探索地獄十殿閻王審判的發展脈絡，亦是追尋佛教中土化和道佛教義融合的過程。做為民間對死亡與死後世界最普遍流傳的地藏十王信仰觀念，在中國傳統社會已散佈超過千餘年。宗教思想與文學作品廣泛被運用，唐代地獄十王信仰逐漸建構體系，深刻影響民間百姓的死亡觀，宋代以後更具無可動搖的地位，道佛的地獄十王信仰有各自的經典和儀式，但兩者的互相學習痕跡卻清楚可見。雖然十王信仰的形成，在唐末五代才有充分證據，顯示其作為救贖亡魂方式的一種，但信仰構成要素的淵源軌

跡，卻可追溯到古代傳說，經過長時間複雜的變遷，終以宋代《玉曆寶鈔》顯示道佛信仰最後在民間社會流傳的形式與樣貌。十王的來歷與內涵複雜多元，不僅和傳統中國古典文化有牽涉，印度傳進的佛教及中國本土的道教，教義混雜融合與仿效學習的狀況，則更到達不易清楚辨別各自特色的程度。但總的來說，十王地獄之說兼探中印信仰，徹底本土化後在中國甚至是華人世界就此取代佛、道兩教原本的地獄說。淡癡所著的《玉曆至寶鈔》採用藏川的地獄十王說，因文字淺白很快被普羅大眾所接受便取代了《佛說十王經》，成為十王信仰的經典之作。

　　以上為十王信仰的由來與淵源，但因十王信仰後為世人所吸收，因此在明清時期小說蓬勃發展之時，十王信仰的地獄故事當然也融入了小說題材。而這樣的關係也影響了寶卷的發展，有的寶卷故事中出現了十王的來歷、如《達摩寶傳上卷》、《達摩祖卷》。《達摩寶傳上卷》是這麼解釋：

　　　　老祖嘆畢，不忍拋棄神光，設法再度。心默一會，將數珠取下十粒，
　　　　化為十殿閻君，飄然而至。〔註82〕

《達摩祖卷》則如是道：

　　　　神光心中大怒，我說法以來度人無量。你敢毀謗正教耶？提起鐵數
　　　　珠就打，把達磨門牙二齒打落。達磨比欲將血齒吞在腹內，恐怕壞
　　　　了五臟之戒，吐在地下。三年大荒，只得袍袖一展，把十指往後一
　　　　化，化為十殿閻君。〔註83〕

達摩度神光是禪宗史上有名的故事，神光後來成為禪宗的第二祖。寶卷故事融入地獄說增添達摩度化神光的故事情節。多數的故事集中在神光立雪斷臂為拜達摩為師或神光為追逐達摩而與之鬥法之上。基本的架構是達摩到了中國見神光說法，知他是載法之器，欲度之。可神光見他是黑和尚而生輕視之心，並以數珠打傷達摩並害其門牙掉落，達摩離開後，無常鬼出現欲帶走神光。神光自覺一生度人無數，問無常鬼誰能不被閻羅王掌控？無常鬼告訴他就是達摩。神光開始追逐達摩並拜師，斷臂表示決心後如願隨達摩修行。《達摩寶卷》則在此架構上增加十殿閻王衍生出十王信仰。

〔註82〕中國宗教歷史文獻集成編纂委員會：《民間寶卷》第十一冊，合肥：黃山社，
　　　　2005年，頁118。
〔註83〕中國宗教歷史文獻集成編纂委員會：《民間寶卷》第十一冊，合肥：黃山書社，
　　　　2005年，頁89。

二、《十王卷》的內容與版本

　　《十王寶卷》、《冥王寶卷》、從故事的發展可以看出與上述的寶卷也同樣的信仰方式，也可發現十王信仰對明清的各類寶卷而言有深刻的作用力。眾多寶卷都展現與十殿地獄的關係密切。河陽寶卷所收的《十王寶卷》為港口莊涇村胡正興抄本，年代未明，但版本與《民間寶卷》套書所收錄的《十王卷》不同。雖同名為《十王卷》且內容也皆寫十殿地獄之景，但內容與架構截然不同。河陽寶卷所收的《十王寶卷》故事借公主游地獄展現十殿地獄的功能與權限，寶卷中未寫明公主為何人？入地獄又為何故？但觀其架構體系可以判斷，公主應為妙英公主，故事來源出自《南海觀音全傳》觀音遊地獄之景。《民間寶卷》所收的《十王卷》僅勸人行善，但卷前有兩篇託名孚佑帝君、關聖帝君的序言〔註84〕，顯示此卷的刊刻或整理，與鸞堂的關係密切。不論何種版本的《十王卷》皆以演述十殿地獄為唯一主題，透過下文【表一】和【表二】的整理，可知其中大、小地獄的設計，與《玉曆寶鈔》相同處頗多，許多片段雖將小地獄的名稱拆散，但卻明確提及小地獄的數目，共有十六個。例如《玉曆寶鈔》針對八殿的描寫是：

　　　　八殿都市王，司掌大海之底正西沃燋石下，大熱惱大地獄，縱廣五
　　　　百由旬，另有十六小獄。

　　　　一名車崩小地獄　　　　二名悶鍋小地獄
　　　　三名碎剮小地獄　　　　四名搾孔小地獄
　　　　五名剪舐小地獄　　　　六名常圍小地獄
　　　　七名斷肢小地獄　　　　八名剪臟小地獄
　　　　九名炙髓小地獄　　　　十名爬腸小地獄
　　　　十一名焚膲小地獄　　　　十二名開膛小地獄
　　　　十三名剮胸小地獄　　　　十四名破頂撬齒小地獄
　　　　十五名爬割小地獄　　　　十六名鋼义小地獄

而《十王卷》的敘述是：

　　　　都市王，掌地獄，大哉熱惱。小地獄，一十六，苦況難當。
　　　　車崩獄，與悶鍋，碎剮搾孔。有剪舐，合常圍，斷肢煎臟。
　　　　剚胸獄，炙髓獄，破頂撬齒。剙割獄，鋼叉獄，焚膲開膛。

〔註84〕卷首寫有「孚佑帝君十王卷」。

兩者都稱八殿都市王所執掌的大地獄，是大熱惱大地獄，其下的十六個小地獄，相同的有十二個：「車崩」，「悶鍋」、「碎剮」、「挼孔」，「剪誅」、「常圍」、「斷肢」、「炙髓」、「破頂撬齒」，「焚膲」、「開膛」、「剮割」。少數的差異，在於《十王卷》無「颺腸」一項，《玉曆》的「鋼乂」在《十王卷》作「鋼叉」，「煎臟」改作「剪臟」，煎、剪形音相近；人、叉字形相近述。兩種材料從地獄結構的設計到細節的描寫，非常接近。雖然兩個寶卷的版本不同，但十殿地獄的架構皆脫胎自《玉曆》應該是可以斷定的。陳瑤蒨《近代十王信仰之研究──以〈玉曆寶鈔〉為探討中心》對於十王地獄與《玉曆寶鈔》的內容比較有詳盡的說明，可確保其架構來源無誤。

【表一】「妙善公主遊地獄」中的地獄景觀

	時　代	寶　卷	書　名	遊　殿	遊十殿	十　王
1	元		觀音大士傳	○		
2			大乘莊嚴寶王經	○		
3	宋	◎	香山寶卷	○		○
4	明		觀音修行香山記	○		
5	明		三教源流搜神大全	○		
6	清光緒	◎	觀音遊殿		○	○
7	清末		觀音修行	○		
8	清末	◎	遊冥寶傳		○	○
9	民初	◎	觀音濟度本願真經		○	○

【表二】遊十殿情節與寶卷的關係

	時　代	寶卷	書　名	遊　殿	遊十殿	十　王
1	清，光緒廿二年（1896）	◎	消災延壽閣王經（呂祖降諭遵信玉曆鈔傳閣王經）		○	○
2	清光緒	◎	地藏寶卷	○		○
3	元明之際	◎	佛門取經道場，科書卷	○		○
4	明萬曆		西遊記	○		○
5	明萬曆		釋厄傳			○
6	明末清初		後西遊記			○
7			劉全進瓜	劉全進瓜	○	

8		◎	劉全進瓜寶卷			○
9		◎	唐王遊地獄	○		○
10	宋	◎	香山寶卷	○		○
11	明		觀音修行香山記	○		○
12	明		三教源流搜神大全	○		○
13	清光緒	◎	觀音遊殿		○	○
14	清		觀音修行	○		
15	清	◎	遊冥寶傳		○	○
16	民國初年	◎	觀音濟度本願真經		○	○
17	元末明初	◎	目連救母出離地獄生天寶卷		○	
18	明萬曆		勸善記		○	
19	清康熙		勸善金科	○		○
20	清光緒		目連全簿		○	
21	清光緒	◎	幽冥寶傳		○	
22	清光緒	◎	目連三世寶卷	○		○
23		◎	目連三世寶卷	○		○
24		◎	輪迴寶傳		○	○
					佔 9 項	佔 20 項

三、《十王卷》的功用與信仰價值

　　《玉曆至寶鈔》中所描述的十殿景象與亡魂的罪行，都可以反應北宋時期的社會狀況，這也展現了當時的社會價值觀。《玉曆至寶鈔》的作者將人間社會帝王體制下的王法拿來配合創造出善惡分明的地獄賞罰制度，並以天堂作為最終的獎懲之所，與現實社會配套後產生出具有勸勉作用的作品，因此廣為信眾信任。受到《玉曆至寶鈔》的影響，寶卷的創作者也吸收了這樣的觀念，同樣以以十王信仰為手法催生《十王卷》。地獄十王信仰內涵的核心價值：一、雜採道佛冥界信仰，達到諸神共治的境界。二、強調入冥遊地獄所帶來的轉變。三、宣揚賞善罰惡的輪迴與報應思想。從北宋的《玉曆至寶鈔》到現今仍流傳的《十王卷》，都可以發現儒家教化居中扮演要角。《十王卷》不只勸人為善，並強調忠孝節義的重要，故當公主每遊歷一殿，童子必當清楚而明確的解釋每一殿懲罰的目的與每一殿的閻王，例如遊至第一殿時：

　　　　公主便問童子：「這壇前跪的男女鬼囚，在生作何冤孽？」童子答

曰：「在生不忠不孝，無義無人、怨天恨地、呵風黑雨、姦淫邪盜、
損人利己、逆子逆媳……謀財害命、強搶寡婦，說鬼話做壞事……」
〔註85〕

童子巨細靡遺地條列式回答，絲毫不含糊。每一殿所遇之光景，寶卷作者都
用同樣的手法操作，透過童子與公主的問答，清楚的告知寶卷的聽眾，如果
不行善不盡忠孝會得如何的嚴懲，並以最後十九層地獄的存在來強調死後審
判的必定存在。

以講述十王信仰的各個寶卷看來，十殿閻王的地位高低、十殿的分佈架
構，都不盡相同。同樣都出自《玉曆至寶鈔》的思想，但顯然寶卷作者的地獄
觀的架構體系與創作重心都不在塑造一個明確而等級儼然的制式化地獄，因
為寶卷強調的是勸善的功能、懲惡揚善思想的再確立。他們或許是民間教派
的宗教家、或許不是，但這都無損於十王類型寶卷的價值，他們無須再去彌
平淡癡或藏川經中地藏王菩薩與酆都大帝位階的矛盾，〔註86〕而是在《玉曆
至寶鈔》建立穩固的十王信仰之後，在這樣的基礎上鞏固固道德教化的勸善
標準，加強地獄懲惡制衡的力量，為下層百姓找一個安身立命，認本份、論
綱常、知足行善的和諧社會，而這正是廣大百姓所追求的，因此十王信仰又
再次因寶卷獲得了更廣泛的流傳。

《河陽寶卷》中的《十王卷》中最後提及第十九層阿鼻地獄，乃為目蓮
母親青提夫人受困之處。公主問童子：

我已經遊過十八層地獄，為何有十九層地獄？

童子曰：此獄銅牆鐵壁，為了目蓮僧母親，姓劉，名叫青提夫人，
不信念佛。造起來的目蓮，要使娘親念佛，做了五百個泥佛，曬在
場上。對娘親說：「孩兒今天要出門，倘若天起陣頭落雨，場上曬五
百個佛，拿兩只籮要去收好，還要細細數清，一尊佛、二尊佛、三
四五六七尊佛。」目蓮吩咐好娘親，就出門。〔註87〕

此情節出現在《十王卷》的最後一段，故事出現阿鼻地獄，這也是其他寶卷
所未見的情節。當然青提夫人在目蓮出門後、天落雨時，並未照囑咐妥善收

〔註85〕《中國‧河陽寶卷集》（上），上海：上海文化出版社，2007年10月，頁135。
〔註86〕藏川所描繪之地獄架構較為空洞，淡癡為了消解佛、道冥府掌權者誰位高權
　　　　重的遁，在《玉曆至寶鈔》中做了融合與消解。
〔註87〕《中國‧河陽寶卷集》（上），上海：上海文化出版社，2007年10月，頁140。

好泥佛。她拿了翻扒〔註88〕與兩只籮，把泥佛攪成一堆，還數道：「一個喃泥團團、兩個喃泥團團、三四五六七個喃泥團團」〔註89〕，隨意亂收未念一個佛事，所以死後到阿鼻地獄受苦刑。

　　寶卷作者加入民間耳熟能詳的目蓮故事，來強調「在生不肯修功德，犯了地獄不超升」的觀念，強化寶卷收束人心的功能性。這個橋段也因應寶卷的娛樂功能，加入了目連數數兒與母親數數兒的差別，頗富趣味，寶卷所具有的寓教於樂的功能也在此顯現。

小結

　　文學的素材，從生活提煉而出。其中，宗教信仰隨人的需要而存在，也隨著時代更迭產生變異，而信仰文化的轉變亦投射於文學作品。十王信仰在通俗文學中的呈現，就是一個例子。由於寶卷的說、唱，經常與祈福或禳災、超渡的儀式在同一個舞臺上，因此寶卷為觀察信仰與文學之互動的焦點。

刻印本香山寶卷

宣卷時齋主家的菩薩臺

　　就地獄論述而言，因十王信仰的發展，所增添的十殿、十王，是元明以來通俗文學的新素材，而清代以來，隨著善書《玉曆》的發展，使大、小地獄的說法成為部分清末寶卷的新素材。換言之，寶卷中呈現的十王信仰，確實

〔註88〕吳地方言，即台灣農村中的曬穀肥，如果快下雨了，就用它來集中稻穀比較快。

〔註89〕《中國‧河陽寶卷集》（上），上海：上海文化出版社，2007年10月，頁140。

是此一信仰長期發展所致，例如由作七所用的《拾王寶懺》，即知此係延續過去十王信仰以追薦儀式為傳播途徑所獲致的結果。但是仔細地考察十王信仰在寶卷作品的表現，發現其與《玉曆》有別於往昔的地獄設計有著高度重疊，說明其源於當時流行的地獄論述，這個現象一方面來自於勸善機制間語彙的自然流動，另一方面是民間教派有意識的加以引用，以作為宣教之用，而宣說的場合之一即信徒或鄉民執行超渡儀式之時。

第五章　河陽寶卷中的民間傳說故事本

　　早期寶卷具有濃厚的宗教性質，以宣揚宗教為主旨，發展至清代，寶卷的宣演不再是單純只為宗教服務，於是寶卷的內容也隨之改變。寶卷在清代極為盛行，北京、上海、杭州等地都有刻印寶卷的書社，受到明清小說與社會型態的影響，民間故事開始被宗教家所利用，添入寶卷之中成為新型態寶卷。但民間故事寶卷還是帶有宗教信仰及勸善與娛樂的功能。因此，隨著寶卷形式和內容的轉變、民間故事在寶卷中佔有為數不少的份量，其中最為人所熟知的便是牛郎織女、孟姜女、梁山伯與祝英台、白蛇傳四大民間傳說的寶卷。據《中國傳說故事大辭典》所載，中國四大傳說都是「帶有悲劇性質和傳奇色彩的愛情故事。」〔註1〕

> 50年代以來，它們還被拍成電影，或經重新改編而成為各劇種的重
> 點保留劇目在國內外放映演出，廣泛傳播，深入人心。正因為它們
> 影響深廣，舊時代的統治者設法利用它們宣傳封建倫理道德和宗教
> 迷信，所以兩種立場、兩種世界觀所反映的兩種文化的鬥爭，在其
> 中表現得較為鮮明和尖銳。〔註2〕

因為四大傳說的共同特點深得民心，寶卷的創作者也吸收了民間文學的精華，延續寶卷的生命力。寶卷既要保有宗教色彩但又吸取故事梗概，那麼在形式與內容上都會出現新突破，但因寶卷研究在過去並不受重視，因此關於

〔註1〕 祁連休、肖莉主編：《中國傳說故事大辭典》，北京：中國文聯出版公司，1992
　　　　年2月，頁14。

〔註2〕 祁連休、肖莉主編：《中國傳說故事大辭典》，北京：中國文聯出版公司，1992
　　　　年2月，頁14。

寶卷中的民間故事其實有相當大的發展空間。明清時期的民間傳說類型寶卷多數來自於小說、說唱詞話與彈詞、地方戲等民間文學的載體，明末和清代前期北方已出現明代說唱詞話等改編的寶卷，著名的民間傳說故事如梁祝、白蛇傳、孟姜女、董永賣身、沉香救母、洛陽橋等等，在清代大都已被改編為寶卷，且不止一種改編本。如《手巾寶卷》、《開宗寶卷》、《慈雲寶卷》、《蝴蝶杯寶卷》、《牧羊寶卷》等，北方寶卷也有許多改編自鼓詞，說書（和通俗小說）及地方戲，如：《扇子記寶卷》、《紅燈記寶卷》（俗名（愛玉掛紅燈》）、《蜜蜂記寶卷》、《顏查散寶卷》、《秦雪梅寶卷》、《二度梅寶卷》、《王員外休妻寶卷》、《白玉樓寶卷》、《呼延慶打擂》、《薛仁貴征東》、《薛丁山征西》、《張姐大鬧東京》、《雙喜寶卷》等。吳語區民間寶卷大多改編自流行的彈詞書目，且數量眾多，如《珍珠塔》、《麒麟豹》、《玉蜻蜓》、《倭袍傳》、《何文秀》、《文武香球》、《大紅袍》、《百花台》、《黃金印》、《白鶴圖》、《雕龍扇》、《八寶雙璧釵》、《雙珠鳳》、《雙玉燕》、《蘭香閣》、《十美圖》等，總數約近百種，還有如《時運寶卷》（又名《西天參佛寶卷》），所述為「問三不問四」型的故事。也有一些其他民間故事改編的寶卷，甘肅河西地區流傳較廣的《紫荊寶卷》（又名《田公寶卷》），講述三兄弟分家的故事。這類寶卷濃縮了相關說唱、戲曲演唱的長篇故事，寶卷創作者為吸引更多聽眾突出其中精彩的片段，果然深受聽眾歡迎，使得此類寶卷現今流傳的寶卷本中成為多數。

第一節　河陽寶卷與四大傳說

　　河陽寶卷蘊涵了民間四大傳說，這是現在已出版的寶卷中極為罕見的一種情況。雖然因為河陽地區的寶卷數量相當龐大，而導致出版的《中國・河陽寶卷》中未選錄《白蛇卷》，但這仍掩蓋不了四大傳說寶卷在江蘇地區流傳的盛況。本節也以此特殊的情況作詳細的探討，分析河陽寶卷中的四大民間故事文本經過時間的轉變後與古代的四大民間故事做比較。

一、《孟姜女寶卷》的流變

　　有關孟姜女的研究自顧頡剛提出之後蔚為風潮〔註3〕，但孟姜女的故事以寶卷形式出現後，在情節安排與人物形象上都有了新發展。不同時期、地

〔註 3〕1924～1925 年的《週刊》中，出了九個孟姜女專號，這也是始注意《孟姜女寶卷》的價值之始。

區和文化背景孟姜女故事寶卷主要有六種：《銷釋孟姜忠烈貞節賢良寶卷》、《長城寶卷》、《孟姜女卷》、《孟姜仙女寶卷》、《南瓜寶卷》、《哭長城寶卷》。內容涉及各寶卷的故事內容、版本和形式特點，它們產生的宗教信仰文化背景，信仰特色，它們之間的傳承關係和地區文化特色等。如南方的《孟姜女卷》、《南瓜寶卷》、《孟姜女過關寶卷》，北方的《許孟姜卷》、《孟姜女哭長城寶卷》、《繡龍袍寶卷》等，雖都講唱孟姜女故事，但各具地方特色。河陽寶卷中所收錄的《孟姜女寶卷》卷末寫有「琴川〔註4〕弟子千乘郡新藏，太歲丙寅年荷月日抄」，此卷為港口恬莊村狄建新 1986 年 6 月的抄本〔註5〕。版本與《民間寶卷》所收之《孟姜仙女卷》相同，鄭振鐸〈佛曲敘錄〉中的《孟姜仙女寶卷》與澤田瑞穗的《增補寶卷の研究》中所提的《孟姜女寶卷》皆為此版本，是最早被以學術眼光研究的孟姜女故事寶卷。在 1920 年代被提出，前人研究由文字使用判斷可能出現的年代是明朝。內容講述秦始皇所作之事皆「驚天動地」、「民不得安」，再說萬喜良與孟姜女同為天上仙人，芒童仙官為救下界百姓入凡，仙姬也跟著入凡投胎。故事延伸到孟家冬瓜長到姜家，兩家互爭，地保排解剖瓜得一女，縣官判為孟姜女。數年後，玉帝怒怪仙童巡行下凡，遂要太白金星前往秦國散播童謠，說道：「姑蘇有個萬喜良，一人能抵萬民亡」。秦國因此緝拿萬喜良，喜良逃亡至孟家花園遇見孟姜女，兩人結婚卻在成親日被捕。隨後萬喜良被賜蟒袍一件、王冠一頂、朝靴一雙，再封為長城萬裏侯萬王尊神，掩埋於長城坑中而死。萬喜良冤魂托夢孟姜女，要秦皇建造殿庭，望「萬王神廟永長存」，解救萬民。於是孟姜女前往長城尋夫，哭倒長城、滴血認親，秦始皇見孟姜女貌美，欲封她為第一正宮，為對抗秦始皇，孟姜女設計讓秦始皇、造墳、蓋廟，還親自祭拜。在秦始皇一一完成後孟姜女跳火自殺，與萬喜良跟雙方父母六人由南海觀世音一同接往天庭。

　　《孟姜女寶卷》是最早被發現的孟姜女故事寶卷版本，現今被討論最多、民間流傳度最廣的也是它，因此可見其重要性。寶卷故事裡的孟姜女、萬喜良一開始便被附予仙人的角色，此與民間傳說故事不同，是受寶卷中的宗教意識所影響，所以有此神仙身份的特性，寶卷一開頭便說萬喜良是鬥雞宮中

〔註4〕常熟別稱琴川，常熟地方誌有兩種說法，一是因為常熟城內古代有自南向北平行排列的河道，像古琴的七根弦，故常熟別稱琴川；另一是因為春秋時代吳王夫差在常熟所築的「梧桐園」，又名「鳴琴川」，故有此稱。
〔註5〕因狄建新為 1928 年 5 月生，故有可能抄寫的丙寅年為 1986 年。

的「芒童仙官」，所管「農民苗禾」之事，而孟姜女是天上仙姬的「七仙姑」轉世，掌管「人間蠶桑等事」，身份形象與牛郎故事中的「織女」有所重疊。下凡原因乃仙童見下界殺氣沖天，定要下凡一巡，仙姬本勸仙童「你我所管天宮事，不必去管凡間情」，但仙童「一徑下凡去」，仙姬「心中多掛念，去就仙童下凡塵」，所以兩人皆下凡投胎蘇州地方。由故事情節來看，在安排上比其他孟姜女故事寶卷更為繁複，人物多動線發展，萬喜良、孟姜女，秦始皇與雙方父母都有了發揮，也出現南海觀音慈悲為懷接引天庭的觀念。故事進行中交代了兩家的交情，再添加商討同住之事，內容的支節變多但相對地也削弱了夫妻濃厚的感情。隨著仙童下凡的仙姬並沒有一如既定模式在投胎後失憶，反而成為冷靜而又有計畫性反抗秦始皇的角色，寶卷如此安排與一般民間故事大不相同。但也因此出現扞格不入之處，從頭到尾孟姜女都知道自己是仙女之實，只是隨仙童下來救眾生，因此面對婚姻大事皆以願在閨門修仙道，百年同修伴雙親為由回絕。但面對萬喜良則以「小姐一聽，心中暗想，只好將計就計」，是理性面對婚約的，但隨後成親之日萬喜良被捕，孟姜女卻真情流露地泣訴「公子若無回來日，小女再不去嫁人」此處卻又有了忠貞的傳統觀念。情緒與感情之間的流動迅速但不明確，衝突感十足，但仍不離以往孟姜女故事中的發展梗概。孟姜女投胎不入血污池而選擇冬瓜降生，這也是受宗教意識影響。

二、《梁山伯與祝英台》的繼承

　　梁祝故事寶卷的出現可見於傅惜華《寶卷總錄》一書所提及的《梁山伯寶卷》二卷、《後梁山伯祝英台還魂團圓記》不分卷，胡士瑩《彈詞寶卷書目》有《後梁山伯祝英台寶卷還魂團圓記》、《梁山伯寶卷》、《後梁山伯祝英台還魂團圓記》等。李世瑜《寶卷論集》認為：

> 很顯然的，這種體制已經將繁瑣的偈贊（諷頌時還一定要伴以相當的儀節）以及帶有複雜格律的詞調和十言韻文取消了，這是適合於後期寶卷的新的內容和演出形式的，也是受到彈詞、道情等說唱形式的曲藝的影響所致，由於這樣，有人就曾將其他種說唱腳本誤為寶卷。例如鄭振鐸先生就曾將《後梁山伯祝英台團圓還魂記》一種誤為寶卷，傅惜華先生的《寶卷總錄》和胡士瑩先生的《彈詞寶卷書目》也重複了這個錯誤；杜穎陶先生編輯的《董永沉香合集》也

　　　　將《寶蓮燈救母全傳》及《沉香太子全傳》誤為寶卷,《彈詞寶卷書
　　　　目》中同樣未予更正。〔註6〕

李世瑜提出不同於以往研究者認同的推論,但肯定這些唱本都適合於後期寶
卷,則筆者認為判斷的依據除了形式外觀之外,是否有在寶卷宣演的場合被
宣講過,才是能否稱為寶卷的要點。若有,則不論原始作用是否為唱本,都
可視為寶卷:若無,則合於後期寶卷的標準,在研究討論時只要稍加留意即
可,並無大礙。

　　近代車錫倫《中國寶卷總目》論及梁祝寶卷有十幾種之多,這些寶卷多
為私人所藏〔註7〕或由上海文益、惜陰、文元等書局所出版。流傳年代由明代
到民國,依現存狀況共有十三種。河陽寶卷中所收的《梁祝寶卷》為張家港
地區所特有的版本,與現存的其他十二種版本不同,在內容與語言上都充滿
地方色彩。內容講述梁武帝年間,浙江省會稽縣祝家莊的祝員外,生有一女
英台。因英台天生聰穎,教書的秀才時常被問得無言以對,故英台由木蘭詞
得到靈感,女扮男裝去杭州讀書。父母兄嫂勸阻,英台以牡丹花的鮮艷與否
為誓來證明自己去杭州也會堅守清白,才得應允帶一丫環一同前往。在途中
涼亭遇山伯,閒談間得知兩人出生時辰相同,山伯大英台一歲,因此兩人結
拜為兄弟。至學堂讀書後,先生知悉英台為女子,遂掛牌規定出恭需輪替,
英台得以解圍。但英台終究破綻百出,山伯見英台更衣,英台謊稱男子奶大
是貴相;夏天酷熱,英台辯稱自幼有病;見英台蹲著解手,則說是站立會觸
犯天地日月三光,山伯半信半疑。三年後去同學去踏青打鴛鴦,英台被笑是
力氣小的女裙衩,覺得遲早會被看破,於是決定返家。離去之前交給山伯一
封信,央求他學成之後要到祝家,欲將小他一歲的妹妹許配給他,但山伯看
了信中之詩仍不明不白。英台返家後牡丹依舊鮮豔,馬員外卻前來提親,祝
員外答應。山伯半年後欲返家,想起英台的囑咐,前往祝家才明白英台一直
是女扮男裝且暗托終身但為時已晚,返家後一病不起。梁家父母見山伯如
此,央託村中李大倫前往祝家提親,被祝員外拒絕,山伯又求母親再次前往
說媒,英台托梁母帶回藥方、血書、頭髮與汗衫一件,山伯見後知成親無望,
病情加遽。山伯傷心難耐吞下書信而亡,生前交待安童要告知他將葬在三岔
路,要英台去看他。英台聞訊後傷心欲絕,在出嫁當天到山伯墳前祭拜,忽

〔註6〕李世瑜:《寶卷論集》,臺北:蘭臺出版社,2007年12月,頁23～24。
〔註7〕藏於方步和、趙景深、戴不凡等學者之手。

來一陣狂風，英台消失，墳邊出現一對蝴蝶。馬俊聞訊後急煞死去，至閻殿告狀，閻王看姻緣簿知梁祝二人夫妻緣份本註定，英台轉世才是馬家人，於是讓三人還陽。梁祝二人結為夫妻，梁武帝詔山伯進京面試封為尚書郎、封英台一品正夫人。梁祝婚後樂善好施助杭州靈隱寺修廟，生二子，吃齋念佛，百歲終老。

　　寶卷的故事背景設定在梁武帝時代，可能推測寶卷的創作者是有佛教信仰之人，因為梁武帝篤信佛教，曾多次捨身出家，且寶卷以梁祝二人潛心向佛終老做結，吻合佛教宗教意涵，也符合故事時代背景設定。從梁祝寶卷中可見濃厚的儒家思想，成為結合儒、釋、道三教的寶卷故事。故事內容提到梁祝兩人還捐款整修杭州靈隱寺，作者用心結合歷史的態度在此顯現，靈隱寺始建於東晉咸和年間，杭州在吳越時期是東南地區盛極一時的佛教文化中心，並且經歷二次的擴建整修。因此可以判斷，寶卷的創作者應該是江南一帶熟悉佛教發展之人。

　　在民間流傳的梁祝故事中，對梁祝二人的生辰並沒有說明，但在寶卷故事中對兩人的生辰、年歲都有詳細的交待。幾乎所有版本的梁祝寶卷皆云梁山伯十七歲，英台十六歲，而在《梁祝寶卷》裡，也是同樣的設定，兩人差一歲，同為七月初三日午時生。這樣的年歲設定是符合當時社會風俗的，也就是所謂的「冠禮」。自隨唐始，皇宮貴族存在這樣的禮制，宋代經理學家的倡導後，恢復成一般社會大眾的禮儀文化，這個由上層社會流向民間的禮俗在明清時期成為庶民的共同體制。據嘉靖《吳江志》所載：「童子年十二或十四始養髮，髮長為總角，十六以上始冠。女子將嫁而後笄。」〔註8〕男子十六歲後算成年，冠禮為男子的成年禮，笄禮作為女性的成人禮，兩者儀式多半相同。而《禮記》內則篇記載女子：「十有五年而笄，二十而嫁」〔註9〕女性成年為十五歲。明代重視成年禮並確實舉行的風氣較盛，清代以後雖不如明代盛行，但民間的風氣依舊保存，一直至今許多地方仍保有這樣的觀念。因此，寶卷將梁祝二人的年紀設定在十七歲、十六歲，正是緣於此習俗，兩人皆為成人，可以出門求取功名，更可以婚配。除了上述的佛教觀念影響以外，此

〔註 8〕 丁世良，趙放主編：《中國地方志民俗資料匯編》，北京：書目文獻出版社，
　　　　 1989～1997 年，頁 433。
〔註 9〕 臺灣開明書店句：《斷句十三經經文·禮記》，臺北：臺灣開明書店，1991 年，
　　　　 頁 59。

處明確的規範也可見寶卷受儒家思想的影響甚深。

（一）抄本梁祝寶卷

根據車錫倫的研究，路工梁祝唱本列目未及寶卷。遺憾的是路工編《梁祝故事說唱集》只列入部分說唱而沒有涉及寶卷和地方戲。據說通行的梁祝寶卷至少有四種，其中《新刻梁山伯祝英台夫婦攻書還魂團圓寶卷全集》是越劇前身紹興文戲《梁山伯與祝英台》的嫡系祖本。通行的梁祝寶卷凡三種。車氏言的三種分別如下，一是上海文益書局石印本《梁山伯寶卷》。是從牛郎織女於七夕思凡被貶謫下凡為前因寫起的。其他基本情節與越劇差不多，只是還寫了梁山伯靈魂為太白金星收去，故不能知曉祝英台在途中對他的暗喻。最後馬文才死了向閻王告狀，閻王示以因果，並言梁祝將化蝶上天。馬文才還魂後，家中派人掘墳，不見二人屍身，只見雙蝶上天。

二是惜陰書局石印本《三美圖寶卷》，又題《後梁山伯還魂團圓記》。寫馬德芳掘墓後，有黎山老母搭救一大段，梁祝被度入山修練，能呼風喚雨。後祝英台掛帥，梁又娶一妻，為定國王結束。這和上述合川劉雙合刻本《柳蔭記》是一個路子，也是荒誕不經之談。

三是《英台卷》，有抄本流傳。和《三美圖寶卷》類似但還是有所差異。它最後是因兩個乞兒盜墳而救活梁祝團圓的。車錫倫認為「從書中寫十八相送後英台回家路中主婢（自杭州）渡江到西興。……蕭山占壋都經過，隨路錢清到柯鎮等等來看，作者當是紹興一帶人。」車氏對於這部寶卷有較高的評價，認為某些細節處理得很好，因為作者透過英台不正視客人來側寫千金小姐的神態。

三、《白蛇卷》的創新

《河陽寶卷》目錄中並未見《白蛇卷》，《白蛇卷》從何而來？白蛇傳故事發生的地點在杭州，白素珍最後被壓在杭州西湖雷峰塔下，因此杭州民間傳說和地方志對此多有記載。明代田汝成的《西湖遊覽志》卷三南山勝蹟寫道：「淨慈寺前，為雷峰塔、藕花居、倪尚書墓。……俗傳湖中有白蛇、青魚兩怪，鎮壓塔下。」〔註10〕又他的《西湖遊覽志餘》卷二十熙朝樂事：

> 杭州男女瞽者，多學琵琶，唱古今小說、平話，以覓衣食，謂之陶
> 真。大抵說宋時事，蓋汴京遺俗也。……其俗殆與杭無異，若紅蓮、

〔註10〕（清）田汝成：《西湖遊覽志》，臺北：世界書局，1963 年 5 月，頁 33～34。

柳翠、濟顛、雷峰塔、雙魚扇墜等記，皆杭州異事，或近世所擬作
者也。〔註11〕

這是明代中葉對雷峰塔鎮白蛇事的描寫，馮夢龍據此寫成白娘子永鎮雷峰
塔。據李斗作《揚州畫舫錄》卷五所載，國朝傳奇目錄內列有雷峰塔，可推斷
以白蛇故事作題材寫成戲劇約是乾隆年間之事。但無法考證白蛇被編成寶卷
的正確年代，但大抵也是馮夢龍寫成小說之後的事。中國四大傳說向來是民
眾津津樂道的題材，寶卷藏量豐富的《河陽寶卷》為何獨缺白蛇故事寶卷？
甚至連身為《河陽寶卷》編輯委員會一員的高國藩先生都私自收藏有《金山
寶卷》上下冊，並發表過〈論新發現的金山寶卷抄本在白蛇傳研究中的價值〉
一文，高氏對《金山寶卷》有極高的評價。但在《河陽寶卷》編輯之時並未收
入白蛇故事寶卷，這對《河陽寶卷》而言實在是相當可惜，也令人不解，但這
並非意味著張家港附近一帶沒有白蛇故事寶卷。同時針對《金山寶卷》的發
現持有異聲的還有車錫倫，車氏認為：

《金山寶卷》本是很普通的一種近現代吳方言區民間寶卷，講唱白
蛇傳故事，據吳語彈詞和民間傳說概編，留有十幾種民間宣卷人的
傳抄本，並有各種異名。一位作者偶然得到了這個寶卷的一種手抄
本，由於對寶卷發展的歷史不甚瞭解，便視為重大「發現」。僅據抄
本封面所署的「干支」，便指定了它產生的具體年代；又斷章取義，
把一些政治判斷，都在這本寶卷頭上。於是得出了一些不著邊際的
結論，如稱此卷具有「反道教、反佛教、反封建官府」的價值和具
有「配合明末乃至清代的農民起義」的意義。〔註12〕

《金山寶卷》同樣講述白蛇故事，但車氏對此評價並不高，認為其極為普通。
張秀娟的《寶卷中的四大民間故事研究》中也提及高氏與車氏的說詞，但並
未提出看法，只研判「高國藩所收之《金山寶卷》與《民間寶卷》所收的《雷
峰塔寶卷》及《金山卷》的故事情節雷同。」〔註13〕，核對三人的說法可發
現，高國藩所擁有的《金山寶卷》雖為私人所藏不易窺見，但若其版本與《民
間寶卷》所收的兩個白蛇故事寶卷雷同，則其思想內涵應當相去不遠。車氏

〔註11〕 （清）田汝成：《西湖遊覽志餘》，臺北：世界書局，1963年5月，頁368。
〔註12〕 車錫倫：〈金山寶卷和白蛇傳故事研究中的幾個問題〉，《俗文學叢考》，臺北：
學海出版社，1995年，頁476。
〔註13〕 張秀娟：《寶卷中的四大民間故事研究》，花蓮：國立東華大學民間文學研究
所博士論文，2010年，頁204。

對高氏所言的寶卷紀年在未見寶卷抄本的真面目前，難以在此斷言。針對《雷峰塔寶卷》、《金山寶卷》的前人研究，可發現其「反抗傾向」的確並非只有高氏的《金山寶卷》藏本才有，這是白蛇故事寶卷的基本精神，學界研究大致認同這般的反抗傾向，甚至這是白蛇故事之所以廣為流傳的主因之一，因此也不致於如車氏所言的是「不著邊際的結論」。因為若真如車氏所言，則所有白蛇故事寶卷針對此傾向的論點將會被推翻，故筆者認為高氏的發現可看做是四大傳說影響寶卷故事發展的現象之一，如同《河西寶卷》也收錄有不同版本的《白蛇寶卷》一般，對新發現寶卷的探討心切也適逢中國大陸非物質文化遺產研究的熱潮有所展現。

筆者在張家港地區田野調查期間，便針對何以《河陽寶卷》未收錄《白經卷》此一疑問，訪查寶卷藝人所收的私藏本寶卷，果然有所收穫，並帶回一完整的版本。有鑑於中國四大傳說對寶卷影響甚鉅，因此將此版本《白蛇卷》全本列於附錄，以便研究討論。該《白蛇卷》為毛筆字手抄本，卷末僅寫「在辛巳年菊月彭城氏塗抄」，無法判斷為何人所手寫，但因內容完整故不影響其探討空間。

（一）《白蛇卷》的內容與形式

傅惜華在 1951 年出版的《寶卷總錄》中計有三種白蛇故事寶卷〔註14〕，胡士瑩《彈詞寶卷書目》記載七種，而車錫倫在《中國寶卷總目》中加以匯整蒐集共三十種同名或異名的白蛇故事寶卷。〔註15〕這樣的狀況也正是寶卷研究者會遇見的困難之一，因為這些同名或異名的寶卷間存在程度不一的異同，有些是重新刊印而內容完全相同，有些是手抄本，但隨著抄寫者的意志有所更動情節，導致微幅差異、大幅差異或連結局都迥異者也不為少見。因此，這些寶卷多散落於私人收藏，不易統整了解，自然也無法做系統性的研究。依目前現況，除河陽寶卷中的《白蛇卷》外，可見的白蛇故事寶卷有七種：

1. 《白蛇寶卷》，收錄於《河西寶卷選》上集。
2. 《浙江杭州府錢塘縣雷峰塔寶卷》，收錄於傅惜華《白蛇傳集》。
3. 《繪圖本白蛇寶卷》，收錄於《俗文學叢刊》。
4. 《雷峰塔寶卷全集》，收錄於網站「《寶卷集錦》—高校圖書數字化國

〔註14〕傅惜華：《寶卷總錄》，北京：巴黎大學北京漢學研究所，1951 年，頁 45～46。
〔註15〕車錫倫：《中國寶卷總目》，臺灣：中央研究院文哲所，1998 年，頁 4。

際合作計劃中民間宗教經卷文獻匯集」。

5. 《雷峰塔寶卷》，收錄於《中國民間宗教歷史文獻集成》。

6. 《金山卷》，收錄於《中國民間宗教歷史文獻集成》。

7. 《雷峰寶卷》，澤田瑞穗在《增補寶卷の研究》提及的杭州瑪瑙經房刻本。

這部在張家港田野調查所得的《白蛇卷》版本與現存的七種白蛇故事寶卷均不相同，可說是河陽寶卷中的稀見作品。卷首寫道：「我國四川省」，可知是建制以後的改寫創作本。故事講述四川峨嵋山上一條修行千年的白蛇，拜蕊芝仙姑為師，學會移山倒海之術與三十六變。學成之後引來西山青貞洞裡修煉七百多年的青蛇，想與她結為姐妹。兩個經過四百多年的修行後能幻化人形，因此白蛇建議下山去玩。見四川成都正逢呂純陽生日正舉行集會好不熱鬧，因此動了凡心，私自變成人形下山遊玩。白蛇化為身穿白衣的白素貞，青蛇化為身穿青衣的小青，兩人以主僕的形式到人間。路途中聽見樵夫所唱山歌道：「上有天堂神仙境，下有蘇杭錦繡城。」決定前往杭州一遊，兩人遍遊杭州名勝，在西湖遇見許仙。白蛇為之傾心，念動真言使天降雨並用計與許仙同搭小船。白素貞下船之際許仙讓出自己的傘，並害怕佳人見自己只是藥房夥計的窮酸樣，因此說明日再來取傘而不讓小青送回。兩人發現一破落房宅，施法轉換成豪宅後定居該處所，許仙翌日前往取傘，卻在白家醉倒，至二更天才驚醒。在小青的慫恿之下，當晚許仙即與白娘子成親。因婚後生活需要錢財，在白娘子的請求下小青前去錢塘縣盜元寶。白素貞因此要幫許仙發家並要他回家辭了藥店的工作，並讓他帶回二隻元寶給姐姐。許仙返家與姐姐說明搭船遇見白娘子之事，表明自己已經結婚並拿出元寶說服姐姐相信白素貞真是有錢人家的千金小姐，正當兩人閒聊之際，姐夫陳彪正巧返家，見到銀子大驚失色。原來為衙門捕快，昨夜庫銀被偷，縣爺要他七日內破案。陳彪將銀子拿回衙門，縣官下令捉拿白素貞，但官兵至白宅搜尋未果，素貞謊稱銀兩為先父剿匪有功，縣官所贈。但仍敵不過公差懇求，前往縣衙對質，小青則趁機將剩餘庫銀藏進知縣房內的箱櫥內，變成知縣監守自盜，怕大禍臨頭只好請來師爺相商。最後定許仙假盜罪名發配鎮江流徒一年、二隻元寶沒收，白素貞無罪釋放。因許仙將前往鎮江，白素貞想一同前往就近照顧許仙，故白娘子再請小青盜銀兩，小青這回盜一貪官之銀。許仙在鎮江遇許仙父親故友保釋，得以與娘子重聚。兩人自此在鎮江開了寶和堂

藥店，許仙略懂藥材，再加上白素貞行醫救人，寶和堂生意紅火。鎮江瘟疫
橫行，白娘子以自身千年金丹配成避疫丹供窮人取用，當地之人盡道她是女
神仙，不料此事卻驚動金山寺方丈法海。法海認為娘娘施藥救人是破壞了佛
門威信，決定要拆散他們。法海找上許仙，言明其妻為蛇妖，許仙怒斥駁回。
但端午節時許仙醉倒，端了杯雄黃酒要讓娘子安胎，白素貞無耐喝下後現出
原形，嚇死許仙。素貞為救許仙，前往崑崙山盜仙草，與鹿童大戰，卻逢南極
仙翁念她身懷六甲又冒死救人，於是將仙草賜之。許仙復活後卻冷淡不已，
小青以倉龍化解其疑慮，夫妻才得以合好如初。但法海仍不死心，騙許仙出
家不成反囚禁他於金山寺，娘娘水漫金山寺，許仙趁亂逃走全家避往杭州，
並產下夢蛟。法海趁機收服白素貞鎮於雷峰塔下，許仙因此瘋癲不知所蹤，
夢蛟後中狀元奉旨祭塔，遇小青拿寶劍來救白蛇，全卷以天兵神將劈開雷峰
塔，白蛇與青蛇回山上修行做終。

　　卷首以韻文方式呈現，「四川一座峨嵋山，山勢雄偉路艱難。山頂之上嚴
寒冷，終年不得見太陽。」說明白蛇是源自四川峨嵋山上修煉的千年蛇精，
民間傳說關於白蛇的故事多半源於杭州。過去學術研究者認為白蛇故事可能
根源於印度，但到了寶卷中來自印度的色彩已經轉淡，取而代之的是當時中
國人民的文化思想。有關於蛇的文學作品相當多，因蛇的身形而將蛇視為邪
惡與情欲的象徵是東西方文明的共通點，而女性與蛇相結合則成為神秘又恐
懼的特殊想像，因此白蛇故事是以此為母題出發的文學素材，演白蛇與許仙
成婚的「異類婚」故事。

> 唐代，開始出現以異類婚故事為題材的傳奇，如《柳毅傳書》、《任
> 氏傳》。宋元明清時期也大量湧現此類作品：《藝文類聚》、《太平廣
> 記》等類書雜說、各家筆記小說，通俗小說如三言二拍、文言小說
> 如《聊齋志異》、《熒窗異草》、《夜雨秋燈錄》等，也有將之創作或
> 改編為戲劇的，如《離魂記》、《白蛇傳》等。〔註16〕

從唐代以後這種體裁開始流行，《白蛇卷》中的「蕊芝仙姑」是《白蛇傳》中
的人物，由這點也可看出寶卷受到歷來傳說演變之影響。白蛇故事可說是「異
類婚」的代表作，同時也是仙凡之戀的名著。這種角色配置刺激所帶來的是
美好的想望與不平凡的擁有，文人反動著現實社會的不滿，躲進一個反抗的

〔註16〕李麗丹：〈「言」異類婚故事研究——兼論民間文學與作家文學的關係〉，《民
　　　俗研究》，2006年第4期，頁87。

空間，將理想與期待堆疊而成故事。寶卷故事裡白蛇原是在四川峨眉山清風洞裡一條修煉一千八百年的蛇精，到人間遊玩巧遇許仙，幻化成美女，與他結婚生子，後被法海鎮壓在杭州的雷峰塔下。這些設定應該是參考最先對白娘子來歷有所描寫的《雷峰塔奇傳》。

白蛇故事中《白蛇全傳》中最詳細的說明了白娘子的生世與來歷。講述東海的一條白龍奉命於辛巳年二月十二正逢辛巳日午前巳時降世行雨，由於龍有淫性，忽然有了感覺而落下幾點龍精，而龍精正好滴在了峨眉山前，受了日月精華與雨露的滋養而化作一條長蛇。而這條長蛇的形體屬五行，於干支而論，在大千世界中氣屬金，體象純白，辛屬陰，故為女身。形體雖然屬蛇，但卻還是龍身，卻未脫去龍形。於峨眉山上修鍊了幾百年，采天地之靈氣受日月之精華，故能幻化人形。在一日月光皎潔的夜晚私吞了蛤蟆精的內丹而增長了五百年的功行。自己取名為素貞，後拜蕊芝仙子與驪山老母為師，並賜名為六支，派她到西池的桃園中打掃落葉。後來為求成仙而得知塵緣未了，便下界來人間尋找從前的救命恩人，到了杭州後便收得小青，表面上為一主一婢，但私下卻於姐妹相稱。與法海的恩怨情仇導致最後被壓在雷峰塔下，這一切都是由天數而定的命運。白話小說《白蛇記》與《西湖三塔記》中，記述了白娘子是一個邪惡的妖魔，經常幻化成白衣美婦來誘惑人間的男子，並吸取他們的精血及陽氣來增強自身的功力。而晚明馮夢龍的〈白娘子永鎮雷峰塔〉與彈詞《義妖傳》中則把白娘子的形象轉化為一個民間賢妻良母的美好形象，民間對白蛇故事的印象不再停留於恐怖故事之中，並一直延續到至今。

白蛇的故事在民間流傳了八百多年，發展到明朝萬曆年間進入戲曲傳奇階段，已經是該傳說發展演變的中後期，由此更進一步擴大和加深了它在民間的影響。關於白蛇故事的演變前人研究已豐，如范金蘭的《「白蛇傳故事」型變研究》對此有詳細的論述。從宋代話本、明代傳奇、清代彈詞、寶卷到此後廣為搬演和傳唱的地方戲曲藝形式，白蛇故事傳說經歷層層的轉變，正如《今古奇觀》序言所提的「極摹人情世態之歧，備寫悲歡離合之致」〔註17〕。因此僅管前人研究多，《白蛇卷》以其寶卷的形態演述白蛇故事仍有其獨特的價值存在。做為寶卷中的稀見本，《白蛇卷》中普通社會人民的思想層面才是稀見的核心價值。隨著時代的推移，人民的思想開化，白蛇故事中的人物貫

〔註17〕抱甕老人編；李平校注：《今古奇觀》，臺北：三民出版社，1999年，頁1。

穿其間、日益明朗的態度反應在天下百姓對白娘娘越來越強烈的同情，角色
的權傾改變，法海的多管閒事使兩者之間的衝突越見白熱化。這些民意的潮
流、人心的渴望落實到具體故事的流傳上。明顯看出故事主題從色誘性的寓
言轉變為愛情悲劇，原本的恐怖色彩被沖淡，白蛇的妖性收斂，變得和藹、
善良具有人性，在小說中還有了名字叫白素貞。擁有名字的白蛇不只是小說
的描繪手法，更顯示出這樣清秀名字的背後怎麼可能會有害人的想法？寶卷
中說她「腰細腳小難移步」，官差上樓搜尋庫銀不成，「只得出來求美人」並
「連忙求情請小姐原諒」，這個名字也隨著白蛇故事的演化轉變，成為定型。
許仙又或稱許宣，不論是寶卷或小說他皆有字面或語音的差異，但「白素
貞」三個字卻穩固固畫立於白蛇故事中，正如她堅守的愛情。隨之而來的喝
采使她有了「白娘子」、「白娘娘」等的尊稱，而溫柔可人的形象就再也無法
動搖，反觀法海卻日益強硬、蠻橫與妖魔化，甚至反被罵作妖僧，只落得眾
人喊打的下場，他越是張揚，白素貞便越可人幾分。寶卷說他「法海惡僧毒
計生」，又說他「賊頭賊腦不像人」，可知近代人對法海的觀感惡劣，連用
「惡」、「毒」、「賊」等形容他非人的程度。而對許仙這樣的男人，人們的態度
則相對曖昧不明，因白娘子之故對他多幾分愛屋及烏的好感，但形象上他的
自私、膽小和動搖還是無可迴避的展現出來，歷來故事演變這些負面觀感呈
現在他逼飲雄黃酒、私上金山、親罩金鉢等事，使他像法海的幫兇。但《白蛇
卷》中的許仙顯然已隨著白娘子的形象做了正面修正。法海找上門時許仙大
怒說我娘子是個「賢德之人，沒有半點害我之心。」逼飲雄黃酒也改成許仙
愛護妻子，是不小心喝醉了才在端午節時端了雄黃酒要讓娘子安胎，白素貞
基於對許仙的愛，怕他生疑，不敢在端午節離家休養，才「自願」勉強喝雄黃
酒。從逼迫到自願，這對異類婚的夫妻有了愛也有了愛的結晶。《白蛇卷》語
言淺白許多用語都是現代漢語與牛郎織女同為近代人所創作的新寶卷的可能
性極高，例如「冷血動物兩條蛇，結成生死姐妹同。拜告以畢回洞府，白蛇備
酒待青蛇。」提及呂純陽四月十四的生日舉行集會祈保平安。用惡僧形容法
海已經融入了現代人的主觀意識，寶卷中的白蛇最後得到了青蛇的救援得以
重回仙山修煉。

　　此外，隨著儒、道、佛各家思想在民間意識中的滲透與摻雜，白蛇傳說
在寶卷中的內涵變得更為雜糅。道家思想承襲著「蛇神崇拜」的民俗，寶卷
中說白蛇來自道家聖地峨嵋山；佛家為了宣傳色即是空、點化世人，說白娘

子遇許仙是「千年修煉白蛇精，見一美男動凡心。見他生得多美貌，真是我的心愛人」，才露出禍端一切肇始。而法海便受佛家思想前來降妖伏魔，以為白娘子是「好個大膽白蛇精，竟敢前來騙凡人。混入人間壞風水，還要施藥惑眾人」，因此法海為了「佛門威信」開始收妖。但此處值得注意的創新點在於，《白蛇卷》以脫離早期的《白蛇寶卷》的佛教思想，早期的《白蛇寶卷》對法海與許仙的處理手法與《白蛇卷》並不相同，《白蛇寶卷》中法海見許仙「面有妖氣，因此勸許仙要白娘娘喝雄黃酒，有搬演佛教思想企圖教化人心的用心，但《白蛇卷》中的佛教匡正人心思想已不見痕跡。儒家則竭力重塑白娘子的正統形象，明知她是「異類」，卻付予她新生命，重新刻劃成世間理想的淑女賢婦，是許仙眼中的「賢德之人」。儒家企圖借這一廣傳民間的傳說故事來匡正人倫、導正視聽並建構傳統的中國賢淑價值觀，〔註18〕施法盜銀讓許仙開藥店並幫助許仙看病也充份展現「男主外，女主內」的傳統婚姻關係思想。民間在寶卷唱本中流露出的是非判斷，都比各家教條來得明顯而實在。全心投入的白娘子最後全身而退回仙山修行，失去愛妻的許仙大受打擊，終日瘋癲不知去向，考中狀元的夢蛟則奮力救母。這些結果都顯示了人民心中真正的價值觀與想望，順應民意加以改編、衍生而成寶卷。因此寶卷得到權衡與再判的力量，透露出憐憫弱者又合乎人性的取向。〔註19〕最為顯著的成果是終於將白娘子由原本充滿魅惑的蛇妖徹底改造成一個好女人，擁有如祝英台般理想女性的美貌溫柔、聰明賢慧、癡情堅貞，在一連串鬥爭中表現得更勇敢、無畏。民間傳說中原有情節表現兩條蛇的妖性，如為結親贈銀、助夫成業，肆意盜取錢塘縣的庫銀；為使藥店生意興隆，散播瘟疫、賣藥治病；尋夫不成水漫金山，以致生民塗炭等，法海因而有所發揮。對此，《白蛇

〔註18〕 1952 年，中國戲曲學校實驗京劇團排演此劇時，京劇界著名的導演李紫貴就會要求女主角：無論到什麼時候，都不能有一絲一的蛇妖的表現，不能是化成美女的毒蛇。要把白素貞塑造成溫順、善良、中國古代標準的婦女形象。另外，越劇《白蛇傳》的 1952 年華東戲曲研究院越劇創作的改編本，也將有關蛇妖間過的情節全數刪除。由此可知，無論是民間傳說、寶卷、或戲劇演出，白蛇在此時已徹底去妖魔化並轉變為典型良家美婦之形象。

〔註19〕 白蛇故事也隨著中國的政權結構改變而有所變異，在此劇的表現，1949 年 5 月，在「天亮前最黑的時刻」，上海曾根據白蛇傳故事改編成越劇《白娘子》，完全取消了原傳說中的神話色彩，白素貞和小青不再是蛇妖，而是受迫害的落難之人，並且把白素貞寫成一個正義的「政治逃犯」，法海則成了卑鄙自私的「封建勢力的象徵」。

卷》的刻劃都加以改造。如京劇《白蛇傳》的田漢改編本中，中國大陸解放初期雖仍保留《盜庫》一場戲，不過已改為「借」，但迫於政治壓力，1953 年以後還是徹底刪去盜庫的情節。但《白蛇卷》則是保留盜庫情節，但是在許仙第一次被補後，第二次盜庫盜的是「貪官汙吏」的官銀。小青記取了第一次的教訓，第二次所盜為貪官，使人有「劫富濟貧」的正義感，削弱了違法的罪惡感。民間的好惡被創作者的意識形態引向極端，因此善惡的尺度都極端傾斜，白娘子可以盜貪官之銀、再盜仙草救許仙，因為她「身懷六甲又冒死救人」，法海為封建壓迫的代表，罪大惡極是當然，乾脆讓他壞到底，因此拿佛門威信當理由也不足以抵銷他拆散人家夫妻，讓夢蛟失去雙親的過錯。法海越是作惡施壓，白素貞的悲劇性格就越強烈也更深刻。又如傳說故事中白蛇散播瘟疫，藉此賣藥，可是《白蛇卷》中瘟疫是因天候所致，白蛇還以自身修煉的內丹煉藥，免費贈與窮人，簡直是個活菩薩。再如傳說中水漫金山、生靈塗炭，寶卷中是白蛇向水府借才漫進金山，她是可以施法「借」水的，因此不管是她的修為或是行為，都變得合理化。

反觀許仙，在《白蛇卷》中原本那個自私軟弱的許仙轉變為忠厚善良的無辜受害者。又因白娘子早已變成好女人，許仙的反應也就不再那麼擔心害怕。他是善良的，但也是動搖的。因此嚇死還魂又冷淡無禮，以倉龍化解誤會之後又成了先前那個忠厚善良之人。於是，白蛇傳說和地方戲劇中使人無法原諒許仙的地方，在寶卷中都被一一改寫了，例如：

一、原本他聽信法海挑撥，端午節勸飲雄黃，逼得妻子現原形；寶卷改為夫妻恩愛，許仙喝醉後想讓娘子安胎，白娘子盛情難卻，又心存僥倖想自有千年修行，或許不致於現形，結果是道行不敵酒力，以致顯形嚇死許仙。

二、傳說中白娘子冒死盜靈芝救了他，他卻還疑心作怪，私自跟隨法海上金山參禪避禍，妻子懷著身孕前來尋夫，險些喪命。寶卷中改為許仙釋疑，卻被法海騙至金山，還被逼剃髮出家，許仙不肯遂遭法海軟禁。白娘娘上山尋夫才水漫金山，許仙趁亂逃出。

三、白蛇故事中是嬰兒滿月之期，許仙聽從法海教唆，手持金缽罩住妻子，白娘子怨憤交加；寶卷中嬰兒滿月之時，法海硬闖許家，許仙不准他還私自上樓，白娘子正巧在梳頭，沒有防備才被法海強行收進金缽之中，強行收服白娘子，許仙自此心神喪失，發瘋不知去向。

上述這些存在於寶卷中的變異，都表現出，白蛇故事得以永久流傳的生

命核心，是白娘子那令人又驚又愛的神秘蛇仙身份，以及由她主導的異類戀情所挑起的激烈紛爭，對於人類永不能擺脫的現世愛欲困境具有特殊的意義。當人們在所謂的異類、異端上寄託情感與渴望時，其內心對於人世間現況的不滿、失望，以及由此而來的對於現世統治階級、社會秩序和道德規範的懷疑，也展露無疑。〔註20〕段平的《河西寶卷的調查研究》中《白蛇寶卷》的評價不高，認為「《白蛇寶卷》，和民間流傳的故事基本一樣，只是多了些荒誕不可信的描繪，沒有民間傳說好」〔註21〕，並未討論何處荒誕、如何荒誕？但我認為民間傳說故事類的寶卷，本來就很難脫離原本流傳的故事架構，因為這些故事之所以能歷久不衰，正是因為他們已眾所周知，很多地方更動了便失去原先的風采與魅力。寶卷創作者利用原始故事當素材加以改造，又要顧及寶卷的宣演與結構，以此點忽視了寶卷創作也是反應民意的可能性，甚為可惜。

四、《牛郎織女》的突破

寶卷的體例多樣，就虞永良《河陽寶卷概述》所論河陽寶卷可分三種形式：

1. 全唱本，全部是唱詞，一唱到底，最長的《賢良傳》2025句。有代表性的還有《洛陽橋神》、《拜月華卷》等。

2. 念唱本，這部份主要是道教經義儀式本，經文只能念、韻文是唱的，文中往往使用韻文。

3. 講唱本，這種形式的占了百分之九十以上。講唱時唱詞不能變外，講的部分可有少量的自由發揮。故而這部份寶卷同題卷本往往有差異，是講唱時各人修改而產生的。〔註22〕

〔註20〕清末時期地方戲的興盛，使得《白蛇傳》中的鬥爭性隨同民間的反抗情緒愈演愈烈。郭漢城曾這樣分析《白蛇傳》的人民性：「我覺得《白蛇傳》是反映了革命農民的思想情緒，不過它是通過神話故事作了曲折的反映。」從明末李自成領導的起義軍結束了明王朝的統治到清初鬥爭的規模也很大。白蛇的傳說流傳到明末清初，已出現政治力量的引導，白蛇不僅是幸福生活的大膽嚮往者，愛情的熱烈追求者，利用在宗教上是異端，政治上的叛逆者。從這些白蛇故事的演變都不難理解為何白蛇故事到了寶卷中會一再被修改，因為這些都是為了民眾的心聲。

〔註21〕段平：《河西寶卷的調查研究》，甘肅：蘭州大學出版社，1992年10月，頁79～80。

〔註22〕虞永良：〈河陽寶卷概述〉，《中國・河陽寶卷集》（上），上海：上海文化出版

《牛郎織女》寶卷屬第三類，文長約五千字，原為港口恬莊狄建新抄本。這本《牛郎織女》的形式仍延續著傳統的寶卷體裁，還保有揭讚韻文的開場及結尾，例如：

> 七月七，七巧節，牛郎與織女。
>
> 每一年，鶴橋會，傳流到今天。
>
> 神仙會上佛菩薩，阿彌陀佛。
>
> 經也開來卷也開，諸佛神聖降臨來。
>
> 若問此卷根源來，故事神話傳下來。〔註23〕
>
> 牛郎織女宣圓滿，大眾念佛福壽添。
>
> 今日大眾彌陀念，年年月月靠佛天。
>
> 已上良言三世佛，神仙會上佛菩薩。
>
> 諸尊菩薩摩訶薩，天仙織女賜福來。
>
> 天河白茫茫，隔河兩相望。
>
> 每年七月七，鵲橋配成雙。
>
> 南無神山會上佛菩薩，阿彌陀佛。〔註24〕

由《牛郎織女》寶卷的語言看來，它應該是目前新型態的寶卷，語彙的使用多半是現代漢語，但仍保留散韻夾雜的形式。何以《牛郎織女》寶卷會出現於《河陽寶卷》中？這很有可能是董永傳說在江蘇廣為流傳的緣故。據明人整理的宋元話本小說〈董永遇仙傳〉所載：「東漢中和年間去至淮安潤州府丹陽縣董槐村」〔註25〕，漢代潤州府即今之江蘇省鎮江市一帶。歷來也有學者提出董永生在東臺，葬在東臺的說法〔註26〕，這些論點正確與否猶有疑義，但論點的出現表示著董永傳說的確在江蘇一帶有特殊的影響。《牛郎織女》卷的內容一開始也點明「這本寶卷的故事出在漢朝獻帝時代吳郡東海縣」〔註27〕，加上它使用現的代漢語融合著蘇州方言，由此可見其與江蘇的特殊

社，2007 年 10 月，頁 3。他又說：「民間講經先生卻只分成兩大類，一類稱『佛卷』，又稱『老爺卷』，吳地民間把佛道儒神通稱『老爺』；另一類稱『凡卷』，即凡人修行的故事卷。」

〔註23〕《中國·河陽寶卷集》（上），上海：上海文化出版社，2007 年 10 月，頁 399。

〔註24〕《中國·河陽寶卷集》（上），上海：上海文化出版社，2007 年，頁 403。

〔註25〕（明）洪楩編：《清平山堂話本》，臺北：世界書局，1958 年，頁 183。

〔註26〕東臺在今日江蘇省泰州市。關於董永故事在江蘇流傳的細節，可以參見車錫倫：《俗文學叢考》，臺北：學出版社，1995 年 6 月，頁 37～48。

〔註27〕吳郡：西元 129 年，東漢王朝分會稽郡置吳郡，治吳縣（今江蘇蘇州），轄區

關聯。

　　《牛郎織女》寶卷的內容，跟一般所知的牛郎織女故事差異不大，洪淑蓉《牛郎織女研究》一書對牛郎織女故事的探源與演變有深入的考究，但當時未見有關寶卷的論述。現今的《牛郎織女》寶卷以創作語言而論則與過去的寶卷大相逕庭，這可證明在寶卷流傳演變的過程中，會不斷的有新的作品出現。《牛郎織女》寶卷以「在很遠很遠的一個村莊那裡，有個孩子，爸媽都死了，跟著哥哥、嫂嫂過日子」〔註28〕開頭，故事年代背景設定在漢朝獻帝時的吳郡東海縣，內容講述牛郎遭兄嫂虐待，叫他吃剩飯，穿破衣裳，夜裡還要睡在牛棚。牛郎天天與牛相依，那頭牛似乎也很懂人情，總是用溫和的眼睛看著他，或舔舔他的手。

　　牛郎因為那頭牛對他很親熱，又覺得牛總是很勤懇的幹活，所以牛郎把牠照顧的很好，也常對牛傾吐心事，覺得要是牛也會說話，那就更好了。牛郎一年年的長大，卻成了想獨佔家產兄嫂的眼中釘，每天一早就將他趕出門放牛，連剩下的冷飯也不給他吃，牛郎因此時常挨餓，連站都站不住。一天正當牛郎又挨餓到快受不了時，忽然有個悶聲悶氣的聲音說：「牛郎，牛郎，現在就回家去吧，你嫂嫂在包餃子吃，吃飽肚皮再出來。」〔註29〕牛郎雖然不明所以，但還是依言返家。回家一看，灶上熱騰騰的餃子剛燒好，嫂嫂見無法隱瞞只得讓他吃了。哥哥問他為何今天這麼早就回家，他說牛已經吃飽了。第二天又是如此，怪聲音又要牛郎回家吃包子，牛郎又飽餐了一頓。小氣的嫂嫂每次都白費心機，因此與丈夫協議要與牛郎分家。哥哥還裝得很親熱的樣子對牛郎說：「你年紀已經長大哉，也該成家立業哉。父母留下一點家產，咱們分了吧。一隻牛、一輛車，都歸你，別樣歸我。」〔註30〕兄嫂還對他說他們把好的都歸了他，因此要他趕快離開家。離家後的牛郎無處可去，只好白天上山砍柴裝滿後再讓老牛拉到市集上換糧食，在山坡上蓋了間草房，開了一塊地，種了糧食，也算是安了家。

　　一晚，正當牛郎昏昏欲睡之際，放牧多年的老牛開口告訴牛郎，要他明天去山裡頭的湖邊，會遇見九仙女洗澡。牠要他拿走從西往東數到第九的粉

包括建德以下錢埔江兩岸，故今浙江省杭州市亦在吳郡之內。《中國・河陽寶卷集》（上），上海：上海文化出版社，2007年，頁399。

〔註28〕《中國・河陽寶卷集》（上），上海：上海文化出版社，2007年10月，頁399。
〔註29〕《中國・河陽寶卷集》（上），上海：上海文化出版社，2007年10月，頁400。
〔註30〕《中國・河陽寶卷集》（上），上海：上海文化出版社，2007年10月，頁400。

紅色紗衣，開口要衣服的便是他的妻子。牛郎與仙女見面後，仙女同情牛郎的際遇，牛郎也能體會仙女在天上工作辛苦的不快樂，於是開口向仙女提議，不如我們兩人結婚一起生活？織女欣然同意，此後牛郎負責耕種，織女則在家紡織。牛郎與織女婚後育有一男一女，男的叫金哥，女的叫玉妹，生活很開心，但織女卻總是隱隱擔心王姥娘娘會來找她。

一日，牛郎去餵牛，老牛卻對他說：「我不能幫你們下地幹活哉，我們要分手哉。我死後，你們把我的皮留著，以後碰到什麼緊急事，你就披在背上……」〔註31〕，話還沒說完就死了。有一天，牛郎外出工作，王姥娘娘卻忽然出現帶走織女，金哥急忙去找爹爹回家。牛郎想起老牛臨死前說的話，用老牛死後留下來的皮以扁擔挑著孩子飛天追趕。王姥娘娘見牛郎追得很近了，拉著織女躲進茫茫雲海裡，牛郎什麼都看不見，只能大喊織女妳在哪裡？織女機智地以懷中的金梭引導牛郎方向，金線在迷霧裡隱隱發光，牛郎見著光喜出望外的追上前去，王姥娘娘卻以玉簪畫下天河。牛郎織女的腳下現出波光粼粼的天河，從此分隔了牛郎與織女。牛郎不死心的以水瓢試著舀光天河的水，但卻徒勞無功。王姥娘娘見織女苦苦哀求，最後答應讓他們每年七月初七得見一面，他們的愛情感動了喜鵲，於是每年的七月七日喜鵲都為他們搭起鵲橋，方便兩人見面。

《牛郎織女》寶卷在歷代牛郎織女故事的影響下，除了形式的不同之外，其特色與價值有三：

（一）新時代語言與特殊地方性

因為是使用現代漢語結合蘇州方言的口語化作品，使得《牛郎織女》寶卷的語言風格獨樹一幟，故事情節具現代感，人物性格生動活潑。《牛郎織女》人物對白口語化，故事中經常穿插使用蘇州方言，如描寫牛郎遭兄嫂虐待時寫著牛郎「身上衣服千個褡，腳上無鞋過光陰」〔註32〕，牛郎因此身邊只有老牛陪著他，說舉目無親的他「牛郎想想勿稱心，含只眼淚過光陰」〔註33〕。逐漸長大的牛郎成了兄嫂的眼中釘，於是嫂嫂心想「不如和牛郎分家，就搭

〔註31〕《中國·河陽寶卷集》（上），上海：上海文化出版社，2007年10月，頁402。
〔註32〕《中國·河陽寶卷集》（上），上海：上海文化出版社，2007年10月，頁399。褡，衣服上的補丁，參考《蘇州方言辭典》（江蘇教育出版社，1993年），下同。
〔註33〕《中國·河陽寶卷集》（上），上海：上海文化出版社，2007年10月，頁399。含只，含著的意思。

夫君商量。」〔註34〕分家後嫂嫂還對牛郎說：「我們挑頂有用的東西給你，你知道嗎？」〔註35〕離家後獨自一人的「牛郎窮得沒銀錢，草房搭得勿連牽」〔註36〕，聽老牛之言前往湖邊的「牛郎看見仙女立在湖邊岸上，上身衣裳脫忒」〔註37〕，婚後的牛郎織女「相親相愛，日腳過得很美滿」〔註38〕。

《牛郎織女》的語言風格與歷來寶卷迥異，使用方言也能讓寶卷故事更方便於口耳相傳，用淺白易曉的方式訴說人物內心的情感是自然地流露。例如：

> 一天牛郎去餵牛，那頭衰老的牛又說話哉。眼中含著眼淚，它說：
>
> 「牛郎，我不能幫你們下地幹活哉，我們要分手哉。」〔註39〕

又如談及老牛死後：「牛郎夫妻兩人痛哭一場」〔註40〕，分離後「據說，為了此事，牛郎和織女傷透了腦筋，還隔著天河哭過好幾次呢。」〔註41〕樸實的口語更增添了老牛忠心耿耿的情操，老牛在歷來的牛郎織女故事中都扮演著重要的輔助角色，以其智慧跟預言不停地幫助牛郎，充分展現與牛郎之間親密的情感互動，連死後仍犧牲自己把牛皮留下給牛郎應急。

《牛郎織女》採現代漢語書寫的特殊模式，現代人以此寫作的意義何在？比較其他河陽寶卷收錄的作品，以《董永孝子寶卷》而言：

> 董永寶卷初展開，諸佛菩薩降福來。
>
> 善男信女虔誠聽，增福延壽免消災。
>
> 蓋聞董永寶卷出在大宋仁宗年間，祝州府萬陽縣普州村。提表一人，姓董名山春，娶妻葉氏。家財巨萬，單生一子，取名董永，三歲那年母親亡故。這時又遇荒年，不料回祿三次，只得賣盡田園。

〔註34〕《中國‧河陽寶卷集》（上），上海：上海文化出版社，2007 年 10 月，頁 400。搭，跟的意思。

〔註35〕《中國‧河陽寶卷集》（上），上海：上海文化出版社，2007 年 10 月，頁 400。頂有用，最有用之意。

〔註36〕《中國‧河陽寶卷集》（上），上海：上海文化出版社，2007 年 10 月，頁 400。勿連牽，不像樣之意。

〔註37〕《中國‧河陽寶卷集》（上），上海：上海文化出版社，2007 年 10 月，頁 401。脫衣，脫下來之意。

〔註38〕《中國‧河陽寶卷集》（上），上海：上海文化出版社，2007 年，頁 401。日，日子之意。戀愛完成，到結婚了，一起生活，蘇州人稱為「過日腳」。

〔註39〕《中國‧河陽寶卷集》（上），上海：上海文化出版社，2007 年 10 月，頁 402。

〔註40〕《中國‧河陽寶卷集》（上），上海：上海文化出版社，2007 年 10 月，頁 402。

〔註41〕《中國‧河陽寶卷集》（上），上海：上海文化出版社，2007 年 10 月，頁 403。

弄得一貧如水，舉目無親，無處安身，無可奈何街坊求乞，古廟安
身。這也不在話下，光陰迅速，又過數年，員外得了一病，後來死
在廟中。……〔註42〕

且說大王問判官：「此人窮苦如何緣故？」判官答道：「我看祝州
府萬陽縣普州村之董山春，此人前世做惡事，殺人放火，無所不
為。幸得孝順爹娘，故今先甜後苦，果報生之果，至今陽壽不久就
要歸陰命終。」大王便差小鬼，手提銅錘打他一下，員外一時驚
醒。〔註43〕

《董永孝子寶卷》的語言風格明顯異於《牛郎織女》寶卷，再舉同為中國四
大傳說之一的《梁祝寶卷》為例：

梁祝寶卷初卷開，月下老翁請上臺。

今世姻緣前世定，修得來世好姻親。

話說梁朝武帝年間，百業興旺，習禮開通，四海升平，百姓安居樂
業，男耕女織，其樂融融。浙江省會稽縣祝家莊，有一富戶祝員外，
有良田百項，富甲鄉裏。生有一女名叫英台，聰明伶俐，琴棋書畫
樣樣精通。一日無事，要學男子舞棍弄槍。〔註44〕

《董永孝子寶卷》與《梁祝寶卷》的語言類型與傳統寶卷較為接近。河陽寶
卷所收錄的寶卷語言多與上述兩者相同，唯獨《牛郎織女》以實驗性的創
新手法寫作，其他的稀見寶卷也未見有與之類似者。這種創新有可能成為寶
卷流傳的新方式，因應現代人生活型態的轉變與語言的流變，寶卷除了宗
教儀式的宣講能外，如同河陽寶卷的出版般，可望因此獲得百姓更高的接受
度。〔註45〕

（二）娛樂教育的效果

　　新寶卷的教育意義在於，牛郎織女的傳說可說是中國天文星象故事的代

〔註42〕《中國・河陽寶卷集》（上），上海：上海文化出版社，2007 年 10 月，頁 503。
〔註43〕《中國・河陽寶卷集》（上），上海：上海文化出版社，2007 年 10 月，頁 504。
〔註44〕《中國・河陽寶卷集》（上），上海：上海文化出版社，2007 年 10 月，頁 404。
〔註45〕清朝同治、光緒及至民國時期，寶卷的姿態曾轉變，即宣講寶卷（亦稱宣卷）。
　　　　此時寶卷由佈道勸善，發展成為說唱文學的腳本，以演唱故事為主；甚至有
　　　　的已經成為純民間文學的作品，只有少數還保持著宗教的意味，主要在江南，
　　　　特別是江浙地區流傳。若照此說，則類似《牛郎織女》的新型態寶卷再次獲
　　　　得江浙人民的支持也非絕不可能。

表，寶卷故事保留此部分，在開端即寫著：

> 晴朗的夏天晚上，望著那繁星點點的夜空，橫跨著一條白色的銀河。
> 隔著這條寬寬亮亮的銀河，閃爍著兩顆特別明亮的星星。西邊的那一
> 顆，人們叫它牽牛星；東邊的那一顆，人們叫它織女星。〔註46〕

星宿的形狀與定名誤先民有無數的想像與發揮空間，寶卷藉說故事具體的描寫星象易見的季節、特殊相對的天文位置。在《詩經》中即見對牽牛星的吟詠，故事發展至六朝，想像整日辛勤織布的織女或許太過寂寞，始有「帝憐其獨處，許嫁河西牽牛」的情節。這個流變也體現於寶卷中的「河東織女織雲錦，河西牛郎淚淋淋」〔註47〕。

歷代織女形象的演化至今，民間故事裡織女的性格大多是賢淑而多情的，寶卷保留織女生兒育女的片段也是增添子嗣的傳統思想與情感的展現，因此當織女遭王姥娘娘捉回天庭時，還有牛郎以扁擔挑著兩名幼兒追趕的畫面，強調家庭的無法被拆散以及骨肉分離的殘酷。據洪淑苓《牛郎織女研究》說：「不知何時起，牽牛星又被叫做『扁擔星』。今人高平子史記天官書註中即曾提及，河鼓在他的家鄉，鄉人都叫做『扁擔』。」〔註48〕牽牛星狀似扁擔，而寶卷中的牛郎又以扁擔挑起幼子追趕織女，使得牛郎更具鄉土樸實之味，星座的想像結合故事的內容激發創新的靈感。

牛郎自小失去雙親，對於兄嫂的虐待他也逆來順受，當兄嫂要分家趕他走時，他只想著「反正哥嫂既然都厭我，何必戀戀不捨呢？那輛車不稀罕，幸虧那頭老牛歸了我。親密的夥伴還在一處，離開家不離開家有什麼關係？」〔註49〕受盡欺凌後，牛郎看清兄嫂並不真把他當家人，於是朝夕相處的老牛成了牛郎的依靠。牛郎忠厚、努力的性格，是中國傳統對人品性最基本的要求，因此牛郎與織女共組的家庭是幸福美滿的象徵，男耕女織的生活、一男一女又相親相愛的小孩，雖然並不富裕但卻不怕勞累，日子過得相當幸福。這是傳統中國社會對幸福家庭的定義與嚮往。

由《牛郎織女》寶卷內文可以看出現代思想滲入古代故事的痕跡，例如：

> 在家吃乾草時，要篩得一點兒泥土也沒有，倘牛要吃水，牛郎很關

〔註46〕《中國·河陽寶卷集》（上），上海：上海文化出版社，2007年10月，頁399。
〔註47〕《中國·河陽寶卷集》（上），上海：上海文化出版社，2007年10月，頁399。
〔註48〕洪淑苓：《牛郎織女研究》，臺北：臺灣學生書局，1988年10月，頁146。
〔註49〕《中國·河陽寶卷集》（上），上海：上海文化出版社，2007年10月，頁400。

心，給它清水吃，很講究衛生。〔註50〕

「講究衛生」的觀念是現代人的用語，「衛生」一詞更是來自日本的外來語，
這類現代文明生活的痕跡在《中郎織女》寶卷中不斷地出現。除了融入現代
的衛生觀念以外，《牛郎織女》寶卷以說故事的口吻所描述的情節，既保留原
本寶卷娛樂民眾的效果，也教育了孩童七夕故事的由來：

> 七月七，七巧，牛郎與織女。
>
> 每一年，鵲橋會，傳流到今天。〔註51〕

《牛郎織女》寶卷以故事內文解釋何謂「鵲橋會」：王姥娘娘答應每年七月初
七得見面一次後，隔著天河的牛郎織女卻苦無對策。但是「他們兩人的愛情
終於感動了善解人意的喜鵲。於是，到了每年的七月七日，天上地下的喜鵲，
都飛集在天河上空，一片片翅翼搭成了一座『鵲橋』，引著牛郎織女相會。」
〔註52〕民俗節慶的童蒙教育於此獲得了發揮。

（三）對現階段牛郎織女研究的貢獻

因為先前不曾見直接以《牛郎織女》為名的寶卷，因此在牛郎織女故事
的研究中，有關寶卷的論述幾近空白。牛郎織女的故事在民間家喻戶曉，在車
錫倫《中國寶卷總目》裡，對於牛郎織女故事所衍生的「董永孝子」故事記有
八個版本，但無《牛郎織女》寶卷。牛郎織女故事對民間文學的影響，歷來研
究者多集中在它對其他民間故事或俗曲、歌謠的浸染，又或是針對七夕對民俗
節慶的演化改變。《牛郎織女》寶卷以民間故事為基底，保留經典的架構，增
添近代思想的情節，使古老的傳說變得具現代感而更貼近人民的生活。牛郎和
織女是從牛郎星和織女星的星名衍化而來的，「牛郎織女故事自周代至魏晉南
北朝，可說是其神話故事的建立期，其名稱實應正名為牽牛織女神話」〔註53〕，
千餘年來家喻戶曉。故事的源頭，從《詩經・小雅・大東》可見發端：

> 維天有漢，監亦有光。跂彼織女，終日七襄。
>
> 雖則七襄，不成報章。睆彼牽牛，不以服箱。
>
> 東有啟明，西有長庚。有捄天畢，載施之行。〔註54〕

〔註50〕《中國・河陽寶卷集》（上），上海：上海文化出版社，2007 年 10 月，頁 399。
〔註51〕《中國・河陽寶卷集》（上），上海：上海文化出版社，2007 年 10 月，頁 399。
〔註52〕《中國・河陽寶卷集》（上），上海：上海文化出版社，2007 年 10 月，頁 403。
〔註53〕洪淑芬：《牛郎織女研究》，臺北：臺灣學生書局，1988 年 10 月，頁 17。
〔註54〕（清）阮元校勘：《毛詩正義》，臺北：藝文印書館，1995 年，頁 55。

至漢代《古詩十九首・迢迢牽牛星》中也有關於它的歌詠。牛郎織女故事在
民間文學中還衍生出許多變異的型態，據洪淑苓《牛郎織女研究》統計有兩
兄弟式與謫仙式。前者是把牛郎說成是被兄嫂虐待的弟弟，把織女說成是天
女下凡洗澡，老牛告訴牛郎藏匿織女衣服而成親，最後織女找到衣服飛回天
上，牛郎披上老牛皮，上天去會織女。後者是開頭即點明兩人原本都是神仙，
因觸犯天規而遭貶下凡，或最後說明兩人並列仙籍。《牛郎織女》寶卷故事屬
兩兄弟式，牛郎織女傳說是中國舊社會男耕女織的農村生活文化反映。它以
傳統中國農業家庭生活為背景，通過牛郎與織女結合又離散，只能每年七夕
在天上相會一次的幻想情節，反映舊時代的家庭關係及其所造成的婚姻悲
劇。此傳說衍生《天河配》等戲曲，擴大了牛郎織女故事的影響。它與孟姜女
傳說、白蛇傳說、梁祝傳說被稱為中國著名四大傳說。

　　據胡安蓮〈牛郎織女神話傳說的流變及其文化意義〉一文所載，牛郎織
女傳說歷經漫長的歷史發展，在明清時代完成最後的定型，現今所論的中國
牛郎織女傳說故事多是定型後的內容。若以胡氏文中所言「定型的牛郎織女
傳說」之主要情節與《牛郎織女》寶卷內容製表比較，將有助於我們更加瞭
解《牛郎織女》寶卷故事在傳說發展過程中的定位：

	主要情節	胡安蓮《牛郎女神話傳說的流變及其文化意義》	《牛郎織女》寶卷
1.	牛郎得名	牛郎小的時候死了爹娘，跟著哥哥嫂嫂過日子，也沒名字，因為天天給哥嫂放牛，人家都叫他「牛郎」。	他從小死了父母，跟著哥哥，嫂嫂過日子，沒有名字，因此人家叫他「牛郎」。
2.	牛郎與老牛離家	哥嫂虐待牛郎，牛郎和老黃牛相依為命。在老黃牛的授意下，牛郎決定與哥嫂分開。	哥嫂受不了牛郎總是知道家中有食物而莫名跑回家，小氣的嫂嫂每次都白費心機卻沒騙過牛郎，因此與夫君協議要與牛郎分家。
3.	牛郎與老牛互動	嫂嫂把老黃牛分給了牛郎，又給了他一輛破車，於是老牛拉著車，載著牛郎遠走他鄉。到了一座大山腳下，自己開了荒地，搭了草棚住下了，牛郎對老牛很好，牛也通人性，日子還過得去。	哥哥還裝得很親熱的樣子對牛郎說：「一隻牛、一輛車，都歸你，別樣歸我。兄嫂還對他說他們把好的都歸了他，因此要他趕快離開家。離家後的牛郎無處可去，只好白天上山砍柴裝滿後再讓老牛拉到市集上換糧食，在山坡上蓋了間草房，開墾了一塊地，種了糧食，也算是安了家。

4.	老牛能做人語	老牛本是天神下凡，能知天上事，會說人話。	老牛總是以悶聲悶氣對牛郎說話。
5.	偷衣	天上七仙女趁王母睡覺之機偷下凡間遊玩，來到牛郎所住的山上湖水中洗澡。老牛讓牛郎事先躲在樹叢中，當仙女洗澡時就把其中一件粉紅色的衣服藏起來，誰要衣裝就得做牛郎的媳婦。	老牛要牛郎去山中的湖畔，會見到下凡洗澡的九仙女。要他藏起從西往東數第九件的粉紅色紗衣，向他討衣服的仙女就是他的妻子。
6.	牛郎織女結連理	織女早在天上時就發現牛郎忠厚老實，心中已暗戀牛郎，於是就答應了牛郎的要求。	織女聽了牛郎的身世後，同情又愛憐，也想起自己在天庭整日都織布工作，並不快樂，所以答應了牛郎與他結婚。
7.	牛郎織女生活	老牛為二人主持婚禮。兩人成家後，牛郎種地、織女織布，兩人生下一雙兒女，日了幸福美滿。	婚後男耕女織，三年的時間，他們擁有一男一女兩個孩子，日腳過的很美滿。
8.	老牛臨終囑言	老牛卻老死了，老牛臨死前告訴牛郎：「我死之後，把我的皮、骨頭留住，將來有用。」牛郎照辦了。	樂極生悲，金牛星歸位了。老牛又開口告訴牛郎，自己就要死去，要他留下自己的皮，有急事就披在背上。
9.	織女被帶回天庭	王母一覺睡了三年，發現織女偷下人間，大怒。便親自來到人間將織女抓回天庭。	某天王姥娘娘滿面怒氣出現在織女家，帶走織女。
10.	牛郎追妻	牛郎披上牛皮，帶著一把瓢，挑著小孩也飛了起來。牛郎披著牛皮追趕。	牛郎把牛皮披在背上，找了兩隻筐，一個放金哥，一個放玉妹，又抓起長柄水瓢當扁擔，挑起兒女追趕。
11.	牛郎織女分離	眼見要追上了，王母拔下髮上的簪子（或是梳子）往身後一劃，劃開了一道天河，使牛郎飛不過去。	王姥娘娘以玉簪子往背後劃出天河，阻隔了牛郎與織女。
12.	七夕的由來	牛郎放下孩子，拿起瓢往外潑水，王母娘娘怕牛郎把天河中的水潑完了，被迫讓步，答應每年七月七日讓他們兩個人見面。牛郎、織女後來都化成了星星，連兩個孩子與子也化成星星，這就是牛郎星、織女星與北斗七星。一到七月七，人間喜鵲就會變少，因為去天上搭橋了。	牛郎放下兒女，以水瓢舀水，但天河之水怎麼得乾？王姥娘娘假慈悲，允許每年七月初七夜，牛郎織女鵲橋會。牛郎織女的愛情感動了喜鵲，每年七月初七為他們搭起橋。

　　比較過胡氏的說法後發現，寶卷故事的內容與定型後的牛郎織女故事內容大致相符。明顯較大的不同之處在於以往常見的情節為哥嫂虐待牛郎，牛郎和老牛相依為命，在老牛的授意下牛郎決定與哥嫂分開。寶卷則是因哥嫂受不了牛郎總是知道家中有食物而莫名跑回家，感覺牛郎此舉佔了極大的便宜，因此想分家。但寶卷中並沒有交待老牛是天仙下凡所以會說話，只說「金牛星歸位了」〔註 55〕，若非研讀過其他不同版本牛郎織女傳說者，單憑此語不易發現老牛即是金牛星下凡。緊接著便交待老牛說自己就要死去離開一事。早期故事中多有織女早在天上就發現牛郎忠厚老實並暗自傾心的情節，但在寶卷中已不復存，牛郎窺視、偷衣後與織女細談自己的身世，織女進而心生愛憐。織女又思及自己在天宮「年年月月無休息，織得滿身汗淋淋。有時坐在紡車前，有時布機不留停。」〔註 56〕其實並不快樂。於是當牛郎對她說「既然天上無啥好，你就不用回去了。你能幹活，我也能幹活，我們兩人結了婚，一塊在人間過一生，妳看如何？」〔註 57〕織女便同意了。兩情相悅且平等思考的模式，也滲入了現代人的思想。

　　《牛郎織女》寶卷雖然在情節上有所突破傳統的部份不多，但現代人對王姥娘娘的觀感也頗富趣味。過去的牛郎織女故事中的王母娘娘是害怕天河之水流光，所以答應讓牛郎織女一年一會，但寶卷中則說是「王姥娘娘假慈悲」。寶卷形成這樣的差異可見現代人對愛情的被長輩或權力壓迫，與家庭骨肉分離的痛苦，更無法認同，不再以為一年一會是「法外開恩」，反而覺得這是相思痛苦的再糾結，傳統禮教的束縛也就此翻轉。

　　以民間文學而言，河陽寶卷屬蘇州宣卷系統，很多寶卷內容是當地特有的風俗民情，也有很多是受民間故事所影響而衍生的，不論是民情的研究或是民間故事的演變，研究所得都能在新的視野上將寶卷研究推向另一個境界。河陽寶卷中的民間傳說敘事本，佔河陽寶卷近半的總量，《牛郎織女》亦屬此類，顯見民間故事的改編是寶卷文化的大宗，則民間故事的影響成效也不容小觀。

　　《牛郎織女》寶卷的特色與價值在在突顯了河陽寶卷的重要性，其他稀見寶卷的價值可能不盡相同，但是肯定有尚未為人所發現的驚喜。若能將河

〔註 55〕《中國‧河陽寶卷集》（上），上海：上海文化出版社，2007 年 10 月，頁 401。
〔註 56〕《中國‧河陽寶卷集》（上），上海：上海文化出版社，2007 年 10 月，頁 401。
〔註 57〕《中國‧河陽寶卷集》（上），上海：上海文化出版社，2007 年 10 月，頁 401。

陽寶卷的系統與發展過程、娛樂的作用、教育的作用，從文學、歷史、民俗、信仰、語言等多角度作全面的探討，應能補足現階段對寶卷研究認識的不足。

稀見本寶卷的發現對河陽寶卷的有重大意義，除了證明河陽寶卷的收錄數量確實驚人外，另一個價值是這樣的新發現能對寶卷研究產生新貢獻。類似《牛郎織女》般有價值的稀見寶卷尚有五十餘本，若能深入探討各本稀見寶卷，一定都能有重大的發現。河陽寶卷是用吳語中的虞西方言來講唱，底本的書寫也是用方言來記錄，書中的方言、俗語雖然在現在生活中逐漸淡去，但能保留至今，也為語言學研究提供了資料。

河陽寶卷記錄了江蘇地區人民的生活習俗，在特殊時候念唱寶卷是河陽人民的文化娛樂，這樣的風俗依靠民間信仰維繫不斷。寶卷文本和口頭演唱的關係是寶卷研究中極重要的一環，河陽寶卷所收錄百分之九十以上都是歷代傳抄本，可見當地人民對寶卷的重視。「傳抄本的抄寫者，大多是歷代寶卷講唱者本人。如港口小山村虞關保現存寶卷一百二十多卷，絕大部分是他本人抄寫。鹿苑奚浦村錢載卿生前講經多年，授徒甚多，他的手抄本現存三十卷。港口東南村張詠吟存有寶卷傳抄本一百二十八卷，絕大部分是其丈夫蔣祖恩幫她抄寫的。」〔註58〕現代人文化生活水準不斷提高，影音媒體普及，人們的娛樂消遣甚多，念寶卷或聽寶卷的人越來越少。但據車錫倫〈張家港市港口領「做會講經」調查報告〉顯示在南部的鄉鎮如鳳凰、鹿苑等處，還流行著在特殊的節日念唱寶卷。《牛郎織女》寶卷中所呈現的地方特殊色彩，同樣見於其他擁有當地地方性的寶卷。河陽寶卷不僅是中國俗文學史上的珍貴資料，也是民俗文化的珍貴資產，幸得當地文人的整理、保存而得以面世。

以新題材而言，河陽寶卷豐富又多元的容納民間文學的智慧與展現宗教宣講的力量，寶卷研究有許多的面向需要顧及。由《牛郎織女》寶卷看新材科對寶卷研究的影響可知，若能對河陽寶卷有更多的掌握，當能進一步釐清寶卷在民間文學研究上的一些困難與誤解。河陽寶卷的研究才剛開始，本文只是先就《牛郎織女》寶卷嘗試作點觀察而已，接下來仍有待文獻學、語言學、民間文學、宗教學等多方位的整體研究，屆時它的稀有罕見，它的形式、內容以及特色與價值，也才能夠獲得全面的彰顯。千百年來人民熱愛這些神

〔註58〕《中國・河陽寶卷集》（上），上海：上海文化出版社，2007 年 10 月，頁 4。

話，因為它表達了愛自由、追求幸福的善良人性。

　　以中國民間四大傳說為代表的愛情神話都有一個單一而強烈的反封建主題，正是這絕對鮮明的反封建主題，使得這些故事歷久不衰、永久傳唱，並且出現在各種不同的文學體式中。除了寶卷與小說的風行之外，據 1953 年對全中國十六個大、中城市的初步統計，其中越劇《梁祝》有二十一個劇種演出，《白蛇傳》有十三個劇種演出，各地小城市和鄉鎮的演出更無法勝數，甚至出現流行民謠：「翻開報紙不用看，梁祝姻緣白蛇傳。」這樣的現象都再再顯示出中國四大傳說對整個社會的影響。四大傳說卷中的女主角都為愛而展現出的情意纏繞和個性貞烈，這正是這一類民間傳說的精魂所在，也因此他們值得人們同情，是因為她們都熱烈地純真地愛著對方。為著他，她哭倒萬里長城；為著他，她血書化蝶；為著他，她冒死盜仙草；為著他，她私自下凡，不論她們遇到哪種困境都仍不屈服。這類故事，正如強烈地表現了女性追求自由和幸福的不可征服的意志，以及她們敢於自我犧牲的精神。她們在萬不能抗衡的暴力竟敢於抵抗，沒有絲毫動搖也絕不妥協、至死不屈，也可以說她們的愛戰勝了死亡與距離。

第二節　河陽寶卷與《西遊記》

　　民間宗教利用文學傳播來達到宣揚教義的功能，因此創作寶卷，而寶卷題材的來源除了上述的佛教、道教故事外，最大宗的來源是流傳於民間的故事。明代中葉以後寶卷出現了很多以民間信仰的神道成仙故事為底本的宣講內容，而這一連串寶卷發展的演變也與神魔小說的盛行有關。《河陽寶卷》中的《二郎卷》、《太姥卷》、《猴王卷》、《沉香寶卷》等都可以看出神魔小說對寶卷的影響。陳宏〈《二郎寶卷》與小說《西遊記》系考〉一文針對《清源妙道顯化真君二郎寶卷》產生的年代及其與《西遊記》的關連論證。內文旨在說明《二郎寶卷》與《伏魔寶卷》、《西遊記》的關係，本文站在陳宏研究的基礎上，以河陽寶卷中的《二郎卷》為例，於下論述河陽寶卷中的二郎神是如何受《西遊記》與《封神演義》所影響。試圖釐清講述二郎神的寶卷故事中是否因版本不同而產生變異。《二郎卷》主要講述二郎神尋母、成仙抓拿孫悟空的過程，因玉皇大帝所生的七仙女中的第三仙女下凡離開百花宮與晉州山西大同縣的楊晉生下一子，取名楊戩。因仙女獨自下凡玉帝大怒派太白金星下凡

捉拿，故產下幼子的三仙女只得拋夫棄子回天庭。少年楊戩聽聞父親所言，外出尋母得玉鼎真人相助，習仙法、得鳳目。寶卷突然於此岔出寫楊戩娘親三仙女忽又生下一女，投身山西大同縣楊家府，取名楊秀英，即為後來所見的華岳山娘，而母女得以相會。而楊戩仙山苦練後得師父送哮天犬一隻、三尖槍一根，要他登仙宮與母親相會。緊接著又寫石猴鬧天宮，孫悟空由石猴修練至齊天大聖的過程，再寫二郎神為了收伏他的一連串鬥法，而寶卷最後以孫悟空遭太上老君用三昧真火燒為灰燼做結。

一、二郎神形象的演變

　　二郎神是道教俗神，本為人但因治水有功而被封為神，但二郎神究竟是誰？答案則眾說紛紜，傳說司水，宋朝以後各地多建二郎神廟。研究發展至今有五種比較可靠的說法：

　　（一）秦代蜀郡太守李冰第二子，助父斬蛟鎖龍，築堰平患，蜀人奉為
　　　　　灌口二郎神，祠祀不絕。號為灌口二郎。

　　（二）隋代嘉州太守趙昱斬蛟定患，後又顯靈平定水災，民感其德，立
　　　　　廟漢口，奉為二郎神。亦稱為灌口二郎。晉鄧遐為襄陽太守，斬
　　　　　沔水蛟除患，鄉人立廟祠祀，因嘗為二郎將，亦稱為灌口二郎。

　　（三）《西遊記》與《封神演義》中記玉皇大帝外甥楊戩，神通廣大，
　　　　　曾誅六怪、劈桃山，後為二郎神。小說《西遊記》第六回〈觀音
　　　　　赴會問原因　小聖施威降大聖〉孫悟空二郎神說：「我記得當年玉
　　　　　帝妹子思凡下界，配合楊君，生一男子，曾使斧劈桃山的，是你
　　　　　麼？」〔註59〕此處的二郎真君居住於灌江口，擁有「赤城昭惠英
　　　　　靈聖」和「昭惠靈顯王」的稱號，他顯然與上述的李二郎、趙二
　　　　　郎有關。

　　（四）晉鄧遐為襄陽太守，斬沔水蛟除患，鄉人立廟祠祀，因嘗為二郎
　　　　　將，故為二郎神。

　　（五）相傳是四大天王中之北方多聞天王毗沙門二子獨健，曾率天兵救
　　　　　唐明皇於危難之中，是佛教護法神之一。

　　有關二郎神的研究發展至今，二郎神究竟是誰？無法在上述五種說法中「定於一尊」。但可以確定的是，寶卷中的楊戩說明二郎神形象其實揉合了不

〔註59〕（明）吳承恩：《西遊記》，臺灣：桂冠圖書出版，1994 年 4 月，頁 68。

同的二郎神傳說，河陽寶卷中的《二郎卷》部份有改寫《西遊記》第六回的痕跡。講述二郎神故事的寶卷還有明刻本的《清源妙道顯聖真君一了真人護國佑民忠孝二郎開山寶卷》〔註60〕，兩個寶卷故事的主軸主講二郎神的故事，但寶卷中所指涉的二郎神並非同一個人，有李二郎、趙昱等人的身影。寶卷故事以二郎神降伏孫行者作終。《西遊記》中楊二郎聽調不聽宣的獨特行徑也出現在寶卷中，《蘇州府志》所書平蛟患的灌口二郎是趙昱，而寶卷中所記「受封『昭惠靈顯王二郎』」〔註61〕的是秦代李冰的次子李二郎。不同版本的寶卷都有共同的現象，我們可以相信從明代通俗小說以後，普遍接受以楊戩為二郎神，但形象則融合了李二郎、趙昱等人的特色或名號。對信仰者而言，以楊戩為二郎神的神明崇拜在通俗小說的渲染下變得更具象，融合了歷代演化故事版本的二郎神傳說也成為二郎神神威顯赫的事蹟，這些事蹟透過寶卷宣演的民間信仰帶給人民安定的力量。因為寶卷底本的作者多為下層文人，學識未盡淵博，正如魯迅所言：「我們國民的學問，大多數卻實在靠著小說，甚至於還靠著從小說編出來的戲文。」〔註62〕因此創作寶卷時可能無法顧及二郎神的出身考證，而直接採取民間約定俗成的說法，認為二郎神即為楊戩。而寶卷中楊戩的形象則是建立在多種二郎神傳說的基礎上，這也顯示在明清通俗小說的影響後，民間百姓接受了小說中的二郎神楊戩的身份與形象，並以此作為奉祀的根據，受小說《西遊記》、《封神演義》與戲曲的影響，在糅合了歷代傳說衍化後，普遍接受以楊戩為二郎神之說。胡適曾說：「俗話說：『看了《西遊記》，到老不成器；看了《封神榜》，到老不像樣。』」〔註63〕這些話證明當時兩書風行之普遍，也看出兩書對民間風氣灌輸影響甚巨。《二郎卷》的存在目的開宗明義寫著：「今日宣部二郎卷，妖魔鬼怪盡逃開」〔註64〕，所以宣講是為了驅邪辟凶。明刻本的《清源妙道顯聖真君一了真人護國佑民忠孝二郎開山寶卷》則明顯也是以二郎神「護國佑民」、「忠孝二郎」的功能性為宣講的目的，顯示信仰的功能也勸人要盡忠行孝，而這些功能的運用都是

〔註60〕 見《民間寶卷》第四冊，中國宗教歷史文獻集成編纂委員會編纂，合肥：黃山書社，2005 年 10 月。

〔註61〕 《中國‧河陽寶卷集》(上)，上海：上海文化出版社，2007 年 10 月，頁 113。

〔註62〕 魯迅：《華蓋集續編‧馬上支日記》，臺北：風雲時代出版，1989 年 10 月，頁 184。

〔註63〕 胡適：〈中國文學的過去與來路〉，《胡適文集》，北京：北京大學出版，1921 年，卷 1 頁 30。

〔註64〕 《中國‧河陽寶卷集》(上)，上海：上海文化出版社，2007 年 10 月，頁 106。

神魔小說影響民間宗教信仰而存在於寶卷中的痕跡。

二、《二郎卷》與《西遊記》的揉合

　　《二郎卷》由肇因為仙女思凡寫起，但寶卷故事內容支線龐雜，許多文氣尚未結束之處便又岔開講別的故事，寫二郎神的情節也與西遊記的故事有泰半的雷同。更出講了孫悟空在花果山如何修練的因緣故事，寶卷的作者融合了太多與二郎神有關的元素，可是卻無法巧妙地結合在寶卷中結合。寶卷的寫成常一人獨立創作，在《二郎卷》上又格外明顯。《二郎卷》在提及楊戩出生時寫著：

　　　　楊晉席間開言說，煩托親友取個名。

　　　　眾親人人多歡喜，楊戩二字取乳名。

　　　　後來先生學名取，二郎神名字天下聞。

　　　　後來仙女又有孕，楊俄三歲有難星。〔註65〕

此段格式不合於寶卷既有的傳統規範，文字也流於淺俗與粗糙。加上寶卷中有多處及旁題的內容，如華岳山娘的出現。此段寫來唐突，但正可發現寶卷受《封神演義》與中國古代神話寶蓮燈的影響，為了交待二郎神的出身背景而談？或為顯現自身才學附帶一提？此後寶卷的發展竟均與楊秀英無關。但之後寶卷寫及石猴鬧天宮後往後的內容均與吳承恩的《西遊記》〔註66〕高度雷同，下表列出幾處與《西遊記》第六回幾乎完全吻合之文字：

《西遊記》第六回	《二郎卷》
渾鐵棍乃千錘打，六丁六甲運神功； 如意棒是天河定，鎮海神珍法力洪。 兩個相逢真對手，往來解數實無窮。 這個的陰手棍，萬千，繞腰貫索疾如風； 那個的夾槍棒，不放空，左遮右擋怎相容？ 那陣上旌旗閃閃，這陣上鼉鼓鼕鼕。 萬員天將團團繞，一洞妖猴簇簇叢。 怪霧愁雲漫地府，狼煙煞氣射天宮。 昨朝混戰還猶可，今日爭持更又凶。 堪羨猴王真本事，木吒復敗又逃生。	混鐵棍乃千錘打，六丁六甲運神功。 如意棒是天河鎮，定海神針法律洪。 兩個相逢真敵手，往來解數實無窮。 這個使的陰手棍，繞腰貫索疾如風。 那個使的夾槍棒，左遮右擋勿相容。 那陣上旌旗閃閃，這陣上戰鼓咚咚。 萬員天將團團繞，一洞妖猴簇簇叢。 怪霧愁雲漫地府，狼煙煞氣射天宮。 昨日混戰還猶可，今日爭鬥更又凶。 贊美猴王真本事，木吒大敗進陣中。

〔註65〕　《中國‧河陽寶卷集》（上），上海：上海文化出版社，2007年10月，頁107。

〔註66〕　《西遊記》是否真為吳承恩所作，目前尚無定論，此處仍采接受度最的說法，因二郎寶卷實屬西遊記寶卷體系，故在此不論小說《西遊記》作者為誰的歷史公案。

早有把門鬼判，傳報至裡道：「外有天使，捧旨而至！」二郎即與眾弟兄，出門迎接旨意，焚香開讀。旨意上云：「花果山妖猴齊天大聖作亂。因在宮偷桃、偷酒、偷丹，攪亂蟠桃大會，見著十萬天兵，一十八架天羅地網，圍山收伏，未曾得勝。今特調賢甥同義兄弟即赴花果山助力剿除。成功之後，高昇重賞。」真君大喜道：「天使請回，吾當就去拔刀相助也。」	早有把門鬼判報進裡邊：「外有天使，捧旨來此！」二郎神與眾弟子跪姿接玉旨。天使宣讀花果山妖猴作亂，因在六宮偷桃、偷酒、偷丹，攪亂蟠桃大會，現著十萬天兵神將，十八層天羅地網，圍山收伏，未曾得勝。今特調賢甥同義兄弟，即赴花果山助力，擒拿妖猴。成功之後，高升重賞！真君大喜道：「天使請回，吾即就去拔刀相助是也。」
那真君抖擻神威，搖身一變，變得身高萬丈，兩手舉著三尖槍，好似華山頂上之峰，青面獠牙、朱紅頭髮，惡狠狠往大聖頂上就砍。這大聖也使神通，變得與真君身體一樣大，嘴臉一般，手舉一條如意金箍棒，猶如昆崙頂上的擎天之柱，抵住二郎神。嚇得那馬流元帥戰戰兢兢，搖不得旌旗；哼哈二將，虛怯怯使不得刀劍。這陣上康、張、姚、李、郭、申、直、健諸將，傳號令，撒豆成兵，向那水簾洞處，縱著魔犬，張弓搭箭，一齊掩殺。可憐沖散四健將，捉拿猴精二三千。那些小猴，拋戈棄甲，撇劍丟槍，跑的跑，喊的喊，上山的上山，進洞的進洞，好似夜貓驚宿鳥，飛撒滿天星。	那真君抖擻神威，搖身一變，變得身高萬丈，兩手舉著三尖槍，好似華山頂上之峰，青面獠牙、朱紅頭髮，惡狠狠往大聖頂上就砍。這大聖也使神通，變得與真君身體一樣大，嘴臉一般，手舉一條如意金箍棒，猶如昆崙頂上的擎天之柱，抵住二郎神。嚇得那馬流元帥戰戰兢兢，搖不得旌旗；哼哈二將，虛怯怯使不得刀劍。這陣上康、張、姚、李、郭、申、直、健諸將，傳號令，撒豆成兵，向那水簾洞處，縱著鷹犬，張弓搭箭，一齊掩殺。可憐沖散四健將，捉拿猴精二三千。那些小猴，拋戈棄甲，撇劍丟槍，跑的跑，喊的喊，上山的上山，進洞的進洞，好似夜貓驚宿鳥，飛撒滿天星。
且說真君與大聖，變作法像相鬥。正鬥時，大聖忽見本營中眾猴驚散，收了法像，掣棒抽身就走。真君見他敗走，大步趕上道：「哪裡走！趁早歸降，饒你性命。」大聖不戀戰，拔腿就逃。	且說真君與大聖，變作法像相鬥。正鬥時，大聖忽見本營中眾猴驚散，收了法像，掣棒抽身就走。真君見他敗走，大步趕上道：「哪裡走！趁早歸降，饒你性命。」大聖不戀戰，拔腿就逃。

　　類似這樣的狀況在《二郎卷》中尚有近十處，兩人最經典的鬥法橋段也如出一轍，這說明暸寶卷的創作者深受《西遊記》的影響，也看出《西遊記》在民間說唱藝術的感染力。由於《二郎卷》的重點在二郎神尋母與降伏孫悟空兩處，可以發現寶卷作者的創作重點在於勸人為孝與對二郎神的崇拜。以上各處可以看出《二郎卷》寫作是有所本，除了寶蓮燈與《西遊記》的影響外，《封神演義》與《搜山圖》的身影也涉入其中。在《搜山圖》〔註67〕中的

〔註67〕　《搜山圖》有多種流傳的版本，北京故宮博物院亦有館藏宋代版本，講的是二郎神搜山降魔的故事，故又一名稱《二郎神搜山圖》。

六丁六甲也以其天兵神將之正面形象捨棄了妖魔的獸類原形，轉而為氣勢萬
鈞的天將，襯托二郎神的威勇，此處的變化也正是人民心中二郎神形象轉變
的象徵。河陽寶卷中的二郎神形象與故事脫胎于晚期二郎神說，故所指涉的
二郎神是受明清小說與戲曲的影響而普遍百姓認定的楊戩。

　　河陽寶卷中的《二郎卷》顯然也是《西遊記》寶卷類別系統，都是受神
魔小說《西遊記》的影響而成的民間創作，其中也可見其受《土地寶卷》
〔註68〕的影響。因吳承恩的《西遊記》也是從元代的《西遊記平話》、楊景賢
《西遊記雜劇》衍化而來，故《真空寶卷》、《西遊寶卷》均屬西遊記寶卷系
統。河陽寶卷尚收錄《猴王卷》，講的便是孫悟空的故事，明顯也屬於《西遊
記》系統。除了二郎神的形象與信仰以外，筆者認為二郎神與孫悟空之間的
關係也是值得深入探討的，不僅在《封神演義》裡關係緊密，在寶卷裡頭也
有所表現。筆者擬以河陽寶卷中的《二郎卷》具體考察這個形象與二郎神以
及孫悟空的複雜的淵源關係。通過這番溯源，更能體會《二郎卷》的作者改
編、組合各種相關材料的藝術功力。

　　河陽寶卷中的《二郎卷》明顯深受《西遊記》第六回的影響：

　　　猴王睜眼來觀看，真君生得貌超群。

　　　儀容清俊貌堂堂，兩耳垂肩目有光。

　　　頭戴三山飛鳳帽，身穿一件淡鵝黃。

　　　縷金靴襯盤龍襪，玉帶團花八寶妝。

　　　腰挎彈弓新月樣，手執三尖二刀槍。

　　　斧劈桃山曾救母，彈打梭羅雙鳳凰。

　　　力誅八怪聲名響，結義梅山七怪王〔註69〕。

　　　心高不認天家眷，性傲歸神位灌江。

　　　敕封昭惠英靈聖，變化無邊號二郎。〔註70〕

而《西遊記》第六回則寫有：

<hr>

〔註68〕關於大鬧天宮的土地公公後來被丟入爐火化為座上的《土地寶卷》只見於鄭
　　　　振鐸《中國俗文學史》一書的幾句引言，目前尚未有研究者發現該版本的《土
　　　　地寶卷》。

〔註69〕在《封神演義》中梅山七聖化身為：袁洪（白猿）、金大升（水牛）、戴禮（狗）、
　　　　楊顯（羊）、朱子真（大豬）、常昊（長蛇）、吳龍（蜈蚣）。梅山六兄弟：康、
　　　　張、姚、李四太尉；郭申、直健二將軍。

〔註70〕《中國‧河陽寶卷集》（上），上海：上海文化出版社，2007年10月，頁113。

儀容清俊貌堂堂，兩耳垂肩目有光。

頭戴三山飛鳳帽，身穿一領淡鵝黃。

褸金靴襯盤龍襪，玉帶圍花八寶妝。

腰挎彈弓新月樣，手執三尖兩刃槍。

斧劈桃山曾救母，彈打梭羅雙鳳凰。

力誅八怪聲名遠，義結梅山七聖行。

心高不認天家眷，性傲歸神住灌江。

赤城昭惠英靈聖，顯化無邊號二郎。

封神演義第四十回《四天王遇丙靈公》寫道「楊戩曾煉過九轉元功，七十二變化，無窮妙道，肉身成聖，封清源妙道真君。」〔註 71〕七十二變化經小說演變後也成為孫悟空的法力之一，具備共同法術的特徵已使得二郎神與孫悟空有了連結。

　　看過《封神演義》、《西遊記》可以發現，《封神演義》裡的楊戩與《西遊記》裡的二郎神都跟孫悟空有若干的相似，以下列舉數論：

（一）以人物性格而言，不同住天庭而享下界香火，聽調不聽宣的二郎神與寶卷中「不入飛鳥之類，不與走獸為群，獨自為王是也。」的美猴王有同樣桀驁不馴的性格。

（二）以神格類型而言，二郎神和孫悟空都受到了水神傳說（無支祈和泗州大聖）的影響，前身都是水神。

（三）以故事身份而言，寶卷中寫及當美猴王擔心若有朝一日閻王來勾去，通臂猿猴獻計說道：「如今五蟲，惟有三等人不服閻王。」〔註 72〕通臂猿猴的身份有兩個說法，一說是《西遊記》中如來佛祖座下的四神猴之一；另一說則是《封神演義》中的袁洪。前者本是隻猴子，因嫉妒孫悟空以前的所作所為而與之鬥法，鬥輸後遭悟空降伏，後者在《封神演義》中為梅山七傑之首，本身是修行千年的白猿，為商朝猛將屢敗楊戩，但後遭楊戩收服遂與之結義。

　　透過通臂猿猴我們可以發現，袁洪的本相和神通都有孫悟空化身的成份

〔註 71〕（明）陸西星撰，（明）鍾伯敬評：《封神演義》，臺北：三民出版社，1991 年，頁 392。

〔註 72〕《中國‧河陽寶卷集》（上），上海：上海文化出版社，2007 年 10 月，頁 109。

〔註73〕，而不管面對楊戩或孫悟空，通臂猿猴的下場皆以挑戰屢勝終至被降伏為部屬做結，這樣的雷同關係也成為二郎神與孫悟空之間錯綜複雜的連結。崩芭二將（通臂猿猴）本為二郎神的部屬，隨後卻演化成孫悟空的法力之一，但寶卷中是「哼哈二將」〔註74〕，在此可注意，崩芭二將與馬流二元帥有一說是自上古即為孫悟空的部將，在《西遊記》與寶卷中皆為二郎神的部屬。關於梅山七怪的來歷，據《三教源流搜神大全》卷三《清源妙道真君》條所言，他們是輔佐趙昱入水斬蛟的七個人，《二郎神射鎖魔鏡》則稱七人只是拜服斬蛟而回的趙昱，並沒入水，兩種說法都確定這七人本是二郎神的屬下。《封神演義》將梅山七怪改作楊戩即二郎神的對手，然後由楊戩殲滅之，可算大膽新穎之創發。到了《西遊記》與《二郎卷》楊戩又與梅山七怪結義。由此可知這個故事糅合了多種有關二郎神和孫悟空關係的素材，足以證明楊戩形象與孫悟空之間的淵源甚深。這些交互影響都適足以證明二郎神形象的演變與神格形象的定位在明清神魔小說的催化下得到確立。由文本語言與體例形式來看《二郎卷》是否真能現場宣演或許尚有可議之處，但無庸置疑的是寶卷表現了通俗小說對民間信仰的影響力，並影響說唱藝術的發展。

　　《二郎寶卷》〔註75〕主要演述二郎真君的出身歷史：二郎神的父親楊天佑是上天金童臨凡，為碓州城內書生。母親雲華仙女戀舊情下凡與楊天佑私配成婚，生下二郎真君，因違犯天條，為花果山孫行者所困，被壓於太山之下。後來，二郎神得到天上鬥牛宮西王母的指點，擔山趕太陽，劈山救出母親雲華仙女，反而用太山壓住孫行者。《二郎寶卷》是這樣描繪二郎神形象的：

> 開山斧，兩刃刀，銀彈金弓；升天帽，蹬雲履，騰雲駕霧；
> 縛妖鎖，斬魔劍，八寶俱全。照妖鏡，照魔王，六賊歸順；
> 三山帽，生殺氣，頂上三光；八寶裝，四條帶，腰中緊系；
> 黃袍上，八爪龍，紫霧騰騰。〔註76〕

上述是針對二郎神外貌衣著的描寫，又有對二郎神法力的著墨：

〔註73〕《西遊記》中描述袁洪也通「八九工夫」、偷吃仙桃等皆與孫悟空相類似。
〔註74〕哼哈二將見於《封神演義》，分別是鄭倫、陳奇。
〔註75〕此處所言之《二郎寶卷》全名為《清源妙道題聖真君一了真人護國佑民忠孝二郎開山寶卷》，現今流傳的兩刊本皆為明刻本，又名《二郎開山寶卷》。
〔註76〕見《二郎寶卷·求籤桂造品第十》，收入《中國宗教歷史文獻集成·民間寶卷》第四冊，合肥：黃山書社，2005年，頁623～624。

二郎變化有神通，八裝聖寶緊隨跟，出門先收各牙治，黃毛童子護
吾身。後收七聖為護法，白馬白犬有前因……梅山七位尊神聖，依
靠爺上拜兄弟。師將跟隨常擁護，天地同春成神聖。白馬爺桑神坐
鎮，白犬神嗷緊跟巡。貫會降妖捉鬼怪，邪崇精靈影無踪。〔註77〕

《二郎寶卷》中描繪的二郎神形象與《西遊記》中的二郎神形象極為相似，
其中的各牙治即郭壓直的別寫，則與元明以來二郎神雜劇相同，而白犬神嗷
又與《封神演義》中細犬的本相形如白象，見第四十七回敘楊戩戰趙公明，
暗將哮天犬放起，形如白象，哮天犬是二郎神的標誌之一。《西遊記》小說和
雜劇都曾提到，與孟旭和趙昱不無關係，當然也有可能如張政烺所說是由獨
健的金鼠衍化而來，似同出一源。

三、戲神的由來

二郎神在明代轉變為戲神，而戲班中的武行又特別祭拜武猖神，奉為他
們特別的行業神，武猖神又稱武猖兵馬大元帥，又可寫作五昌、五猖，然五
猖神，又稱五顯神、五通神〔註78〕、五郎神。有關五猖神的來歷複雜，眾說
紛紜，一說他們是橫行鄉野、淫人妻女的妖鬼，因專事奸惡，故稱「五猖
神」。另一說指唐時柳州之鬼；也有人說是朱元璋祭奠戰亡者，以五人為一伍
〔註79〕；一說為元明時期騷擾江南、燒殺奸淫的倭寇。總之，五通神為一群
作惡的野鬼。人們祀之是為免患得福，福來生財，遂當作財神祭之。五通神
以偶像形式在江南廣受廟祀，以路神源頭最古，就是現今常見的「五路財

〔註77〕見《二郎寶卷‧心猿不動品第十一》收入《中國宗教歷史文獻集成‧民間寶
卷》第四冊，合肥：黃山書社，2005年，頁626。

〔註78〕宋代有五聖信仰，後來又有五顯、五通、五道、五盜、五子、五路等名目。
五盜，又稱五道，為：杜平、李思、任安、孫立、耿彥正。他們的來歷有許
多傳說，其中比較可信的一種是五代時，他們強盜結義為兄弟，靠搶劫發財，
後良心發現，以未能盡孝道為憾。是以找了一位貧困至極的老嫗奉為母親，
事甚孝，言必聽之。他們從此改惡從善，死後被人供奉香火，屢顯靈異，故
明代五通神祀中必有一老嫗。所以儘管名目甚多，大抵皆從此一信仰演變而
來。又因這五位強盜，有錢又能做善事，便被人們當財神供奉。

〔註79〕相傳蘇州因此有「借陰債」的習俗。上山上有座五顯靈順廟。相傳八月十七
日是五顯神生日。每到這天前後，就有不少人從各地趕來借陰債，據說只要
從五顯老爺那兒借到陰債，就可望財運亨通、家道興旺。五顯靈順廟內供奉
五顯為顯照、顯明、顯正、顯直、顯德，合稱為「五顯」、「五通」、「五路財
神」。

神」。現有一說為五顯華光即現今的五路財神之一，五顯華光是否真為五通神之一尚有爭議，也有待論證。《太姥寶卷》所講的五顯華光第三世的故事，袁枚《子不語》：「五通神因人而施，江寧陳瑤芬之不良子某，因得罪普濟寺所供奉的五通神，終獲病而死的故事。文中，五通神如是說：我五通大王也，享人間血食久矣，偶然運氣不好，撞著江蘇巡撫老湯，兩江總督小尹，將我誅逐。他兩個是貴人，又是正人，我無可奈何，只得甘受。汝乃市井小人，敢作威福，我不能饒汝矣。」中所指的「巡撫老湯」正是人稱「豆腐湯」〔註80〕的湯斌〔註81〕，五通神懼怕正氣之人，因其屬妖鬼一類。但看《太姥寶卷》我們可以發現存在有五通神與五顯神形象混用的現象。我們必須先釐清五通神與五顯神的關係，方能理解為何戲班的武行當會供奉武猖神為行業神。

二郎神在梨園業中被視為行業神，戲神的種類繁多，例如有：清源師（二郎神）、田寶二將軍、觀音、田元帥、老郎君……等。明代時戲班奉二郎神為戲神、祖師。明萬曆年間湯顯祖為宜黃伶人所建清源祖師廟所撰寫的《宜黃縣戲神清源師廟記》反應了當時供奉二郎神的情況。記中寫道：「奇哉清源師，演古先神聖八能千唱之節，而為此道。……予聞清源，西川灌口神也。為人美好，以遊戲而得道，流此教於人間。……予每為恨。諸生誦法孔子，所在有祠；佛老氏弟子各有其祠。清源師號為得道，弟子盈天下，不減二氏，而無祠者。豈非非樂之徒，以其道為戲相詬病耶。」〔註82〕文中所指的清源為西川灌口神指的即是灌口二郎神，行文間可見二郎神地位之崇高，不僅為祖師爺且與儒釋二教的祖師爺相提並論。清初李漁的《連城璧》小說中仍以二郎神為戲的祖師爺，說法與湯顯祖一致。在《比目魚》傳奇第七齣「入班」中有一段文字：

> （生）請問師父什麼叫做二郎神？（小生）凡有一教就有一教的宗
> 主。二郎神是做戲的祖宗，就像儒家的孔夫子、釋家的如來佛、道
> 家的李老君。〔註83〕

〔註80〕因湯為官清廉公正，不食酒肉，每日僅以三塊豆腐佐餐，故有「豆腐湯」的暱稱。

〔註81〕湯斌是清代著名的「理學名臣，為官清廉、是實踐朱學理論的倡導者，這般背景的名臣自然無法認同方山上的五通神信仰。

〔註82〕（明）湯顯祖撰：《湯顯祖集》，臺北：宏氏出版社，1975年，頁1127～1128。

〔註83〕（清）李漁：《笠翁文集》，北京：光明日報出版，1997年，頁18。

在此將二郎神視為與三教鼻祖同等地位，也與湯顯祖的認知相吻合。後來近人齊如山也在《戲班、信仰、二郎神》中寫有：「戲界對於二郎神，亦極崇拜，平常亦呼之為二郎爺，亦曰妙道真君。崇拜之原故，大致因戲中凡遇降妖伏魔等戲，皆借重此公，故平常亦以為其能降服妖怪，特別尊敬之。戲中所以恆用二郎降妖者，蓋因《封神演義》中之二郎楊戩，頗有神通，又加意附會之。」〔註84〕從湯顯祖、李漁再到齊如山，歷經幾百年來的演變雖同樣以二郎神為戲神的信仰，但近代對二郎神的崇拜又多了「降妖伏魔」的保護功能，這也能說明為何二郎神後來變成人民心中的保護神，齊如山的看法也印證了現代人對二郎神的信仰。齊如山在文中認為二郎神是李二郎與楊戩混合不分，但形象由祖師爺轉而為保護神，因其能降魔伏妖，這樣的現象正巧可以解釋二郎神具有眾人形象匯流、保護功能也匯流的現象，而這樣的形象轉變與匯流是深受《封神演義》與《西遊記》的影響。從寶卷中的二郎神與被視為行業神的二郎神都可發現，透過神明的庇佑結合民間宗教信仰的力量，再透過寶卷的民情風俗展現其在民間生活的影響力，也可發現在神魔小說在中國民間盛行道、佛兩教中的作用力。但為何被視為財神的五通神會成為武行祭祀的行業神？透過上述五通神與五聖關係之間的論證，未能發現武猖為五猖或五通的明證，只能推斷這樣的說法與五通跟五聖的混用有同樣的可能，因五顯華光與二郎神在功能在外貌形塑皆為三眼的狀況下，長久以來的功能匯流造成既然二郎神被視為行業神，那五顯華光也因戲神的功能成為武行特定供奉的祖師爺。明清通俗小說對寶卷的影響除了在二郎卷中可見以外，《猴王卷》中亦有所呈現。

第三節　河陽寶卷中的延壽信仰

　　長生不死一直是人類文明中追尋的一環，《桃花延壽》寶卷雖然在現今的宣演活動是父親為了即將出嫁的女兒所舉辦的儀式，但從中仍可看出延壽信仰的影響。在張家港地區，慶壽時講唱《八仙上壽》、《男延壽卷》，若是為女性做壽，則改唱《芙蓉寶卷》。久病不癒者則宣唱《香山寶卷》、《度關卷》、《純陽卷》、《八仙卷》、《甕根借壽》卷等，希望藉由神佛之力來療癒病痛並達到延壽之功。

〔註84〕齊如山：《齊如山全集》，臺北：聯經出版社，1979 年，頁 204～205。

一、《桃花延壽》的內容與形式

　　《桃花延壽》所講的其實就是桃花女鬥周公的故事。寶卷故事講述周朝時，陝西省有一位知天文地理且精通八卦的周公，招算人的生死吉凶甚為靈驗；城內另有一位範員外之女桃花，不僅能卜生死，還能為死作生。桃花乃九天玄女娘娘之徒「九姑星」思凡下界，由於出生時手中有「桃花」二字故得此名。她的本事超越了周公，事例有二。周公推算桃花的鄰居石宗富將被壓死在破窯內，石宗富之母何氏、妻子裘氏聞此莫不嚎啕大哭；桃花聽聞哭聲後，亦為石宗富占卜，推算結果石宗富確實理應命盡祿絕。然而桃花另外設想解救之法，使旅宿破窯的石宗富於夜半朦朧之際，聽聞母親呼喚之聲而躲過一劫。另外一例是已九十八歲年事甚高的彭祖，周公為之占卜，算得彭祖的大限時辰，而桃花亦為彭祖推算八卦，確認彭祖在八月十五日的丑時將命盡歸陰。然而桃花受九天玄女娘娘靈章，不僅能招算生死，甚至能延增壽命，將彭祖之壽延長到八百零三歲。周公見桃花法術多端，想聘桃花為媳婦，但仍然想試試桃花的本事，因而選定了惡日迎親，看看桃花是否能解退諸多惡煞、凶神。及至迎娶之日，桃花不僅將凶星一一制伏，更藉著高超的法術反將周公一軍。不久適逢大旱，皇上出榜求雨，桃花施展法術，登時烏雲團聚，憑空落下大雨解除了旱災。九姑星宿下凡的桃花，因為救了禾苗與萬民而功成行滿，師父九天玄女娘娘奉玉皇聖旨，宣告桃花得以歸位回到天庭。桃花將一切緣故告知公婆與丈夫後，又同師父九天玄女娘娘到玉皇面前稟奏，要度公婆、丈夫與生身父母到天宮上界，玉皇亦准其奏。當朝皇帝感桃花救黎民百姓之功，因此敕令建造裝塑了九天玄女娘娘與桃花小姐的金身聖像的桃花寶殿，香火絡繹不絕。

　　相較於傳說故事中周公、桃花女與彭祖因前世有感情糾葛，已致於今生互相鬥法。周公算出一男子將遭不測，只能活到二十歲，男子的母親獲得桃花女指導讓男子脫險，並且還獲得八仙給予的八百年的壽命。周公得知，覺得桃花女壞他好事，於是要害桃花女。兩人便在婚禮中開始鬥法，桃花女應對的方式就影響到後世民間婚嫁的習俗。隨後周公與桃花女回歸到原形是玄天上帝的胃與腸。故事傳說中的女性形象，大為提高。以女性的身份觀察桃花女，她跳脫傳統典形的婦女形象，不妥協既定的命運規則，甚至早出破解之法，這結構與以往男尊女卑的內容大相逕庭。跳脫「逆來順受」的命運安排，果敢承受挑戰，或許對當時女性也是一種啟發，更是鼓勵女性的自我突

破。結果神仙星宿之說法，還是回歸神與人的差別性、命運的因果關係。

二、《延壽寶卷》的內容與形式

　　《延壽寶卷》又名《男延壽卷》，是根據明代發生在常熟支塘的真實故事加以改編神化而寫的寶卷。河陽寶卷的編者群在該卷標註明代沈德符《萬曆野獲編》中有相關記載，但未論及載於何卷？沈德符是浙江秀水（今嘉興）人，所寫的《萬曆野獲編》中若真有其相關史料則應該十分可靠。但筆者翻遍《萬曆野獲編》卻仍未發現其中的記載文字，反倒是陶宗儀《南村綴耕錄》中有對此事的描述：

> 【孝行】延祐乙卯，平江常熟之支塘里民朱良吉者，母錢氏，年六十餘，病將死。良吉沐浴禱天，以刀剖胸，割取心肉一臠，煮粥以飲母。母食粥而病愈，良吉心痛，就榻不可起。鄰里憐其且欲絕，乃衰財，命頤真觀道士馬碧潭者醮告神明，祈陰祐之。是日，邑人俞浩齋聞而過其家，視良吉胸間瘡裂幾五寸，氣騰出，痛莫能言。俞為納其心，以桑白皮線縫合。未及期月，已無恙矣。俞因述其事以為世勸，吳郡宋翠嚴先生有詩紀之，其小序曰：夫孝為百行宗，人以父母遺體而生，乳哺鞠育，教誨劬勞，其恩號罔極。然而剖心刲股，恐其傷生而或死也。父母存而子死，故又有禁止之令焉。觀今世降俗薄，悖逆其父母者，視良吉何如哉？如良吉者，自當旌異，為世教勸，而有司曾莫能省。原其一念之純，剖心之際，動天地，感鬼神，固不待賞之於有司，而天地神明，固已陰錄其孝矣。《太上感應篇》所謂，若人者人敬之，天佑之，福祿隨之，眾邪遠之，神靈衛之。今日謝世，明日為地下主，進補仙階。若良吉者有焉。故為顯白其孝，以為人子之勸省也。宗儀之先人，有孝感一事，人多傳道。會稽張君思廉，嘗書於楊鐵崖先生所選墓銘之後矣，今併錄於此云：元故白雲漫士陶明元氏，諱煜。弱冠時，用道家法，事所謂玄武神，甚謹。明元母病心痛，痛則拍張跳躑，床簀衾褥，號叫以舒苦楚，歲瀕死者六七發，醫莫能愈。明元每搯心嚼舌，以代母痛。一日，危甚，計無所出，走禱玄武前曰：「刲股割肝，非先王禮，在法當禁，某非不知也。今事急矣，敢犯死取一臠為湯劑，神爾有靈，疾庶幾其瘳。」禱畢，即引刀欲下，忽有二童自外躍入。叱曰：

「毋自損，我天醫也。」明元大駭，伏地乞哀。童子取案上筆，書十數字於几面。擲筆，二童子咸仆地。隨呼家人救之，噀以水，良久，蘇，乃鄰氏兒也。叩之，無所知焉，視其書，藥方也，隨讀隨隱。明元私喜曰：「此必玄武神也，吾母其瘳矣。」即如方治之，藥甫及口，而痛已失，終母身不再舉。張子曰：齊諧志怪，聖人不道。左氏尚誣，君子非之。明元之事，遂昌鄭元祐狀行，會稽先生楊維禎誌墓，皆不書，非逸也，畏譏而削之也。彼以謂玄武神者，西北方之氣也，莽蒼無知，非如俞跗岐扁，能切脈察色，投湯熨火，抉腸剔胃，以取人疾。在理所不通，故不書。雖然，動天地，感鬼神，莫大乎孝。焉知冥冥中英魂烈氣不散者，或如俞跗岐扁，依憑精魄，以遂孝子之請也？不然，何穹然漠然之體而有所謂天醫乎？明元子宗儀與余友善，其寓殯又在玉笥山下，去余居不遠，以是得其實尤詳。故寧受左氏之誚，不敢沒明元之孝。書曰：「與其殺不辜，寧失不經。先王之過蓋如此。」會稽張憲撰。〔註85〕

《延壽寶卷》內容講述，宋朝京城內的金良因膝下無子，故想做好事積德求子。但玉帝受僧人寫表上奏後發現，金良先前做惡多端，命中註定無子，但因現今行善濟民故賜一子以求續後根。天漢橋邊的劉本中歸陰後三年未投胎，玉帝便讓他投往金府。

劉本中投生金府年方九歲，卻逢父親染病、母親胸前生無名腫毒，藥石罔效。本中憂心忡忡至佛堂下跪祈禱，若父母雙亡則自己也無依無靠，故將刀破腹要取心肝以救父母，結果一命歸陰。閻王因九歲孩童能行大孝，傳為奇聞上稟玉帝。玉帝赦令延增壽十年，太白金星贈仙丹一顆救本中還陽。十九歲時，本中陽壽已盡，判官呈告三曹，三曹決心試探本中於是派出三隻惡鬼與餓馬三匹上路。餓馬到陽間見綠草如茵，狼吞虎嚥，三神就在樹下乘涼，巧遇由安童陪同出外遊玩的本中。經過一連串的考驗，三曹確定金氏父子好行仁義，因此增壽於本中。本中年長後進京考試得狀元，金員外卻要他去收回別人積欠已久的賬票，本中不敢忤逆年老的父親，卻也不忍去收那些貧苦人家的賬票，因此偷將賬票焚毀。家中宅神土地見本中忠孝善良，上奏玉帝，適巧二十九歲的本中正該命絕，因此再得玉帝延壽十年。本中三十九歲仍未娶妻，由金員外請人作媒後取回李倉官之女，新媳卻在洞房花燭夜哭泣，本

〔註85〕（元）陶宗儀撰：《南村輟耕錄》，臺北：鐸出版社，1982年，頁74～76。

中細問原委。才知丈人為官清廉卻逢牢獄之災，夫人是為救父才下嫁於他。本中當夜捐白銀助她救父，並將其送回娘家，希望她救父親後能另覓良緣。狀元行善傳遍京城，遊歷的神將發現此事上奏玉帝，玉帝贈本中三子並增壽十年。年老的狀元晚年一心向善，讀經也無邪念，伽藍聖眾啟稟玉帝，又再增壽十年。晚年的金本中仍多次行善，為偷佛像眼珠的六個小偷解圍，壽終之日還在報恩寺內舉行法會，鬼差前往勾魂，卻遍尋不著本中。原來是伽藍聖眾認得本中，不讓鬼差拿人，鬼差只得回稟閻王。這等善人，人間少有，玉帝定奪後，延壽至百歲，並從地獄中除名。

與《延壽寶卷》內容題材相類似的還有《芙蓉寶卷》、《郭三娘割股卷》，差異在郭三娘割股的故事又將孝行進一步升華。《郭三娘割股卷》為全唱本，共 498 句，是河陽山歌體的卷本，引用千字文講媳婦救婆婆的故事。

《延壽寶卷》展現了儒家文化中的「孝」與「仁」，主人公金本中的身上就有許多特質，如孝順、具同情心、不趁人之危、寬宏大量……等。同時更展現讀書人「君子有所為有所不為」的風骨，雖父命難違，但金本中有自己的判斷，不去向窮人追債而偷燒票據。金本中早年學而優則仕，求取功名，走的是一條典型舊時讀書人的道路，體現儒家積極入世的精神。

追求長壽是道教文化的特質之一。《太平經》中所載：「人生比竟天地幾何，睹病幾何，遭厄運會盛衰進退。」〔註 86〕《太平經》面對人事間所發生的諸多災殃意識到人生短暫，生存不易，因此宣揚生的可戀、死的可懼。認為要逃脫死亡，就必須努力修行。由此可見積善修行是成仙的手段，《延壽寶卷》中的金本中晚年開始誦經念佛，諸多善行雖未見目的性，但恰巧合道家思想達到延壽的作用，明顯帶有勸人為善以求長壽的機能性。

三、《芙蓉寶卷》的內容與形式

《芙蓉寶卷》內容講述明朝太平年間，浙江省衢州府常山縣城內，尚書卜元與妻陸氏，兩人同庚五十，膝下無子，卜元因此想將萬貫家財用以整修佛像、造橋佈施。城隍土地等神明奏稟玉皇大帝，玉皇查明卜元無子，唯將得一女，然此女八歲即亡。地府內有一三載未曾托生的江南蘇州府劉媽媽，因生前未曾佈施且食酒肉而將投為女兒身，便決定將劉媽送至卜府投胎。是夜，陸氏夢見太白金星持一仙桃，陸氏吞服了滋味香甜的仙桃，醒來大汗淋

〔註86〕王明：《太平經合校》，北京：中華出版社，1960 年，頁 296。

漓，十月後果臨盆，生了一女，名喚芙蓉。芙蓉出落得美，又聰明伶俐，不想大或臨門，卜元忽得大病。芙蓉向灶君求增父壽，欲割肉煎湯救父，卻因此命喪黃泉。

芙蓉來到秦廣大王閻王殿上，看見閻王審案，忤逆爹娘者被押入刀山，不敬公婆者被推入拔舌地獄，皆永世不得超生，芙蓉甚為畏懼。將來到地府的原因稟告王，閻王受孝行感動，查看生死簿只見得芙蓉唯有八歲壽命，寫了一道表章奏其孝行上天庭，延得了十年壽命，玉皇准奏，將芙蓉父女皆延壽十年。忽忽年歲已過，芙蓉已十八歲。陸氏夫人身體不好，想吃鮮魚，然而此時節街上遍尋不著，急煞了芙蓉。芙蓉愛母心切，臥寒冰求魚，驚動了東海龍王。龍王得知芙蓉臥冰情由，將孝行上奏玉皇，又遣夜叉快去趕魚，不多時便見一條大鯉魚跳在冰上，完成了芙蓉心願。芙蓉不忍殺生，承諾未來若修成正果便先渡化此鯉，陸氏飲了魚湯，有如吃了仙丹妙藥，滿身疾病蕩然無存。玉皇見此孝行，再增芙蓉十年壽命，並遣福壽星官，延其父母長命百歲。

芙蓉父母感自身皆曾因大病幾乎身亡，多虧芙蓉救了雙親性命，然而彼此年事已高，無法操持家業，因此想要招贅女婿，來接續後代，往後也有依靠。芙蓉卻拒絕了，她已看破紅塵，夫妻兒孫本是冤孽債務，自己本就因前世不修而今生化女，若再不修可能連人身都保不住，想要單身奉養雙親。灶君聽得，具表天庭，玉皇感其廣宣孝道又勸化世人，再將芙蓉延壽十年。雙親年事甚高，芙蓉勸雙親念佛看經，芙蓉喚卜家人卜俊到天恩寺借一部法華經，真經共有八十一卷，將經取回家後，一家人虔誠茹素讀經。神明知聞後，匯報天庭，又延了芙蓉十年壽命。

十年之後，一日，芙蓉在家忽心神不安，欲到天恩寺燒香，正逢二月十九觀音聖誕。備了香燭，參拜觀音，拜佛完畢正於客堂中品茗，忽間外有喧鬧之聲。三名窮人，一男一女哭得傷心，原來是山東太平莊薛文達與妻李氏，避荒來到此地，無盤纏歸鄉要賣女月娥等籌措盤纏，芙蓉一聽，便贈了銀兩讓他們返鄉，甚至還給了做小本生意的資金。三人感念芙蓉，談說其德行，只聽一路上的人們都盛讚卜芙蓉。三人返鄉後，回家供了長生牌位保佑芙蓉小姐，上界神明聽聞上奏，玉皇見表，再度延了十年芙蓉的壽命。是日正逢芙蓉到後堂守庚申，兩名賊子鑽地獄與飛上天見後門沒關，大膽入內翻箱倒籠，將金銀寶貝盡皆掠奪。庚申之夜後，芙蓉回到房門發現遭了小偷，並無

怨恨也不驚動父母，只是照就念佛看經。二賊拿財寶去典當，正逢捕快在仁和當舖內，說不清自己財寶來源，捕快知道是賊贓，立刻一把揪住賊人解到常山縣衙內升堂。小賊本不認罪，用刑之後才坦承招供，鑽地本姓金，原為富人但吃喝嫖賭散盡家財，因而鋌而走險偷取卜家珍寶。破案之後，公差到府要卜家人領回贓銀，芙蓉秉著救人一命勝造七級浮屠的心，不但不予追究，還要父親救出窮困的賊人，銷案免解。縣官見到卜元來帖，知其來意，便將一干犯人遣至尚書府聽從卜家發落。芙蓉在佛堂念佛，賊子入內雙膝跪於廳堂，求芙蓉饒命。芙蓉賜了賊人花銀十兩，要他們重新做人。常山縣知府秘訪卜府失竊之事，察明來龍去脈，稟報朝廷此一難得的孝心女子芙蓉小姐。當今聖上欽賜了牌坊書了忠孝節義四個大字，芙蓉心想自己已逾五十要終身修道，便將家中酒廳改為佛樓，裝設佛像供奉。

一日，玉皇出殿散步，見到浙江省常山縣內一帶雲彩縈繞，派太白金星下界查訪。太白星化為老翁要齋，芙蓉急忙延請入內，不僅招待上好素齋，還備了青錢百文。太白星回去稟報玉皇，玉皇心裡歡喜，再延芙蓉十年陽壽，也延芙蓉父母壽命，化解眾人災厄。芙蓉聽聞牆外街坊上男女老一路啼哭，個個衣衫襤褸，面黃肌瘦，細問原來是城南洛陽村遇到荒年，無法生活，特來求救。芙蓉大開家中倉廩府庫，救濟眾人。灶君土地等神明又將此事上奏玉皇，玉皇再增芙蓉十年壽命。忽忽芙蓉已經七十八歲，心腸愈好，將祖上遺下的借契盡皆焚毀，又將紋銀百兩良田十畝給家人使女要他們勤儉持家，家人甚為感謝，但芙蓉並不要他們報答，只是對他們勸說行孝行善等美德，待人和氣，不近酒色財氣。家人一一應承，拜別了芙蓉。玉皇感動，再度延芙蓉壽命十年。

芙蓉已年高九十，閻王查看生死簿，見芙蓉原應八歲命絕，至今已延至九十高壽，應該在八月十五日酉時歸陰，便派遣黑白無常前往勾魂。黑白無常化作和尚到卜府門外，芙蓉殷勤接待，兩無常卻不敢拿鐵鏈捉拿卜芙蓉，回稟閻王此心孝仁義之人世間少有。閻王再遣無常去打探芙蓉在陽間的狀況，眾神、祖先皆護佑芙蓉，實在捉拿為難。然而閻王三更發出了勾魂票，誰敢留人到四更？無常此次一去，卻遍尋不著芙蓉，得了菩薩伽藍指點，原來是芙蓉念佛真誠，被佛金光給罩住因而無常拿她不著。伽藍稱芙蓉之善，表章天庭，閻王聽聞無常回報，亦奏上了表章。玉皇察看了善惡簿，發現芙蓉一生唯有行善，做了十大善事，立刻遣星君將芙蓉之陽壽延到滿百之數，且要

在之後將她送到西方極樂世界；歸天之日，芙蓉果真坐蓮成佛。芙蓉成佛後，到玉帝殿前要渡九代祖先父母，玉帝亦准了芙蓉之奏，發敕到了卜家，因善心而成佛之餘，芙蓉亦普救凡人。

　　《芙蓉寶卷》又名《女延壽寶卷》，故事脈絡簡單清晰，以行善來延壽的因果循環為主軸。《芙蓉寶卷》與《延壽寶卷》互相對應，故事架構也大致相同。宣唱《芙蓉寶卷》時多用〈平調〉與〈九涵調〉，唱時多為替女病人延壽或消災，故宣演之日需要挑選黃道吉日，方能講唱以達祈福之效。當地民眾也會在生日時請寶卷藝人至家中講唱延壽系列寶卷，表達對親人延年益壽的祝福。就寶卷的實用功能而論，對平日習慣以聽宣卷為信仰、娛樂的人們來說，在病痛纏身之際，以宗教信仰來幫助病患得到精神上的慰藉。

　　故事中芙蓉的孝行有「割肉救父」和「求魚救母」，表現中國傳統二十四孝中的精神。「割肉救親」是中國古代常見的行為，當時人們相信這樣展現孝行，能救治病危的親人，因此不論是史書或民間傳說都時有所聞。如東漢的李妙宇到清代光緒年間的陸念祥，甚至是《河陽寶卷》中的郭三娘，都是這類行為的明證。明代陸人龍的小說《型世言》對此也有詳細的記錄：

> 嘗閱割股救親的，雖得稱為孝，不得旌表。這是朝廷仁政，恐旌表習以成風，親命未至，子生已喪，乃是愛民之心。但割股出人子一般至誠，他身命不顧，還頗甚旌表？果然至孝的，就是不旌表也要割股。……古今來割股救親的也多，如《通紀》上記的，錦衣衛總旗衛整的女，割肝救母，母子皆生的。近日杭州仁和沈孝子割心救父，父子皆亡的。〔註87〕

以人肉當藥引雖不符合現代醫學的眼光，但它的意義在於「捨身救親」的孝道精神，更是回報與勇敢的傳遞。芙蓉明確表達自己是模仿王祥臥冰求鯉的精神，顯現儒家孝道倫理觀對寶卷文學的影響，芙蓉更因此延命添壽，對聽卷的平民百姓而言，這無疑是一種精神上的鼓舞。

小結

　　民間故事寶卷是河陽寶卷的大宗，其重要性不言而喻。深受民眾歡迎是這類型寶卷得以繁衍，不論是中國四大民間傳說或傳奇小說亦或是民間流傳

〔註87〕（明）陸人龍：《型世言》，江蘇：江蘇古籍出版社，1993 年 8 月，頁 63～4。

的故事，都透過寶卷的宣演，靈活地展現其生命力與信仰。這類型寶卷更具體呈現中國社會三教合流的複雜性，除了上述幾類民間故事寶卷外，民間寶卷中還有一類小卷。這類寶卷篇幅短小，大部分僅有唱詞，或稱作「偈」。它們在宣卷開始時演唱，也在宣卷中間插唱作饒頭。其來源有傳統的民歌小曲，如宣傳孝義的《十月懷胎寶卷》，擬人化的《螳螂作親寶卷》等。在甘肅河西地區流傳較廣的《鸚哥寶卷》是根據明代說唱詞話唱本《鸚哥行孝傳》改編的。而河陽地區的《芙蓉寶卷》與《延壽寶卷》兩相互應，男女有別需講唱延壽寶卷時也備有不同的寶卷，可見當地對延壽信仰的虔敬，也反應出人類的長命百歲的渴求。這兩篇寶卷的情節架構類似，都是一個人原本的壽命年歲有限，但因不斷不斷的行善，感動了上天才得以延壽，最後升天成佛。這兩部類似寶卷的流通與盛行說明了延壽信仰受到當地百姓的歡迎與追求，因此老人與病人皆通用。更鼓勵民眾行善，藉由故事說明不論男女皆可透過修行成佛的觀點。

第六章　河陽寶卷與民間秘密宗教

　　在中國的民間文化上，寶卷是特殊的存在，其演變的過程可簡單表示為：佛經→俗講→變文→寶卷。寶卷來自變文，變文出自於俗講，而俗講又是佛經的通俗化，經由觀察這樣的轉變可以發現寶卷與宗教有密切的關連，尤其是明清的民間秘密宗教。寶卷因善書的影響被民間秘密宗教大量運用，變成宣揚教義的載體。車錫倫在《中國寶卷研究》的序裡寫道：

> 至今在江浙吳方言區和甘肅河西走廊的某些農村中仍在演唱。從現
> 存的寶卷文本看，宗教寶卷的內容，主要是宣傳教理，並伴隨信徒
> 的信仰活動，唱述宗教儀禮和修持儀軌；民間寶卷則主要是演唱文
> 學故事，倡導勸善。由於寶卷發展和內容方面的特徵，所以，一方
> 面寶卷成為研究宋元以來的宗教（特別是民間宗教）的重要文獻；
> 同時宣卷和寶卷又被視為一種民間演唱文藝和說唱文學體裁，納入
> 中國俗文學史（民間文學史）和曲藝史的研究範圍。〔註1〕

正因為寶卷具有這樣的背景，因此李世瑜認為「什麼時候、怎樣有的寶卷呢？這應該從秘密宗教談起。」〔註2〕眾所周知，南北朝以來，佛教、道教開始與中國正統儒學融合。宋明理學正是熔儒釋道於一爐的新儒學。以力倡三教合一和「識心見性」的內修真功而著稱的全真道，就成為宋元以來道教中最有勢力和影響的派別。民間宗教發展至明清，明清的民間秘密宗教有一重要特徵，即是將「三教合一」、「萬教歸一」作為思想基礎。清代更是民間秘密宗教

〔註 1〕 車錫倫：《信仰・教化・娛樂─中國寶卷研究及其他》，臺北：臺灣學生書局，
　　　　 2002 年 12 月，頁 III～IV。
〔註 2〕 李世瑜：《寶卷論集》，臺北：南台出版社，2007 年 12 月，頁 8。

發展的顛峰時期，因為「反清復明」的社會意識，讓民間秘密結社〔註3〕也投入這股歷史的洪流。清代民間宗教之所以不斷滋生，而其生存與發展之所以屢禁不止，最根本的原因，在於清代社會有易於產生與滋長「邪教」〔註4〕的溫和土壤。觀察現今張家港地區的寶卷抄本、宣講儀式，民間秘密宗教色彩似乎從《河陽寶卷》中消失了，但其實不然。在《河陽寶卷》的編後記寫道「少數卷本中出現若干費解難懂的古方言及地方性特強的宗教儀式用語，因我們學養有限時間有限，難以一一破解，只能存疑。」〔註5〕顯示《河陽寶卷》中關於民間宗教還有可探討深究的部份。《河陽寶卷》中的《九幽地獄寶卷》〔註6〕、《玉皇寶卷》，都可以看到明清民間秘密宗教的遺留，尤以《九幽地獄寶卷》最為明顯。

因此本文以善書對寶卷的作用、《河陽寶卷》的文本及無生老母的信仰來探討明清民間秘密宗教在《河陽寶卷》中的成份與影響。

第一節　寶卷與善書的融合

論及寶卷與秘密宗教的關係，不能忽略善書。善書，簡而言之是勸人為善之書。〔註7〕明清的圖書市場，善書為刊行的主流書系之一，印善書成為清代書坊業務的特色。道光之後，有上海翼化堂善書局、宏大善書局和北京榮華堂善書鋪等專業善書局的產生。〔註8〕以下就寶卷與善書的關係及寶卷的功能探討善書對寶卷發展的作用。

一、寶卷與善書的關係

在強調「積累功德」觀念下，善書大多是由樂善者捐助刊印，免費送出，使得民眾取得相對的較為容易。而想要吸引民眾的信奉，經卷的傳佈是很重要的因素。善書流傳至今最常見的有《太上感應篇》〔註9〕、《玉曆寶鈔》

〔註3〕白蓮教或其他民間宗教，結社方法都大同小異。加入秘密宗教多為人所介紹，並舉行入教儀式。基本內容為過願立誓、傳靈文、秘訣、授戒、上表掛號、對合同等。
〔註4〕因民間秘密統計過於昌盛，清政府以為秘密結社多為「邪教」，嚴加查證。
〔註5〕《中國·河陽寶卷集》（下），上海：上海文化出版社，2007年10月，頁1507。
〔註6〕《九幽地獄寶卷》又簡稱《地獄寶卷》。
〔註7〕民間也將這類書籍稱為「勸世文」或「因果書」。
〔註8〕參見遊子安《清代善書與社會文化變遷》，香港中文大學博士論文。
〔註9〕宋代《太上感應篇》是第一部勸善書，也是第一本道教勸善書。

〔註10〕，前者是現存最早的善書，同時也是流傳度最廣的，後者有人將它歸入寶卷一類〔註11〕。兩者皆為民眾只要前往廟宇或商家便都隨手可得的刊物。由《玉曆寶鈔》歸入寶卷一類的說法可知，寶卷與善書有相當深的淵源。「諸惡莫作，眾善奉行」是《太上感應篇》的經典名言，同時也是寶卷與善書的共同點。而《太微仙君功過格》則是現存最早的功過格，也是後世功過型善書的範本。善書的對象是一般民眾，關注的焦點是家庭關係，特別注重祖先祭祀與家族延續，這點與儒家思想相同。因果輪迴的宗教信仰也增強了善書勸化民眾的力量。「宣講勸善，具顯著正當的動機；但在手段上，講述鬼神是一便利法門。」〔註12〕這是善書與寶卷的共通點，同時也是民間秘密宗教擅長的宣傳手法之一。寶卷從十六世紀以來大為流行，民間教派領袖多用來宣傳教義。清光緒十年（1884）金陵一得齋善書坊木刻本的《灶君寶卷》〔註13〕，就是向民眾宣講的勸善書，既有宗教獎懲，也條列具體的道德綱目。《河陽寶卷》中的《灶君寶卷》與該版本類似，篇中有諸多文句雷同，可說是清光緒本的小幅改版。

　　佛教勸善書是非物質文化遺產的熱門選項，也是中國佛教扶世助化、勸善導俗的重要載體。〔註14〕事實上，「勸善」可說是中國思想史上十分突出的重要觀念，特別是宋代以後，隨著善書的出現，勸善思想便在整個中國社會中展開。酒井忠夫等學者甚至將善書出現之後的勸善潮流稱為「善書運動」。《太上感應篇》，它不只影響了中國思想史，也影響了小說的創作，更影響了寶卷。宋代以後，寶卷的宣講大為盛行，成為地方民眾精神生活的重要組成部分。《目連救母出離地獄寶卷》、江蘇靖江「佛頭」（宣講寶卷的僧人）宣講

〔註10〕　《玉曆寶鈔》完整的題名是《玉帝慈恩纂載通行世間男婦改悔前非准贖罪惡玉曆》，但從清刊本的封面或卷首來看，此書其他稱呼還有《玉曆至寶鈔》、《玉曆寶鈔》、《玉曆警世》等簡稱《玉曆》。王見川：〈《明清民間宗教經卷文獻》導言〉，臺北：新文豐出版公司，1999 年，頁 9。

〔註11〕　李世瑜：《寶卷綜錄》，北京：中華書局，1961 年 12 月。

〔註12〕　陳兆南：〈鸞堂宣講的傳統與變遷——善書文獻的考察〉，收錄於《儀式、廟會與社區——道教、民間信仰與民間文化》，頁 108。

〔註13〕　該版本現在有網路版可觀看，收錄於歷史文物陳列館的官網。網址如下：http://www.ihp.sinica.edu.tw/~museum/tw/artifacts_detail.php?dc_id=37&class_plan=132。

〔註14〕　如湖北省已經入選國家非物質文化遺產目的「漢川善書」，就和佛門寶卷、善書有密切聯繫。它的早期形式有「釋氏輔教書」之類的志怪小說、佛經應驗記、變文俗講、說經話本、寶卷等形式。

的《大聖寶卷》、《魚籃觀音寶卷》等就是例證。明清以後的「功過格」也是普行民間的勸善書。〔註15〕

　　善書對寶卷最明顯的影響莫過於現存有八種清末寶卷，所涉及的內容均與十殿地獄有關，其中又有兩部與善書《玉曆至寶鈔》中的十殿地獄說之內容相當接近。相同的十位閻王所掌理的十殿，在歷來流傳的各類文獻中都沒有固定的內容，則寶卷的內容與《玉曆至寶鈔》的相似程度甚高，便是一個探究善書影響寶卷關係的線索，《十王卷》〔註16〕中十殿地獄的架構與《玉曆至寶鈔》十分相似即是一例。

　　曾子良認為寶卷可分為教派寶卷、善書寶卷與新寶卷。〔註17〕所謂善書寶卷是以勸懲性質之傳說故事與勸化文字為主，在清代極為盛行。游子安認為，寶卷、善書等不同形式的活動，都是「勸善機制」的一環，因為「善書與聖諭、家訓、格言、寶卷、日用類書等文獻資料共同構成近世庶民教化或民間宗教的素材，匯成一套完整的道德訓誨文獻」。〔註18〕又如清末楊浚輯《善書彙編》時，將寶卷、格言等文獻與善書一起收錄，可見在當時人的眼中，寶卷與善書在本質上相同，都是屬於勸善的範疇。

　　　　由此可見，以勸善倫理為主導的善書，不惟為佛道所重，亦為儒家
　　　　所能接受。《感應篇》、《陰騭文》、《功過格》等善書在明清兩代的大
　　　　量出現乃是時代思潮的一種反映，說明世人（包括儒家士人）對於
　　　　遷善改過的倫理訴求已變得相當迫切。〔註19〕

因應此潮流，寶卷也出現了轉型，除了原先的宗教寶卷外，還有民間故事類型寶卷。李世瑜認為這類型寶卷雜取自民間故事、傳說與戲文等，不屬於寶

〔註15〕初指道士逐日登記行為善惡以自勉自省的尊格，及後流行於民間，泛指用分數來表現行為善惡程度、使行善戒惡得到具體指導的一類善書。這類善書分別列為功格（善行）和過格（惡行）兩項，并用正負數字標示。奉行者每夜自省，將每天行為對照相關項目，給各善行打上正分，惡行打上負分，只記其數，不記其事，分別記入功格或過格。月底作一小計，每月一篇，裝訂成本，每月如此進行，年底再將功過加以總計。功過相抵，累積之功或過，轉入下月或下年，以期勤修不已。

〔註16〕《中國‧河陽寶卷集》（上），上海：上海文化出版社，2007 年 10 月，頁 135。

〔註17〕曾子良：《寶卷之研究》，臺北：國立政治大學中國文學研究所，1975 年碩士論文。

〔註18〕游子安：《勸化金箴》，天津人民出版社，1999 年，頁 15。

〔註19〕吳震：《明末清初勸善運動思想研究》，臺北：國立臺灣大學出版中心，2009年 9 月，頁 108。

卷的正規形式，〔註 20〕但以《河陽寶卷》中現存的寶卷而言，這類型寶卷反而成為大宗。

二、寶卷的功能

寶卷的發展受善書影響，又為民間秘密宗教所利用，發展至今仍是民間日常生活中活躍的信仰儀式，不論其分類與形式，寶卷的功能可歸為以下三類：

（一）道德教化

寶卷被民間宗教家作為宣傳教義的工具，很多寶卷都可見到秘密宗教假託佛教之名貫以「佛說」、「銷釋」等字眼為卷名，方便宣傳，甚至有假借觀音大士宣傳秘密宗教教義者，如《觀音濟度本願真經》〔註 21〕。藉由佛教與道教的信仰觀念接引到秘密宗教的信仰法門，同樣是以道德教化為前提，但如此作法能讓百姓更容易相信，因其說服力強而宣傳力也高，在民間秘密宗教的流傳中這是很常見的手法。車錫倫在《中國寶卷研究論集》中提到：「寶卷的教化作用可以概括『勸善』」〔註 22〕，寶卷的內容除勸人為善外，還有民間宗教奉持的教義與修行體悟的體驗歷程。如《城隍寶卷》開始寫道：「四方百姓修善會，保佑戶戶永平安」〔註 23〕，這種修善會的活動也是由民間宗教信仰而來。又如《地獄寶卷》雖是用在薦亡法會上，但透過遊冥的情節說地獄的恐怖之景，教化百姓在世時要行善，仔細的將惡行分情節輕重安排在不同的地獄，組織性的安排使信仰更具說服力。如在世時「明瞞暗騙，奸智利猾」〔註 24〕者，「打入黑暗地獄」來世轉為畜生。

寶卷的主題之一為勸善懲惡，簡單的說就是「諸惡莫作，眾善奉行」。透過寶卷的宣講，如果社會上下能同心協力，則勸善與懲惡的功能性會成為穩定社會安定的助力，而這是一個國家治安不可或缺的要素。把神跟人融合起來，成為一體，佛教最高的境界是涅槃——非生非死的寂滅境界。對大多數

〔註 20〕 李世瑜：《寶卷論集》，臺北：蘭台出版社，2007 年 12 月，頁 8。
〔註 21〕 詳見喻松青：《民間秘密宗教經卷研究》，〈解析《觀音濟度本願真經》——一部假借觀音大士宣傳民間秘密宗教教義的經卷〉，臺北：聯經出版社，1994 年。
〔註 22〕 車錫倫：《中國寶卷研究論集》，臺北：學出版社，1997 年 5 月，頁 24。
〔註 23〕 《中國·河陽寶卷集》（上），上海：上海文化出版社，2007 年 10 月，頁 150。
〔註 24〕 《中國·河陽寶卷集》（上），上海：上海文化出版社，2007 年 10 月，頁 219。

的佛教徒來說，最高的佛教境界就是往生西方極樂世界。總的來說，宗教追求的是人死後的世界，相信靈魂不滅，勿在地獄受苦。宋代以後的三教合流，對儒家而言，很多傳統思想、道德規範，都是透過佛、道二教而能產生影響。經典再加上宗教的力量，發揮其最大效能。虞永良在〈河陽寶卷概述〉一文講河陽寶卷的社會教化功能時提及，現今河陽寶卷宣演：

> 唱完「本卷」之後，再加唱一些民間傳說故事本，這由當地民眾自行選擇。這種形式的講唱娛樂性強，主要是對民眾進行道德層面的教育，起到了社會教化作用。〔註25〕

經由寶卷的講唱，文本的教化功能更上一層，迴圈不斷的做社與祭祀活動也持續教育著聽寶卷的人民，形成一種固定的活動模式。《受生寶卷》中說：

> 惡人聽了這本卷，去惡從善快修行。
> 善人聽了這本卷，闔家行善不能停。
> 男人聽了這本卷，孝順父母奉雙親。
> 女人聽了這本卷，敬重公婆與夫君。
> 受生寶卷宣圓滿，諸佛菩薩皆喜歡。
> 齋主一家都康健，福也增來壽也添。〔註26〕

強調寶卷的道德教育作用，說明倫理規範的教條與「好還要更好」不能止於行善的道德訴求，此卷最後寫道「齋主一家都康健，福也增來壽也添」是顯示宣卷的功用，也可看做是現在宣卷藝人替齋主的祈願。因此，白若思站在純宗教角度的立場，認為宣卷藝人不能稱為是藝人，而是「神職人員」。他指出宣卷藝人是替齋主與地方百姓處理宗教信仰上的服務與主導齋會儀式的進行，這些都是宗教行為，因此當將他們視為神職人員，由此可見宣卷的宗教色彩強烈。但隨著時代的推移與業務需求的發展，宣卷藝人在職稱與自我認知上，除了「講經先生」以外，他們也在名片上用「寶卷藝人」或「宣卷藝人」、「宣卷班」等職稱來稱呼自己，並得到當地人民認同。

（二）消災祈福

《河陽寶卷》中的道教經義卷本主要功能，亦集中在民間舉行一般延壽、消災、驅邪、保太平、求風調雨順的活動時的講唱。如《延壽寶卷》卷

〔註25〕虞永良：〈河陽寶卷概述〉，《中國‧河陽寶卷集》（上），上海：上海文化出版社，2007年10月，頁6。
〔註26〕《中國‧河陽寶卷集》（上），上海：上海文化出版社，2007年10月，頁338。

首寫有「聊展微忱法會，願消孽罪冀延年。」〔註27〕的字句，說明其具有延壽的功用；又如《三皇寶卷》便強調它的功能，即在「今宣一部玉皇卷，勝誦百部玉皇經，亦能代替三日醮，妖魔鬼怪盡逃開。」〔註28〕《蟠桃會》卷末寫「祈禱平安多吉慶，願求迎祥得橫財」〔註29〕表明其求保太平、發大財的功能；若求風調雨順則唱《龍王卷》「祈求風調並雨順，五穀豐登永長春」。〔註30〕

（三）娛樂功能

宣卷有消災、除病、降福、延壽等多種作用，因此在下層民眾中較容易流行，特別是農村。農村生活的單純與城市發展的距離，都讓寶卷有生存的空間。寶卷流行至明清大盛，在後期深入民間，連茶樓、妓院、巷道等娛樂場所，都可看到宣卷的存在。因為上述的種種因素，使得寶卷現在仍活躍於農村之中，寶卷的作者多是民間的知識份子和宣卷藝人。由於寶卷是以口頭傳唱的性質做流動，因此一種寶卷經常完全出自一人一手，只是故事基底是長久以來民間的集體創作，但在情節刪減或修改的部份，卻是由寶卷持有者所全權處理。他們可能針對某一個寶卷進行加工，校訂或改編者也很多，因此現在所見的河陽地區的寶卷抄本多署名某某人「抄」，或某某人「編輯」等字樣，而不署明某某人「著」。正如同一般的故事家，寶卷的創作者也將自身的思想與好惡融入寶卷的改編之中，讓寶卷更有生命力也更靈活。寶卷的宣演亦同，雖然寶卷的演出有固定使用的寶卷，什麼場合宣什麼卷是不會被改變的。但是，宣卷藝人也在表演時擁有很大的主導權。一般來說，多數的寶卷都會按照流程宣演完，可是，若當天時間不夠或是有突發狀況，宣卷藝人也會掌握宣演的片段，增加點橋段或刪減、略去一些片段，只為了宣演的完整性。就筆者田野調查的經驗而言，無論是河陽寶卷或其他地方的寶卷，若藝人變動情節或演出流程，他們會事先告知聽眾。在休息時間來臨前就事先說明原因，可能因氣候因素、時間因素等，不能全本宣演，所以略去哪個片段，又從何處開始接起，都對聽眾有所交待。

〔註27〕《中國‧河陽寶卷集》（上），上海：上海文化出版社，2007 年 10 月，頁 364。
〔註28〕《中國‧河陽寶卷集》（上）：上海：上海文化出版社，2007 年 10 月，頁 67。
〔註29〕《中國‧河陽寶卷集》（上）：上海：上海文化出版社，2007 年 10 月，頁 308。
〔註30〕《中國‧河陽寶卷集》（上），上海：上海文化出版社，2007 年 10 月，頁 160。

第二節　河陽寶卷中的民間秘密宗教寶卷

　　中國近代打倒迷信思想的運動，可說發端於「五四」，當時領導的知識份子視「進步」為第一要旨，首當其衝的即為對宗教的反思。例如梁啟超的「人死不為鬼」〔註31〕、胡適以「社會不朽」〔註32〕理論取代宗教，加上馬克思主義的影響，導致民間宗教在中國的發展大受限制。對中國官方而言，民間宗教是「人民的鴉片」，也是對革命工作的阻礙，但民間宗教信仰對人民而言有非常深厚的根基，因此政府想處理民間秘密宗教的過程變得複雜。

一、民間秘密宗教的定義

　　所謂的「民間宗教」，歷來已經有多位學者對此定義做過諸多討論與反省，喻松青認為「民間宗教的含義較為廣泛，其中包括民俗學，各類迷信活動等內容，不如稱為民間秘密宗教。」〔註33〕但以研究寶卷的立場而言，在行文討論之際選用的定義是偏向民間宗教是民間信仰的代表，也是相對於「官方宗教」而言。而「民間秘密宗教」則是因為官方禁止嚴懲後無法抑制的民間宗教轉而地下化所形成的現象。

> 所謂的民間信仰，並不是完全由我們所能看見的某種有關宗教信仰
> 的資料的內容，如鬼神信仰、祭祖祭天等所決定，而主要是要看人
> 們去遵行或解決這些信仰的方法與態度。〔註34〕

站在俗文學研究的立場，有關民間信仰的觀察，資料文獻的定義需對應現實人民的信仰狀況而定，並以人們遵行的方法為依歸。

二、寶卷與迷信

　　清代因政府政令之故多將宣卷活動視為「巫覡」，有關記載如《吳縣志》載及裕謙的〈訓俗條約〉：

> 蘇俗治病不事醫藥，妄用師巫，有「看香」、「畫水」、「叫喜」、「宣

〔註31〕吳其昌：《梁啟超傳》，附錄〈余之死生觀〉，東方出版社，2009 年 3 月，頁267。

〔註32〕胡適：〈不朽──我的宗教〉，《胡適文集》，北京：北京大學出版，1921 年 12月，頁 525～532。

〔註33〕喻松青：《明清白蓮教研究》，四川：四川人民出版社，1987 年 4 月，頁 326。

〔註34〕蒲慕州：《追尋一己之福：中國古代的信仰世界》，臺北：允晨文化，1995 年，頁 10。

卷」等事，惟師公、師巫之命是聽。〔註35〕

將寶卷的流傳等儀式活動視為「巫覡」，就現今的研究角度而言當然是不正確的。但從中可見清朝對宣卷活動的態度。自清代開始，中國進行了一連串打擊迷信的禁毀活動，除了對淫祠的禁止以外，〔註36〕湯斌在其巡撫江蘇期間，還曾寫過〈嚴禁私刻淫邪小說戲文告諭〉：

> 獨江蘇坊賈，惟知射利，專結一種無品無學、希圖苟得之徒，編纂小說傳奇，宣淫誨詐，備極穢褻，汙人耳目。……若仍前編刻淫詞小說戲曲，壞亂人心、傷風敗俗者，許人據實出首，將書板力行禁毀。〔註37〕

這是一段禁毀傳奇小說的文字，以湯斌雷厲風行的立場看來，這同樣也是清朝政府的文化措施之一，此事也造成善書刊印的影響。不論是對淫祠信仰或是小說文學，政府的禁止政策都對寶卷的發展多所壓抑，而這樣的風氣卻無法抑制民間秘密宗教的渲染。又如毛祥麟《墨餘錄》卷二〈巫覡〉當中寫道：

> 吳俗尚鬼，病必延巫，謂之看香頭。其人男女皆有之。……其所最盛行者曰「宣卷」，有《觀音卷》、《十王卷》、《靈王卷》諸名目，俚語悉如盲詞，和卷則並女巫攙入。又凡宣卷必俟深更，天明方散，真是鬼域行徑。〔註38〕

該書以看香頭的情況論及五通神信仰並將宣卷活動與其相提並論，可見當時將宣卷活動視如巫術信仰，究其迷信荒謬而斥之。但明清時代中國出現的眾多民間教派幾乎都受到道教理論與佛教思想的影響與滲透，道教神祇經過民間宗教的改頭換面，成為秘密宗教的膜拜的最高神格，如混元紅陽教崇拜無生老母的信仰就是一個明顯的例證。但對民間宗教而言，寶卷是教義實踐的載體，道場、齋醮等儀式都與道教關係緊密，藉由一次次的齋醮與法會建立民間宗教信仰的模式。雖然秘密宗教時常被視為異端，但從戒律與法規上看來，它們也受宗教普通規律所制約，具有宗教一般的屬性和特徵，與正統宗

〔註35〕曹允源、李根源纂：《民國吳縣志》，南京市：鳳凰出版社，2008年，頁862。
〔註36〕最知名的事件是湯斌禁毀蘇州上方山上的五通廟。
〔註37〕范志亭、範哲輯校：《湯斌集》，鄭州：中州古籍出版社，2003年，第1編，《湯子遺書》卷9，頁576。
〔註38〕詳情見（清）《明清筆記史料叢刊》，北京：中國書局，2000年，第13冊卷2，頁126。

教也有相似的地方，只是受到嚴格的區分。

三、《河陽寶卷》與還源教

　　不論是寶卷的文本或宣卷的形式，雖然寶卷起源於中國北方，但各地的形式差異甚大，而這樣的差別並非單純來自於地域的不同。以宣卷的活動看來最顯著的不同在於「形式」與「曲調」，前者正是因為寶卷所源由的明末秘密宗教教派不同而來的差異。在過去的中國，寶卷被視為「邪教的宣傳品」，故而被禁毀，可是民間百姓的信仰卻無法被徹底的壓抑與根除，於是寶卷變成不能說但又公開的秘密。經過長時間的混雜與流變，要從寶卷看出本源的宗教派別是件困難的工作，可是論及寶卷這部份卻又無法迴避，而宣卷的形式正是探索其秘密宗教派別的入口。〔註39〕宣卷的曲調多半都是七字句，但現在宣卷活動的曲調與秘密宗教的源流關係甚微，因為在唱時只要是會唱某種曲調的人都可以更改或唱和，〔註40〕這些表現未必與戲曲有關，文革後因為大變動與時代的因素，很多演出都與文革前的形式大相徑庭，但宣卷仍以新的方式在民間流傳，仍是平民百姓虔誠信仰的依歸〔註41〕。

　　《河陽寶卷》中所收錄的《九幽地獄寶卷》〔註42〕與明代還源教關係甚密，還源教留下的資料很少，研究者著力點小，目前能找到的資料有《銷釋悟性還源寶卷》（明版）〔註43〕與《還源地獄寶卷》但根據考察其大抵與白蓮教脫離不了關係。〔註44〕此點可由朝廷查禁的動作中證明，明萬曆十五年

〔註39〕此說見李世瑜的《寶卷論集》一書，蘭臺網路出版，2007年12月。李世瑜認為寶卷是起於秘密宗教的，因此他判斷那些含有秘密宗教術語的寶卷均是來自民間秘密宗教，故說《目連救母出離地獄生天寶卷》是明正德年的民間秘密宗教寶卷。有關寶卷與民間秘密宗的連繫目前也以李世瑜的說法最為常見，但車錫倫則對此存有異議。

〔註40〕這點以和佛者最為明顯，實際觀看寶卷的演出會發現，和佛者並非藝人而是當地的居民，又以老婦居多，因此可見只要是唱該曲調者皆可參與和佛，當然也可臨場隨機替換。

〔註41〕臺灣地區似乎未見寶卷的宣演，但臺灣皮影戲的戲本便有一點寶卷的樣子。

〔註42〕此卷與車錫倫《中國寶卷總目》中提及《銷釋明證地獄寶卷》相似，據筆者田野調查張家港一帶仍唱《地獄寶卷》，車錫倫的田野調查也證實張家港「仍演唱明末明代還原的《銷釋明證地獄賀卷》。

〔註43〕此卷收錄於王見川所編的《明清民間宗教經卷文獻》第四冊，臺北：新文豐出版社，1999年。

〔註44〕喻松青此說甚為常見，周作人〈無生老母的消息〉一文中也說「這種民間信仰在官書裡大抵只稱之曰邪教，我們檻外人也不能知道他究竟是什麼，總之

（1615），禮部請旨「禁左道以正人心」即提及：

> 近日妖僧流道，聚眾談經，釀錢輪會，一名捏盤教，一名紅封教，
> 一名老子教，又有羅祖教、南無教、淨空教、悟明教、大成無為教，
> 皆諱白蓮之名，實演白蓮之教〔註45〕。

明末白蓮教的著名經卷《古佛天真考證龍華寶經》中《天真收圓品》中所列教名及其教主名稱，計有：老君教、達摩教、宏陽教、淨空教、無為教、西太乘、黃天教、龍天教、南無教、南陽教、悟明教、金山教、頓悟教、金禪教、還源教、大乘教、圓頓教、收源教等十八種。〔註46〕可知還源教是明末的民間宗教教派之一，其祖曰「還源」。後期的民間教派更多，據喻松青的《明清白蓮教研究》所載：

> 有的是從元末明初直接傳下來的白蓮教，有的是白蓮教的支派或和
> 白蓮教有關的（如薊州王森的聞香教），有的和白蓮教本來不同，有
> 所區別，自成系統，但逐漸白蓮化了的（如山東即墨羅靜的羅教）；
> 有的則已不可考。不過總的說來，各教派的信仰、組織等情況是大
> 同小異的，原來差異教大的，也逐漸趨歸一致，互相混用。所以我
> 認為這些所謂的「邪教」可以用白蓮教總其名。〔註47〕

喻松青認為這眾多派系多與白蓮教有關因此總其名，但鄭志明對此說不以為然，認為：

> 將民間的教團皆視為白蓮教，可能來自於官方的主觀立場。……官
> 方對民間教團的管制，是基於政治需求，為鞏固政權而設立。因此，
> 只要與官方立場相違背或危害及社會制序，即以邪教亂黨視之，未
> 必能客觀地探討各教團的內涵及其宗教目的。〔註48〕

筆者認為，不論還源教是否源自白蓮教，明清民間秘密宗教的複雜性與流傳性都使得還源教的部份思想仍保留在寶卷文學之中。從寶卷內文看來是脫胎自明末還源教教全套寶卷《六部六冊》〔註49〕的第四部第四冊《銷釋明證地

　　似乎不就是白蓮教」見《知堂乙酉文編》，頁26。
〔註45〕《明神宗實錄》卷533，萬曆43年6月庚子。
〔註46〕《古佛天真考證龍華寶卷》，載於《民間寶卷》第三卷，合肥：黃山書社，2005年，頁462。
〔註47〕喻松青：《明清白蓮教研究》，四川：四川人民出版社，1987年，頁12。
〔註48〕鄭志明：《無生老母信仰溯源》，臺北：文史哲出版社，1985年7月，頁2~3。
〔註49〕明末民間宗教中的各個教派均有各自習的經卷，或稱寶卷，或稱寶懺。所包括的經卷數量也不一樣，或僅一部，或有數部。後來人們有時合稱某某經為

獄寶卷》，就李國慶〈新見明末還源教全套寶卷《六部六冊敘錄》──《三教聖像泥金手繪圖冊》〉一文所言，第四部冊第四冊的《銷釋明證地獄寶卷》敘錄對該版本有詳細的介紹：

> 一冊一函，書品高 38 公分，寬 12.8 公分。版框高 27.9 公分，寬 12.8 公分。共 161 開（左右兩頁合為一開）。卷首載圖與其他五經不同，其圖題名曰《地獄相》，凡五幅圖，依次包括：七信徒相（頭飾與前圖有別）、童僧相、地獄門前諸鬼怪相。卷端、折面及函套書簽並題書名《銷釋明證地獄寶卷》。唯行格字數、卷首所載三個蓮花牌記、最後一頁韋馱像與其前一頁蓮花牌記悉與前經同。

> 本經曲名包括：掛針（真）兒、掛金鎖、浪淘沙及駐雲飛等四個。

> 全書凡一卷，析為 24 品，計：《還源祖找本性遊地獄品》第一、《祖歎黑暗地獄不見日月品》第二、《歎無邊地獄好苦品》第三、《觀瀠河女人好苦品》第四、《觀看酆都城中罪人好苦品》第五、《歎鐵床地獄罪入好苦品》第六、《祖歎剜眼割舌地獄好苦品》第七、《看刀山地獄十分難禁品》第八、《歎寒冰地獄苦難禁品》第九、《祖歎抽腸地獄奸苦品》第十、《火池地獄最苦難禁品》第十一、《磨研地獄十分奸苦品》第十二、《歎鐵汁地獄好苦品》第十三、《祖歎黑風剎手地獄品》第十四、《歎枉死城中罪人好苦品》第十五、《見剮臉地獄女人好苦品》第十六、《祖歎油鍋地獄好苦品》第十七、《祖歎打爛地獄十分苦品》第十八、《吾歎吊脊地獄好苦品》第十九、《還源游地獄接家書品》第二十、《還源出獄度眾生品》第二十一、《為眾生不肯回頭品》第二十二、《參拜正法出苦品》第二十三、《無毀無壞祖師品》第二十四。〔註 50〕

就其品目看來，《河陽寶卷》中的《九幽地獄卷》應改編自《銷釋明證地獄寶

「某部某冊」，這種稱呼並不常見，僅限於重要的幾種，如弘陽教的經卷共有五部世稱「弘陽五部經」。無為教的經卷共有五部，其中第三部是二冊，其因名五部六冊。李國慶的〈新見明末還源教全套寶卷「六部六冊」敘錄〉一文表示，他所見的寶卷是明代卷，藏於一個私人藏書家之手。對於該部寶卷的由來，描述僅只於此。李國慶循此題法，姑將還原教的全部經卷合稱為「六部六冊」。

〔註 50〕李國慶：〈新見明末還原教全套寶卷《六部六冊敘錄》──附《三教聖像泥金手繪圖冊》〉，《世界宗教研究》，2005 年第 4 期，頁 70。

卷》。因為《九地獄卷》亦分二十四品，有上、下兩卷。分別是《還源老祖本性遊地獄品》第一、《還源老祖嗟歎黑暗地獄不見日月品》第二、《老祖嗟歎無邊地獄罪魂受苦品》第三、《還源老祖觀看奈河女人苦品》第四、《還源老祖觀看酆都獄中罪人受苦品》第五、《老祖嗟歎鐵床地獄鬼魂受苦品》第六、《老祖嗟歎挖眼地獄受苦品》第七、《老祖嗟歎刀山地獄受苦品》第八、《老祖嗟歎寒冰地獄受苦品》第九、《老祖嗟歎抽腸地獄》第十、《老祖嗟歎火池地獄苦難品》第十一、《老祖嗟歎磨研地獄苦楚品》第十二、《老祖嗟歎鐵汁地獄受苦品》第十三、《老祖嗟歎黑風剎手地獄品》第十四、《老祖嗟歎枉死城中罪人受苦品》第十五、《還源老祖嗟歎刮臉地獄受罪品》第十六、《老祖嗟歎油鍋地獄受罪品》第十七、《老祖嗟歎打爛地獄十分苦楚品》第十八、《老祖嗟歎吊脊地獄罪苦品》第十九、《還源老祖游地獄接家書品》第二十、《還源祖度眾生品》第二十一、《老祖為眾生肯回頭品》第二十二、《參天正法出苦品》第二十三、《無致無壞祖師品》第二十四。兩者比較見下表：

【表一】

《銷釋明證地獄寶卷》	《九幽地獄卷》
《還源祖找本性遊地獄品》第一	《還源老祖本性遊地獄品》第一
《祖歎黑暗地獄不見日月》第二	《還源老祖嗟歎黑暗地獄不見日月品》第二
《歎無邊地獄好苦品》第三	《老祖嗟歎無邊地獄罪受苦品》第三
《觀瀠河女人好苦品》第四	《還源老祖觀看奈河女人苦品》第四
《觀看酆都城中罪人好苦品品》第五	《還源老祖觀看酆都獄中罪人受苦品》第五
《歎鐵床地獄罪入好苦品》第六	《老祖嗟歎鐵床地獄鬼魂受苦品》第六
《祖歎歎剜眼割舌地獄好苦品》第七	《老祖嗟歎挖眼地獄受苦品》第七
《看刀山地獄十分難禁品》第八	《老祖嗟歎刀山地獄受苦品》第八
《歎寒冰地獄苦難禁品》第九	《老祖嗟歎寒冰地獄受苦品》第九
《祖歎抽陽地獄奸苦品》第十	《老祖嗟歎抽腸地獄》第十
《歎火池地獄最苦難禁品》第十一	《老祖嗟歎火池地獄苦難品》第十一
《磨研地獄十分奸苦品》第十二	《老祖嗟歎磨研地獄苦楚品》第十二
《歎鐵汁地獄好苦品》第十三	《老祖嗟歎鐵汁地獄受苦品》第十三
《祖歎黑風剎手地獄品》第十四	《老祖嗟歎黑風剎手地獄》第十四
《歎枉死城中罪人好苦品》第十五	《老祖嗟歎枉死城中罪人受苦品》第十五
《見刷臉地獄女人好苦品》第十六	《還源老祖嗟歎刮臉地獄受罪品》第十六

《祖歎油鍋地獄好苦品》第十七	《老祖嗟歎油鍋地獄受罪品》第十七
《祖歎打爛地獄十分苦品》第十八	《老祖嗟打爛地獄十分苦楚》第十八
《吾歎吊脊地獄苦品》第十九	《老祖嗟歎吊脊地獄罪苦品》第十九
《還源游地獄接家書品》第二十	《還源老祖游地獄接家書品》第二十
《還源出獄度眾生品》第二十一	《還源祖度眾生品》第二十一
《為眾生不肯回頭品》第二十二	《老祖為眾生肯回頭品》第二十二
《參拜正出苦品》第二十三	《參天正法出苦品》第二十三
《無毀無壞祖師品》第二十四	《無毀無壞祖師品》第二十四

從表一的品目名稱比較看來，《九幽地獄卷》確實是來自明代還源教，那麼，《九幽地獄卷》的價值便依附在「六部六冊」的之上。除了現在為往生者唱頌的功能外，依宗教價值來說「在明代寶卷中，多以一個教派經卷完整無缺地全套傳世為重。這六部明代還源教寶卷與上述弘陽教弘陽五部經、無為教五部六冊一樣，也是完整無缺地全套傳世。至今為止，學術報刊尚無關於還源教經卷六部六冊完整無缺地全套傳世的報導，官私書目著錄中更沒有披露海內外公私收藏者入藏六部六冊的資訊。六部六冊是至今所知僅存的一套完整的明末白蓮教支派還源教的經典作品」〔註51〕，因此，《九幽地獄卷》也確實證明了《六部六冊》曾經流傳並被地方信仰實際使用。

羅教以「還源結果」講佛教圓寂之理，如《五部六冊》中《破十樣仙品》第七有「好個自在真空法，逐本還源舊家風。」〔註52〕的字句，還源教教名可能因此而來。另外該六部六冊其它寶卷卷名中題有《還源》、《開心》、《嘆世》〔註53〕等，不論是體制或卷名皆明顯仿效《五部六冊》而來。《銷釋明證地獄寶卷》寫明此經由還源祖造。教義是「救眾生，早出沉淪」。主要圍繞教義講述十八地獄諸般苦狀，就其教義的內涵充分展開和深入講解。〔註54〕清

〔註51〕 李國慶：〈新見明末還源教全套卷《六部六冊敘錄》——附《三教聖像泥金手繪圖冊》〉，《世界宗教研究》，2005 年第 4 期，頁 73。

〔註52〕 王見川、林萬傳編：《明清民間宗教經卷文獻》第 1 冊，臺北：新文豐出版社，1999 年，頁 571。

〔註53〕 《五部六冊》有《嘆世無為卷》。

〔註54〕 《地獄卷》第一《還源祖找本性遊地獄品》寫「《地獄寶卷》才展開，燃燈古佛送寶來。與我一根無名杖，戳碎地獄除三災。」《地獄卷》第八〈看刀山地獄十分難禁品〉寫著「流傳世，勸化眾生；殺生人，仔細聽，來蹤去路」。《地獄卷》第十二《研磨地獄十分好苦品》「還原歎罷心煩惱，罪人幾時得超生」。這些教義內容都平均分散在各品目之中，個別講解其意涵。

黃育楩批評《地獄寶卷》時論道：

> 邪教惑人，別無良方，恐人不習教，則以閻君地獄極力驚駭而已。勸人必信教，則以佛祖靈山多方引誘而已。豈知不習教者安居樂業，雖未登靈山而已多快境；唯習教者犯案到官，猶未入地獄而先受嚴刑。孰吉孰凶，何去何從，稍有識者，必能辯之。《地獄寶卷》不可信也。〔註55〕

黃育楩《破邪詳辯》為明清民間宗教保留了許多研究資料，如對《地獄寶卷》的批評即是，但《地獄寶卷》並沒有隨著朝廷的打壓而消失，反倒是還現存於河陽地區為往生者唱頌。透過還源教的《六部六冊》完整地記述了的教義內容，是研究還源教最直接的第一手文獻。這些資訊來源的確前所未見，但因結構完整，版本規格都相當明確，且與《九幽地獄卷》不謀而合，因此，李國慶的推斷應有相當的準確度。從《九幽地獄卷》可以探知明代還源教對河陽地區的影響，也可發現明代民間秘密宗教至今仍於鄉村普通百姓之中存有餘緒。〔註56〕

第三節　《河陽寶卷》中的無生老母

關於無生老母這位女神和信仰的出現，學術界研究存在一些分歧意見。無生老母是誰？在眾多的說法〔註57〕與流變〔註58〕當中以《觀音濟度本願真經》中的說法得到學界認同，《觀音濟度本願真經》以「瑤池金母」為最高神祇。先天道原是尊崇「無生老母」為最崇高之神，在道光二十三年清廷鎮壓

〔註55〕黃育楩：《破邪詳辯》，《清史資料》第 3 輯，臺北：中華書局，1982 年，頁27。

〔註56〕無生老母在河南、陝西、山西、山東以及河北大部份信仰十分廣泛，人們習慣稱無生老母為「老母」、「老娘」、「老無生」，這些稱呼體現了老百姓信仰的親切、樸實，拉近了神與人之間的關係。

〔註57〕關於無生老母的說法很多有瑤池金母、太姥娘娘、無極老母（一貫道）、無極聖祖（雞足山大乘教）等。

〔註58〕其傳說頗多，明末清初河北士人戴明說所作《無生廟碑記》，即有關於無生老母之靈異記載。舊俗農曆正月初七為「人勝節」，供無生老母，因為她是最早的女始祖，芸芸眾生的保護神。清代以後，更增添無數民間色彩，如道光年間（1821～1850）流傳於河北白陽教徒間者，即謂無生老母於康熙年間（1662～1722）轉世，出嫁後生一子，後為丈夫所休棄，子又被雷殛，遂開始其習教傳徒生涯，顯示其為受過苦難之婦女形象。

後，始將無生老母捏造改稱為「瑤池金母」〔註59〕。喻松青認為：

> 至於無生父母這在《苦功悟道卷》卷一中已經有了。它說：「單念四
> 字，阿彌陀佛，念得慢了，又怕彼國天上，無生父母，不得聽聞，
> 這裡死，那裡生，那裡死，這裡生，叫做流浪家鄉。生死受苦無盡，
> 既得高登本分家鄉，永無生死。」〔註60〕

「真空家鄉，無生老母」最早見於《苦功悟道卷》和《巍巍不動泰上深根結果卷》。上述有關真空家鄉，無生老母信仰的描寫是最早的文字記述。馬西沙、韓秉方則提出不同的看法批評喻松青：「我們認為，這種論斷欠妥，失之於準確。誠然，五部六冊為『無生老母』的面世作了重要鋪墊，且提供了不少定向性的暗示。但翻遍五部寶卷，卻根本找不到『無生老母』四字。」〔註61〕又說：「『無生老母信仰』確實是在五部六冊中作了充分的思想醞釀，乃至呼之欲出。但是，躁動於母腹的胎兒，終究不是落地啼哭的嬰兒。」〔註62〕因此，王見川進一步提出：其實，無生老母崇拜的形成，有一個逐步發展演變的過程。早在羅夢鴻〔註63〕開始「悟道」以前，民間就流行著崇拜無生父母的信仰。學者一般認為無生老母源出羅祖《五部六冊》，其實，在《苦功悟道卷》中寫得很清楚，無生父母是當時信仰彌陀的宗教結社所持念的真言，並非羅祖所主張和提倡的觀念。〔註64〕鄭志明更進一步證實這個說法，《無生老母信仰淵源》一書中說：「由其他相關章句考證，羅祖的『無生父母』，已有『無生老母』的意念」。〔註65〕另外，羅夢鴻在講到他自己的悟道經過《尋師訪道第三參》中寫道：

> 忽一日，有信來，朋友相見。說與我，孫甫宅，有一明師。

〔註59〕此說見《川匯奏稟》道光二十三年三月十九日裕泰奏摺而道中稱「改稱」。詳細說明與推論則參考王見川主編的《明清間宗教經卷文獻》第一冊，臺北：新文豐出版，1999年，導言頁9。

〔註60〕喻松青：《明清白蓮教研究》，四川：四川人民出版社，1987年4月，頁35。

〔註61〕馬西沙、韓秉方：《中國民間宗教史》，北京：中國社會科學出版社，2004年8月，頁165。

〔註62〕馬西沙、韓秉方：《中國民間宗教史》，北京：中國社會科學出版社，2004年8月，頁166。

〔註63〕馬西沙、韓秉方：《中國民間宗教史》一書藉由檔案記載，斷定羅教教主名叫羅夢鴻。

〔註64〕王見川：〈臺灣齋教研究之三——龍華教源流探索〉，《臺北文獻》直字115期，1996年3月，頁99～140。

〔註65〕鄭志明：《無生老母信仰淵源》，臺北，文史哲出版社，1985年，頁110。

連忙去，拜師傅，不離左右。告師傅，說與我，怎麼修行。

求半年，我師傅，纔發慈心。下苦功，一拜下，不說不起。

告師傅，發慈悲，轉大法輪。說與我，彌陀佛，無生父母。

這點光，是嬰兒，佛嫡兒孫。〔註66〕

據此可知，在明成化六年羅夢鴻「還源結果」以前，民間早已流行著有關對無生父母的崇拜，而且把無生父母說成是「阿彌陀佛」。車錫倫在《中國寶卷研究》中更進一步推論：

> 喻松青《明清時代的宗教信仰和秘密結社》則據此稱羅夢鴻在《五部六冊》中提出了「無生老母」信仰。〔註67〕這種推論尚需討論。因為羅夢鴻本人在《正信除疑卷》中已經否定了上述說法：「愚癡之人說本性就是嬰兒，說阿彌陀佛是無生父母」。而在《五部六冊》中至高無上的神是「無極聖祖」。馬西沙、韓秉方《中國民間宗教史》提出無為教四祖孫真空在《銷釋真空掃心寶卷》中「明確推出無生老母這位女神」。……筆者所見的文獻是明嘉靖二十二年（1543）十二月德妃張氏等捨資、內經場刊無為教《藥師本願功德寶卷》，卷中一再提到「無生母」，如開經部分便有「忽然得遇無生母，脫苦嬰兒入蓮池」；〈藥上菩薩分第十九品〉「時時觀想無生母，嬰兒苦海出娑婆」等。據上述，無生老母的出現，不會早於明代嘉靖以前。〔註68〕

結合上述各家看法可發現，無生老母崇拜和「真空家鄉，無生父母」八字真言，是羅教的基本教義，也是明清時期秘密教門的共同信仰。概括地說，無生父母或無生老母就是人類的始祖和宇宙的主宰，真空家鄉是無生父母居住的地方，乃是人類的出生地和最後的歸宿，相當於佛教的淨土或西方極樂世界。但無生老母從創世者上帝的角色到後世演變為女神信仰，明顯是受羅祖的《五部六冊》與其他教派興盛影響，導致傳說內容擴大演變，最終成為女神信仰。

在羅夢鴻所寫的《五部六冊》寶卷中並未言明無生老母是最崇高的神，

〔註66〕王見川、林萬傳編：《明清民間宗教經卷文獻》第1冊，臺北：新文豐出版社，1999年，頁132。

〔註67〕喻松青：〈明清時代民間的宗教信仰和秘密結社〉，《清史研究集》第一輯，北京：中國人民大學出版社出版。

〔註68〕車錫倫：《中國寶卷研究》，廣西師範大學出版，2009年12月，頁142。

但隨後秘密宗教的發展卻使無生老母成為「創世主、世界宗教史上擁有最多信徒的女上帝、人類的祖先。」〔註69〕甚至連周作人的文章中也提及無生老母的信仰，其〈無生老母的消息〉一文雖在批評無生老母的信仰，但從中也不難發現當時無生老母信仰的風行，故研究寶卷中的秘密宗教無不言及無生老母者，還源教是否為白蓮教的支派還有待考證，〔註70〕但與羅教有關則無誤。《河陽寶卷》中除了還源教的《九幽地獄寶卷》外，無生老母在寶卷故事中很常出現，因此，關於無生老母的信仰應能推測出樣貌。

明代北方的民間信仰和民間宗教迅速發展，明代中期以後各種新興的民間宗教多崇奉無生老母，並把其信仰概括為「無生老母，真空家鄉」八字真言。在傳世的各種民間宗教的寶卷中，無生老母是創世女神，她生下九十六億「皇胎兒女，把他們遣往東土；在社會現實中，無生老母又是一位救世主，對受苦受難的世間男男女女來說，她是一位慈祥的老母。不僅如此，此前佛、道及神話傳說中的女神，大都成為這位女神的部下或化身。透過《玉皇寶卷》與上述說法相印證，《玉皇寶卷》中提及創世過程是：

> 且說無極金母，在三十三層天外，思想混沌初劫，惜世上無人，幸有太上老君慈心，化成國王；又化一男一女，卻如何安邦治國？不如待我手中菩提解下，化為男女，興邦定國是也。〔註71〕

寶卷明顯是以無極老母為創世者，符合無極老母生下女媧、伏羲之說，將無生老母與中國古代神話傳說相結合「六十六粒都放下，變成男女在世間。」〔註72〕的說法與《龍華寶經古佛乾坤品》雷同，《龍華寶經古佛乾坤品第二》中如此記載：

> 無生為母，所產陰陽，本無名相，起名叫做女媧伏羲。乃是人能之祖。……令金公黃婆會他作媒。……產生下九十六億皇胎兒女。無生父母，吩咐兒女往東土住世。……頂上圓光摘去，收下身中五彩，拘了腳下二嵩。貶在東土，咐兒女急早回心，家書一道皇胎，知聞，龍華三會，早來相逢。〔註73〕

〔註69〕喻松青：《民間秘密宗教經卷研究》，臺北：聯經出版公司，1994年9月，頁30。
〔註70〕傳統看法認為明清民間宗教是白蓮教的餘裔，但王見川、鄭志明等人皆認為若在證據不足的情況下認同此說，就是忽略明清民間宗教的複雜性。
〔註71〕《中國・河陽寶卷集》（上），上海：上海文化出版社，2007年10月，頁61。
〔註72〕《中國・河陽寶卷集》（上），上海：上海文化出版社，2007年10月，頁61。
〔註73〕王見川、林萬傳編：《明清民間宗教經卷文獻》第5冊，臺北：新文豐出版社，

可見寶卷的思想是脫胎自《龍華寶經》，也因為這個說法，很多民間秘密宗教都說全人類是無生老母的子孫，故入教彼後此相認的暗號就是相遇時互問姓名，皆說自身姓「無」。隨後寶卷出現盤古開天劈地的情節是「金母又踢巨斧一把，教授分判陰陽。」〔註74〕說明盤古開天與日月二神皆是受無極老母點化，寶卷最後寫道因百姓安寧忘卻修行，玉皇大帝與十方諸佛共議如何是好，無極老母與玉皇大帝共議，描寫的是「玉皇隨即離殿，迎接金母」〔註75〕，可見金母地位在玉皇大帝之上。故金母道：

> 我今前來非為別，九十六萬下凡塵。
>
> 善惡醜好難分辨，又無禮儀教世人。
>
> 凡間安排三教主，三教教義說你聽。〔註76〕

因此，凡間儒釋道三教也為無極老母所安排，可見其對民間思想的統攝，也無怪秘密宗教莫不將其視為最崇高的神祇。

小結

　　從善書影響寶卷開始，寶卷為民間宗教所利用，成為有特定公式與效能的宗教載體。受到民間秘密宗教所利用的寶卷在羅祖《五部六冊》面世後紛紛出現，其中又以無生老母信仰最為明顯。無生老母經過《五部六冊》與其他教派的利用渲染後成為民間秘密宗教的指標性人物。雖然《河陽寶卷》中沒有直接演化無生老母的寶卷，但其實有關她的傳說則融合在寶卷之中，不難發現無生老母對寶卷與民間信仰的作用。無生老母的信仰從一開始鄭志明等人討論的形象化的神變為寶卷傳說或民間信仰中最崇高的具象女神，這當中經過繁複的演變，但從創世神話結合寶卷情節的創作方式來看，不難想見寶卷創作者受無生老母信仰的影響，且印證清代以後無生老母在明清民間秘密宗教的創造下轉為至高女神的前人研究結論。

　　現今的研究從方志、奏稿、文集、筆記、檔案與寶卷中，都可窺見當時民間秘密宗教的龐大勢力。其完備的組織和頑強的生命力讓他們擁有廣大的信徒與深遠的思想影響，現在仍在張家港地區為往生者薦亡頌唱的《地獄寶

　　　　1999 年，頁 650。

〔註74〕《中國・河陽寶卷集》（上），上海：上海文化出版社，2007 年 10 月，頁 4。

〔註75〕《中國・河陽寶卷集》（上），上海：上海文化出版社，2007 年 10 月，頁 66。

〔註76〕《中國・河陽寶卷集》（上），上海：上海文化出版社，2007 年 10 月，頁 66。

卷》就是明末還源教的寶卷之一，從寶卷的流傳與實際宣演仍可看見他們的信仰對現今河陽地區人民宗教觀與生死觀的影響。